新时代新理念职业教育教材

湖南省精品在线开放课程配套教材

"互联网+"新形态立体化教学资源特色教材

机车车辆主型电器装调

主　编　谢　菲

副主编　刘　梅　黄剑锋　胡　荣　钟迪豪

课程介绍

北京交通大学出版社

·北京·

内 容 简 介

本书共 4 个模块：机车电器的认知、机车高压电器的装调、机车低压电器的装调、机车其他电器的装调。

本书的编写以学习者为主体，结合任务驱动教学法，力求深入浅出、通俗易懂，以适应铁路院校师生、铁路工程技术人员和关心中国铁路事业的人士等不同读者的需要。

本书可作为高职高专轨道交通装备制造类专业学生的教材，也可供铁路工程技术人员参考。

版权所有，侵权必究。

图书在版编目（CIP）数据

机车车辆主型电器装调 / 谢菲主编；刘梅等副主编. —北京：北京交通大学出版社，2024.2
ISBN 978-7-5121-5133-8

Ⅰ. ① 机… Ⅱ. ① 谢… ② 刘… Ⅲ. ① 电力机车–牵引电器–安装 ② 电力机车–牵引电器–调试 Ⅳ. ① U264.3

中国国家版本馆 CIP 数据核字（2024）第 000671 号

机车车辆主型电器装调
JICHE CHELIANG ZHUXING DIANQI ZHUANGTIAO

责任编辑：黎 丹
出版发行：北京交通大学出版社   电话：010-51686414   http://www.bjtup.com.cn
地　　址：北京市海淀区高粱桥斜街 44 号   邮编：100044
印 刷 者：北京时代华都印刷有限公司
经　　销：全国新华书店
开　　本：185 mm×260 mm   印张：14   字数：350 千字
版 印 次：2024 年 2 月第 1 版   2024 年 2 月第 1 次印刷
印　　数：1～2 000 册   定价：39.00 元

本书如有质量问题，请向北京交通大学出版社质监组反映。对您的意见和批评，我们表示欢迎和感谢。
投诉电话：010-51686043，51686008；传真：010-62225406；E-mail：press@bjtu.edu.cn。

资源清单

模块	任务	资源名称	类型	二维码	页码
模块1 机车电器的认知	机车总体认知	课程思政：强国精神——从中国电气化铁路发展引入电力机车	思政视频		2
		机车总体认知	微课视频		2
	机车车辆电器设备认知	课程思政：创新意识——从弓网关系思考机车电器	思政视频		10
		机车车辆设备的认知	微课视频		10
	机车车辆电器设备布置认知	机车车辆电器设备的布置	微课视频		11
模块2 机车高压电器的装调	受电弓的装调	课程思政：精益求精——受电弓新型材料的调试	思政视频		24
		受电弓的认知	微课视频		24
		受电弓的结构	微课视频		25
		受电弓的工作过程	微课视频		25
		受电弓的维检与调试	微课视频		27
	主断路器的装调	课程思政：创新意识——高压断路器的生产制造	思政视频		38
		真空断路器的认知	微课视频		38

模块	任务	资源名称	类型	二维码	页码
模块2 机车高压电器的装调	主断路器的装调	真空断路器的工作过程	微课视频		40
		主断路器的维检与调试	微课视频		42
		空气断路器的认知	微课视频		53
		空气断路器的工作过程	微课视频		58
	高压接地开关的装调	课程思政：精益求精——接触网标准化检修作业	思政视频		61
		高压接地开关的认知	PPT		62
		高压接地开关的认知	微课视频		62
	高压隔离开关的装调	课程思政：工匠精神——百米高空高压线路检修	思政视频		73
		高压隔离开关的认知	PPT		74
		高压隔离开关的认知	微课视频		74
	互感器的装调	课程思政：安全意识——电工安全操作规程	思政视频		85
		互感器的认知	微课视频		86
		互感器的工作过程	微课视频		87
	避雷器的装调	课程思政：安全意识——避雷器的安全保护原理	思政视频		100

模块	任务	资源名称	类型	二维码	页码
模块 2 机车高压电器的装调	避雷器的装调	避雷器的认知	微课视频		100
	知识拓展	高压连接器的认知	PDF 文件		108
		高压连接器的认知	微课视频		108
		高压连接器的工作过程	微课视频		108
		高压连接器的维检与调试	微课视频		108
模块 3 机车低压电器的装调	司机控制器的装调	课程思政：安全意识——司机超速事故案例警示	思政视频		110
		司机控制器的认知	微课视频		111
	扳键开关的装调	课程思政：安全意识——制动系统事故案例警示	思政视频		132
		扳键开关的认知	微课视频		132
	转换开关的装调	课程思政：安全意识——铁路电气安全警示教育	思政视频		141
		万能转换开关的认知	微课视频		141
		万能转换开关的动画	微课视频		142
	接触器的装调	课程思政：创新意识——低压电器制造业的发展	思政视频		147
		接触器的认知	微课视频		148

模块	任务	资源名称	类型	二维码	页码
模块3 机车低压电器的装调	接触器的装调	接触器的动画	微课视频		148
	继电器的装调	课程思政：安全意识——7·23 甬温线线路信号故障致动车追尾事故	思政视频		175
		继电器的认知	微课视频		176
		继电器的动画	微课视频		176
	知识拓展	自动开关的认知	PDF 文件		189
		自动开关的认知	微课视频		189
模块4 机车其他电器的装调	牵引变流器的装调	课程思政：强国精神——超级工程之中国车	思政视频		191
		牵引变流器柜	图片		192
	牵引变压器的装调	课程思政：强国之路——磁悬浮列车速度传感器的奇迹工程	思政视频		196
		牵引变压器柜	图片		197
	牵引电机的装调	课程思政：创新意识——永磁牵引电机	思政视频		201
		牵引电机的认知	微课视频		202
	知识拓展	机车传感器的认知	PDF 文件		213
		机车传感器的认知	微课视频		213

前　　言

　　机车车辆主型电器装调是轨道交通装备制造行业的机车车辆装配员、调试员、检修员等岗位必须掌握的关键技能。

　　本书基于"微课先行""任务驱动"的思路，以培养学生自主学习和自主探究能力为出发点，具有以下特点。

　　（1）落实"工学结合"育人机制。本书以工作过程为导向，将行业标准、企业标准、职业标准融入课程内容。通过企业岗位的工作任务分析，确定典型工作任务，根据认知及职业成长规律将行动领域转化为学习领域，设计"结构认知—原理分析—维检调试"梯度教学任务，以提升学生实操动手能力、强化自我管理能力、锻炼合作沟通能力，落实"工学结合"育人机制。

　　（2）营造"三位一体"学习环境。本书依托国家级专业教学资源库项目、省级精品在线开发课程，校企合作开发转向架理实一体实训室、转向架虚拟仿真软件、企业转向架实操基地，营造"理、虚、实"三位一体学习环境。

　　（3）贯通"四匠"思政体系。本书基于全国高校党建工作标杆院系，在"党建+课程思政"品牌项目引领下，聚焦轨道交通装备制造业的企业岗位需求，构建专业思政育人模式，挖掘课程思政元素，将"匠心、匠技、匠艺、匠工"的"四匠"思政体系贯穿于教学全过程。

　　本书由湖南铁道职业技术学院谢菲（前言、模块1、模块2的任务2.1）担任主编，刘梅（模块2的任务2.2～任务2.6）、黄剑锋（模块3的任务3.3～任务3.5）、胡荣（模块3的任务3.1～任务3.2）、钟迪豪（模块4）担任副主编。

　　本书为国家双高专业群建设项目及湖南省"三高四新"战略高水平专业群建设项目的配套建设教材。

　　由于编者水平有限，书中难免存在疏漏和不足之处，恳请广大读者批评指正。

编　者

2023 年 12 月

目　　录

模块 1 机车电器的认知

课程引入

机车的发展历经了几个时代，分别是蒸汽机车时代、内燃机车时代和电力机车时代。蒸汽机车主要是由汽机、车架、走行部、煤水车、锅炉等部件组成。在早期的机车运用中，蒸汽机车占据了主要地位，但是由于其效率低、污染大，现在已经退出了历史舞台。内燃机车主要是由柴油机驱动，将热能转化成动能，再由发电机将动能转化成电能，供给牵引电机，最后由牵引电机驱动轮轴实现机车运行。内燃机车与蒸汽机车相比，效率有了大幅度提升，在不方便铺设电气化铁路的地区，广泛采用内燃机车。

电力机车是指由电动机驱动的机车。电力机车因为所需电能由电气化铁路供电系统的接触网或第三轨供给，所以是一种非自带能源的机车。简单来说，电力机车是从接触网上受取电流，依靠电力驱动的机车车辆。

本模块基于我国常用电力机车，引导学习者对其发展历程、总体认知、技术特点进行了解，进而深入学习电力机车的电器设备及其布置。

模块任务

任务 1.1 机车总体认知	（1）电力机车的发展认知
	（2）电力机车的总体认知
	（3）电力机车的技术特点认知
任务 1.2 机车车辆电器设备认知	（1）电力机车电器认知
	（2）电力机车电器设备布置

任务 1.1　机车总体认知

任务导入

课程思政

强国精神——从中国
电气化铁路发展
引入电力机车

　　自改革开放以来，我国国民经济保持了快速增长的良好势头，国民经济的持续快速增长，对交通运输基础设施建设发展提出了迫切要求。但与国民经济发展形势及其他交通方式相比，我国铁路建设和发展滞后，铁路运输能力的严重不足，已成为经济社会发展的制约因素。

　　直流机车在牵引功率、控制技术及可靠性等方面已不能满足现代铁路运输的要求，交流传动技术已经成为国际上发达国家和地区铁路机车的主流技术，在欧洲、日本，交流传动技术已经取代了直流传动技术，其生产的电力机车均为交流传动电力机车。

任务目标

知识目标	（1）掌握电力机车的发展
	（2）掌握电力机车的总体认知
	（3）掌握电力机车的技术特点
能力目标	（1）能明确电力机车的发展
	（2）能描述电力机车的总体情况
	（3）能掌握电力机车的技术特点
素质目标	（1）具备积极主动的学习态度
	（2）具备乐于奉献、协作创新的团队意识
	（3）具备精益求精、严谨认真的职业素养

任务实施

子任务 1.1.1　HXD₁C 型电力机车的发展认知

微课视频

机车总体认知

　　（1）为了突破铁路运输瓶颈的制约，缩小与国外先进水平的差距，国务院确定了推进铁路技术装备现代化的"引进先进技术、联合设计生产、打造中国品牌"的总体方针，中国国家铁路集团有限公司明确要求积极发展交流传动技术，加快完成直流传动向交流传动的转换，并提出了_____的技术方针和_____的跨越式发展方向。

　　（2）HXD₁C 型电力机车从 2009 年 10 月开始上线运行，截止到 2010 年 12 月底共配属在段 623 台，主要承担了襄渝线、成遂渝线、川黔线、沪昆线、萍乡联络线、福州联络线、_____等线路的牵引任务，运行状况良好。

子任务 1.1.2 HXD$_{1C}$型电力机车的总体认知

（1）HXD$_{1C}$型交流传动电力机车采用_____轴式，额定轮周牵引和再生制动功率为_____，25 t 轴重时起动牵引力为_____，23 t 轴重时起动牵引力为_____，最高试验速度为_____，最高运行速度为_____。

（2）电传动系统采用_____，轴控技术；采用 IGBT 水冷变流机组，1 225 kW 异步牵引电机，具有体积小、功率大、效率高、恒功范围宽、维护量小等优点；采用下悬式安装方式的一体化多绕组_____，具有高阻抗、质量小等特点，并采用强迫导向油循环风冷技术。

（3）车体采用_____结构型式，全部由钢板及钢板压型件组焊而成的全钢焊接结构，司机室、侧墙、底架等主要部件构成一体，车体顶盖可拆卸，以便于车内设备吊装，整个车体组成一箱形壳体结构。

（4）机车装有两台结构相同的_____，转向架采用滚动抱轴承半悬挂结构，一系悬挂采用螺旋钢弹簧配以垂向油压减振器，_____采用高绕螺旋钢弹簧配以_____，牵引装置采用_____。

（5）机车制动系统采用了 KNORR（克诺尔）公司的_____或法维莱制动机，制动机具备_____制动控制技术功能，保证机车在重载牵引条件下以较高的速度安全运行。

（6）机车总体设计采用高度集成化、模块化的设计思路。机车采用双司机室、机械间为贯穿中间走廊结构，机械间设备按照_____的原则进行布置。

子任务 1.1.3 HXD$_{1C}$型电力机车的技术特点认知

（1）简单描述 HXD$_{1C}$型电力机车的技术特点

_____

_____

_____

_____

_____

_____

_____

_____

_____

_____

（2）HXD$_{1C}$机车使用环境

① 海拔不超过_____，在海拔高于 1 400 m、环境温度接近+40 ℃且连续在最大功率状态下运行时可能出现功率限制。

② 环境温度（遮阴处）_____，机车基础结构按照−40 ℃运用环境设计，并预留加强防寒设备安装接口和布线空间。机车能够在−40 ℃环境下存放，加强防寒后能够在−25～−40 ℃环境下正常运用。

③ 月平均最大相对湿度（该月月平均最低温度不低于 25 ℃）_____。

④ 环境条件：能承受_____和偶有沙尘暴。

任务评价

机车总体认知评价表

<table>
<tr><th colspan="2">主要内容</th><th>考核要求及评分标准</th><th>配分</th><th>自评</th><th>互评</th><th>师评</th></tr>
<tr><td rowspan="2">任务准备</td><td>课前准备</td><td>能主动查找相关资料，补齐短板</td><td>10</td><td></td><td></td><td></td></tr>
<tr><td>任务准备</td><td>能认真学习课前资源</td><td>5</td><td></td><td></td><td></td></tr>
<tr><td rowspan="3">任务实施过程</td><td>HXD$_{1C}$型
电力机车
发展认知</td><td>能掌握 HXD$_{1C}$型电力机车的发展由来
能描述 HXD$_{1C}$型电力机车的发展历程
能完成 HXD$_{1C}$型电力机车发展认知子任务</td><td>20</td><td></td><td></td><td></td></tr>
<tr><td>HXD$_{1C}$型
电力机车
总体认知</td><td>能掌握 HXD$_{1C}$型电力机车的总体情况
能描述 HXD$_{1C}$型电力机车的电气系统、车体、
转向架、制动系统等主要结构组成
能完成 HXD1C 型电力机车总体认知子任务</td><td>30</td><td></td><td></td><td></td></tr>
<tr><td>HXD$_{1C}$型
电力机车
技术特点认知</td><td>能掌握 HXD$_{1C}$型电力机车的技术特点
能描述 HXD$_{1C}$型电力机车的环境要求
能完成 HXD$_{1C}$型电力机车技术特点认知的子
任务</td><td>20</td><td></td><td></td><td></td></tr>
<tr><td rowspan="2">职业素养</td><td>任务过程</td><td>能保持积极主动的态度
能发挥乐于奉献、团队协作的精神</td><td>5</td><td></td><td></td><td></td></tr>
<tr><td>学习过程</td><td>能保持认真严谨的态度
能发挥精益求精的精神</td><td>10</td><td></td><td></td><td></td></tr>
<tr><td colspan="2">总分</td><td></td><td>100</td><td></td><td></td><td></td></tr>
</table>

相关知识

1. HXD$_{1C}$型电力机车的总体认知

1）HXD$_{1C}$型电力机车的发展

为了缓解铁路运输瓶颈的制约，缩小与国外先进水平的差距，国务院确定了推进铁路技术装备现代化的"引进先进技术、联合设计生产、打造中国品牌"的总体方针，中国国家铁路集团有限公司明确要求积极发展交流传动技术，加快完成直流传动向交流传动的转换，并提出了"先进、成熟、经济、适用、可靠"的技术方针和"引进、消化、吸收、再创新"的跨越式发展方向。

2006 年 11 月 8 日，南车株洲电力机车有限公司与西门子公司联合设计生产的 HXD$_1$型大功率交流传动八轴 9 600 kW 电力机车成功下线。该机车的成功研制，填补了国内八轴重载交流传动电力机车的空白，实现了货运电力机车交直传动向交流传动的跨越，完成了交流传动机车产品与世界最先进水平的对接，基本建立了达到世界先进水平的交流传动电力机车技术平台。

2009 年 1 月 16 日，南车株洲电力机车有限公司主持研发的拥有自主知识产权的 HXD_{1B} 型大功率交流传动六轴 9 600 kW 电力机车成功下线。该机车项目消化吸收了世界上先进的电力机车技术成果，集成了当代世界大功率交流传动电力机车的高端和前沿技术，是当时世界上技术最先进、单台机车功率最大的铁路牵引动力装备，填补了我国大功率交流传动电力机车自主设计的空白。

2009 年 6 月 12 日，南车株洲电力机车有限公司自主研制的 HXD_{1C} 型大功率交流传动六轴 7 200 kW 电力机车成功下线，这是我国自主化程度最高、适应范围最广、响应拉动内需政策最快的电力机车，其国产化率超过 90%，开创了我国自主研制的牵引变压器、牵引变流器、网络控制系统等重要零部件在大功率交流传动机车上使用的先河，是中国铁路机车车辆行业坚持走引进、消化、吸收、再创新道路的最新成果，标志着中国机车车辆行业在铁路装备现代化发展战略的指引下，成功站在了世界铁路技术装备的制高点，为促进国民经济快速发展提供了强大的技术装备支撑。

HXD_{1C} 型电力机车从 2009 年 10 月开始上线运行，截至 2010 年 12 月底共配属在段 623 台，主要承担了襄渝线、成遂渝线、川黔线、沪昆线、萍乡联络线、福州联络线、京广线、京九线、陇海线等线路的牵引任务，运行状况良好。

2）HXD_{1C} 型电力机车总体

HXD_{1C} 型电力机车是在 HXD_{1B} 型大功率交流传动六轴 9 600 kW 货运电力机车技术平台上，在引进、消化、吸收 HXD_1 型电力机车设计制造技术的基础上，结合南车株洲电力机车有限公司多年积累的电力机车设计制造经验，紧紧围绕机车九大关键技术和 10 项主要配套技术，遵循先进、成熟、经济、适用、可靠的技术原则，按照模块化、标准化、系列化的要求，优化设计和制造，研制的适应铁路运输需要的高性价比六轴交流传动 7 200 kW 干线电力机车。

HXD_{1C} 型电力机车采用 C_0—C_0 轴式，额定轮周牵引和再生制动功率为 7 200 kW，25 t 轴重时起动牵引力为 570 kN，23 t 轴重时起动牵引力为 520 kN，最高试验速度为 132 km/h，最高运行速度为 120 km/h。

（1）机车电气系统

电传动系统采用交—直—交传动，轴控技术；采用 IGBT 水冷变流机组，1 225 kW 异步牵引电机，具有体积小、功率大、效率高、恒功范围宽、维护量小等优点；采用下悬式安装方式的一体化多绕组牵引变压器，具有高阻抗、质量小等特点，并采用强迫导向油循环风冷技术。

辅助电气系统采用独立辅助变流器给辅机供电，每台车设置 2 台辅助变流器，分别提供 1 组 VVVF 和 1 组 CVCF 三相辅助电源，对辅助机组进行分类供电，冗余性强。

控制系统采用分布式微机网络控制系统，即分布采集及执行、中央集中控制与管理的模式，实现了逻辑控制、自诊断功能，而且实现了机车的网络重联功能。

（2）车体

车体采用整体承载结构型式，全部是由钢板及钢板压型件组焊而成的全钢焊接结构，司机室、侧墙、底架等主要部件构成一体，车体顶盖可拆卸，以便于车内设备吊装，整个车体组成一个箱形壳体结构。车体可承受纵向压缩载荷 3 000 kN，纵向拉伸载荷 2 500 kN。HXD_{1C} 型电力机车外观如图 1-1-1 所示。

图 1-1-1　HXD_{1C} 型电力机车外观

（3）转向架

机车装有两台结构相同的三轴转向架。转向架采用滚动抱轴承半悬挂结构，一系悬挂采用螺旋钢弹簧配以垂向油压减振器，二系悬挂采用高绕螺旋钢弹簧配以垂向油压减振器，牵引装置采用低位推挽式牵引装置。

（4）制动系统

机车制动系统采用了 KNORR-BREMSE（克诺尔）公司的 CCB Ⅱ 制动机或法维莱制动机，制动机具备空电联合制动控制功能，保证机车在重载牵引条件下以较高的速度安全运行。

（5）设备布置与通风

机车总体设计采用高度集成化、模块化的设计思路。机车采用双司机室、机械间为贯穿中间走廊结构，机械间设备按照斜对称布置的原则进行布置。司机室的结构和设备布置符合人机工程学的要求和美学原理，保证整个司机室具有友好的人机界面，便于司机操作和日常的检查维修，并能够实现单司机执乘。整车通风系统采用独立通风方式，车内通过机械间通风机向车内送风维持正压，可以有效防止车外灰尘、雨雪等杂物进入车内。

3）HXD_{1C} 型电力机车技术特点

HXD_{1C} 型大功率交流传动六轴 7 200 kW 电力机车的研制是铁道部为适应国内铁路运输需要的又一重要举措。该机车是以南车株洲电力机车有限公司交流电力机车设计平台为基础，按照先进、成熟、经济、适用、可靠的原则和模块化、标准化、系列化的要求，充分运用公司既有成熟技术，在引进、消化、吸收国外先进技术的基础上进行 7 200 kW 六轴机车自主创新和集成设计的成果。该机车具有技术先进、性价比高、地域适应性广、市场潜力大等诸多优点，机车国产化率超过 90%，开创了我国自主研制的牵引变压器、牵引变流器、网络控制系统等重要零部件在大功率交流传动机车上使用的先河，整车技术水平达到了国际先进水平。

6

（1）HXD$_{1C}$型电力机车主要技术特点

① 牵引电路采用由 IGBT 模块（3.3 kV/1 200 A）组成的四象限整流器和逆变器，每四象限 PWM 整流器和 1 个逆变器组成一组供电单元，为一台牵引电机供电，3 个主电路单元的直流回路通过隔离开关并在一起，正常工作时隔离开关闭合，3 个单元共用直流回路。采用牵引电机轴控技术。

② 辅助电路采用独立的辅助逆变器供电，每台机车配置两台辅助变流器，其容量具有 100%的冗余。出于节能和降噪方面的考虑，其中一台为恒压恒频变流器（CVCF），为机车提供440 V/60 Hz 恒压恒频电源；另一台为变压变频变流器（VVVF），为机车上的变压变频负载供电。当一台辅助变流器故障时，另一台辅助变流器自动切换给全车的辅机供电，这时工作在 CVCF 模式。单台辅助变流器的额定输出容量为 248 kVA，满足在该模式下为整车的辅助负载供电的要求。

③ 机车采用微机网络控制系统，使机车控制系统具有控制、诊断、监测、传输、显示和存储功能，控制网络符合 IEC 61375-1《铁路电气设备–列车总线–第 1 部分：列车通信网络》的标准要求。网络控制系统采用列车级控制和车辆级控制，列车级控制采用绞线式列车总线（WTB），车辆级控制采用多功能车辆总线（MVB）。网络控制系统采用分布式控制技术，即分布采集及执行、中央集中控制与管理的模式。

④ 机车采用整体承载结构型式车体，是由钢板及钢板压型件组焊而成的全钢焊接结构。司机室、侧墙、底架等主要部件构成一体，车体顶盖可拆卸，以便于车内设备吊装，整个车体组成一个箱形壳体结构。车体能承受纵向压缩载荷 3 000 kN，纵向拉伸载荷 2 500 kN。钩缓系统采用适应重载列车运输要求的 E 级钢车钩及大容量弹性胶泥缓冲器，并采用变形吸能装置。

⑤ 机车采用两台 C$_0$ 转向架。转向架能够满足（23+2）t 轴重机车的运用要求；驱动系统采用滚动抱轴承传动的抱轴悬挂驱动，构架为箱形梁焊接构架，齿轮箱采用了高强度铝合金；一系悬挂采用轴箱拉杆+螺旋钢弹簧方式；二系悬挂采用高绕螺旋钢弹簧结构；牵引装置采用低位推挽式斜拉杆传递机车牵引力和制动力，提高了机车黏着重量利用率。采用带闸片间隙自动调整的轮盘制动单元，避免车轮踏面损伤及保证制动性能。

⑥ 机车采用双司机室结构，司机室结构和设备布置符合人机工程学要求和美学原理，采取多项措施降低司机室噪声，可为司乘人员提供舒适的工作环境。机械间设中间走廊，设备按斜对称原则布置，采用预布线和预布管设计，便于维护检修。

⑦ 机车采用克诺尔公司的 CCB Ⅱ 空气制动系统或法维莱公司的空气制动系统，两种空气制动系统可以互相替换，适合重载列车制动。制动控制系统采用符合 AAR 标准要求的基于微机网络的适用于干线货运机车的先进制动系统，具有自动制动、单独制动、紧急制动、列车管流量检测等功能。制动控制系统还具有空电联合控制、停放制动控制及其他辅助气动功能的附加控制功能。

⑧ 机车具有通过 WTB 总线进行多机（最多 3 台）重联控制及显示功能，并预留了远程重联控制系统的软件、硬件接口及安装平台。

⑨ 机车采用独立通风方式，增加了机械间冬夏季温度调节模式转换设计，更好地改善了机车运用环境。

⑩ 车上配有卫生间、微波炉、冷藏箱等齐全的生活设施，适应于国内重载干线长交路的

运用特点。

（2）HXD$_{1C}$型电力机车使用环境

① 海拔不超过 2 500 m，在海拔高于 1 400 m、环境温度接近+40 ℃且连续在最大功率状态下运行时可能出现功率限制。

② 环境温度（遮阴处）为-25 ～+40 ℃，机车基础结构按照-40 ℃运用环境设计，并预留加强防寒设备安装接口和布线空间。机车能够在-40 ℃环境下存放，加强防寒后能够在-25 ～-40 ℃环境下正常运用。

③ 月平均最大相对湿度（该月月平均最低温度不低于 25 ℃）95%。

④ 环境条件：能承受风、雨、雪、雾、煤尘和偶有沙尘暴。

2. CR200J 动力集中型动车组的总体认知

1）CR200J 动力集中型动车组的发展

为了加快推进铁路装备现代化，充分利用既有线路和机、客车的检修资源，提高既有线路铁路运输服务品质，满足中国铁路总公司运输和经营发展要求，在中国铁路总公司和中国中车统一指挥下，各机车厂、客车厂及科研院所组建联合团队，共同开展时速 160 km 动力集中型动车组关键技术研究及样车研制工作。

2016 年 8 月，中车唐山、浦镇、株机和大连公司与中国铁路总公司科技管理部分别签订了《时速 160 公里动力集中电动车组关键技术研究——控制车和拖车关键技术研究》课题合同。

至此，时速 160 km 动力集中型动车组已正式纳入"复兴号"序列，逐步全面取代普速线路既有机车车辆，大幅改善了乘客添乘体验，提升了中国铁路运输品质。图 1-1-2 为 CR200J 动力集中型动车组示意图。

图 1-1-2　CR200J 动力集中型动车组示意图

2）CR200J 动力集中型动车组的编组形式

CR200J 动力集中型动车组的编组形式分为短编组、长编组和灵活编组，主要编组形式如下。

短编组：1Mc+7T+1Tc；编组形式：1 辆动力车+3 辆普通座车+1 辆普通座车（带餐吧）+3 辆普通座车+1 辆控制车；总定员：755 人。

长编组：1Mc+16T+1Mc；编组形式：1 辆动力车+8 辆普通卧车+4 辆包间卧车+1 辆餐座合造车+3 辆普通座车+1 辆动力车；总定员：1 043 人。

灵活编组：1Mc+9～18T+1Mc。

图 1-1-3、图 1-1-4 分别为 CR200J 动力集中型动车组的短编组形式和长编组形式。

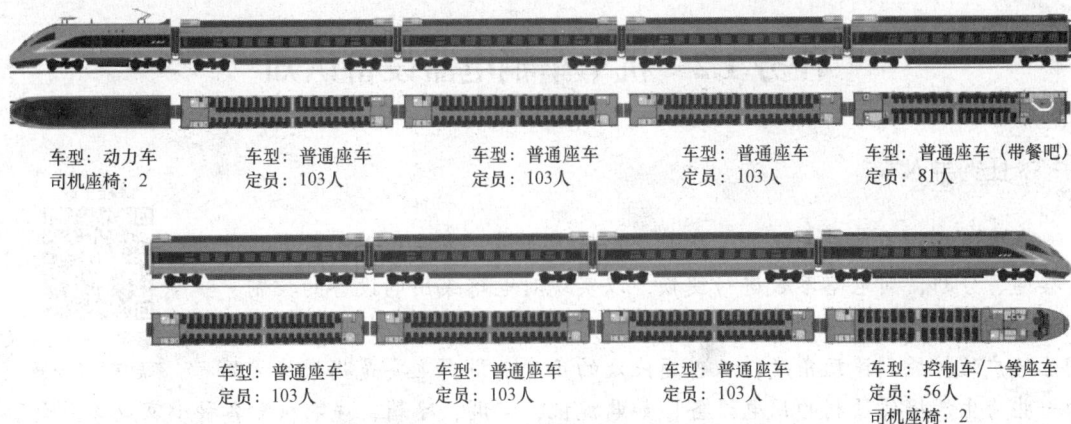

车型：动力车　司机座椅：2
车型：普通座车　定员：103人
车型：普通座车　定员：103人
车型：普通座车　定员：103人
车型：普通座车（带餐吧）　定员：81人

车型：普通座车　定员：103人
车型：普通座车　定员：103人
车型：普通座车　定员：103人
车型：控制车/一等座车　定员：56人　司机座椅：2

图 1-1-3　CR200J 动力集中型动车组的短编组形式

车型：动力车　司机座椅：2
车型：普通卧车　定员：66人
车型：普通卧车　定员：66人
车型：普通卧车　定员：66人
车型：普通卧车　定员：66人

车型：普通卧车　定员：66人
车型：普通卧车　定员：66人
车型：普通卧车　定员：66人
车型：普通卧车　定员：66人

车型：包间卧车　定员：40人
车型：包间卧车　定员：40人
车型：包间卧车　定员：40人
车型：包间卧车　定员：40人

车型：餐座合造车　定员：46人
车型：普通座车　定员：103人
车型：普通座车　定员：103人
车型：普通座车　定员：103人
车型：动力车　司机座椅：2

图 1-1-4　CR200J 动力集中型动车组的长编组形式

3）CR200J 动力集中型动车组的总体介绍

CR200J 动力集中型动车组主要包括牵引系统、辅助系统、列车供电系统、网络系统、车体、转向架、制动系统等。

牵引系统：动力车采用 6.5 kV 等级 IGBT 元件、轴控方式的主电路，通过采用双弓双主断及增设变流器隔离开关等方式提高了冗余度。辅助系统：动力车采用主辅电路一体化技术，实现辅助系统过分相不间断供电功能。列车供电系统：动力车采用 IGBT 四象限整流及水冷方式的 DC 600 V 列车供电系统。网络系统：动力车采用成熟可靠的列车级 WTB+车辆级 MVB 的网络控制系统，都设置了车辆级以太网。车体：动力车采用满足高强度、轻量化、耐碰撞的车体技术，动力车对头型进行了流线型设计，增设了开闭机构，简统了车钩缓冲器。转向架：动力车采用空心轴六连杆传动机构的架悬转向架，增设了端面齿挠性联轴器。制动系统：动力车采用微机控制的自动式制动机，动车组采用 5 线制电空制动。

任务 1.2 机车车辆电器设备认知

任务导入

课程思政

电器泛指所有用电的器具，从专业角度上来讲，主要指用于对电路进行接通、分断，对电路参数进行变换，以实现对电路或用电设备的控制、调节、切换、检测和保护等作用的电工装置、设备和元件。但现在这一名词已经广泛扩展到民用角度，从普通民众的角度来讲，主要是指家庭常用的一些为生活提供便利的用电设备，如电视机、空调、冰箱、洗衣机、各种小家电等。电器是总称，电是指交流电、直流电、高压电、低压电。

创新意识——从弓网关
系思考机车电器

那么，电力机车上的电器设备是怎样的？电力机车上的电器设备有哪些？又是如何分类呢？

任务目标

知识目标	（1）掌握电力机车电器的分类
	（2）掌握电力机车电器设备的布置原则
	（3）掌握电力机车电器设备的布置情况
能力目标	（1）能明确电力机车的分类
	（2）能描述电力机车的设备布置原则
	（3）能掌握电力机车的设备布置情况
素质目标	（1）具备积极主动的学习态度
	（2）具备乐于奉献、协作创新的团队意识
	（3）具备精益求精、严谨认真的职业素养

任务实施

微课视频

子任务 1.2.1 电力机车电器认知

机车车辆设备的认知

（1）电力机车是通过受电弓，从＿＿＿＿＿＿＿＿上受取电流，从而将其送达到机车各个电器设备上。电力机车电器的种类繁多，分类方式主要有 3 种：按高低压电路分类、按所接入电路分类、按所在位置分类。

（2）电力机车电器按高低电路分类，可以分为＿＿＿＿＿＿＿、＿＿＿＿＿＿＿等。其中，高压电器主要包括：＿＿＿＿＿＿＿、＿＿＿＿＿＿＿、高压隔离开关、高压接地开关、互感器、避雷器等。低压电器主要包括：＿＿＿＿＿＿＿、扳键开关、转换开关、接触器、继电器、传感器、自动开关等。

（3）电力机车电器的发展趋势主要有以下几点：

① 从有触点电器逐步过渡到_____电器，两者相互结合，取长补短。

② 从单个电器过渡到_____或_____。

③ 趋向于_____、_____、_____、_____。

微课视频

机车车辆电器设备的布置

子任务 1.2.2 HXD₁C 型电力机车电器设备布置

（1）电力机车的设备布置是将机车上各种电气屏柜及部件进行合理布置，这些部件具有结构复杂、体积差异大、质量不等的特点，故在设备布置时主要考虑以下原则：_____、_____、_____、_____、_____。

（2）HXD₁C 型电力机车的车顶设备包括高压户外电气设备和通信用的天线设备，高压户外电气设备既要满足机车电气性能的要求，又要有足够的_____和抵抗_____等恶劣自然环境的侵害及雷电过电压袭击的能力。

（3）HXD₁C 型电力机车是双司机室的六轴机车。其机械间为_____结构，机械间设备采用了_____的原则及先进的模块化结构设计。

（4）在司机室内布置有两个司机座椅供乘务人员使用，座椅具有前后调节、体重调节、角度旋转等功能。司机室的设备布置基本可以分为 6 个部分，主要包括_____、_____、_____、后墙设备布置、顶部设备布置（见图 1-2-1）。

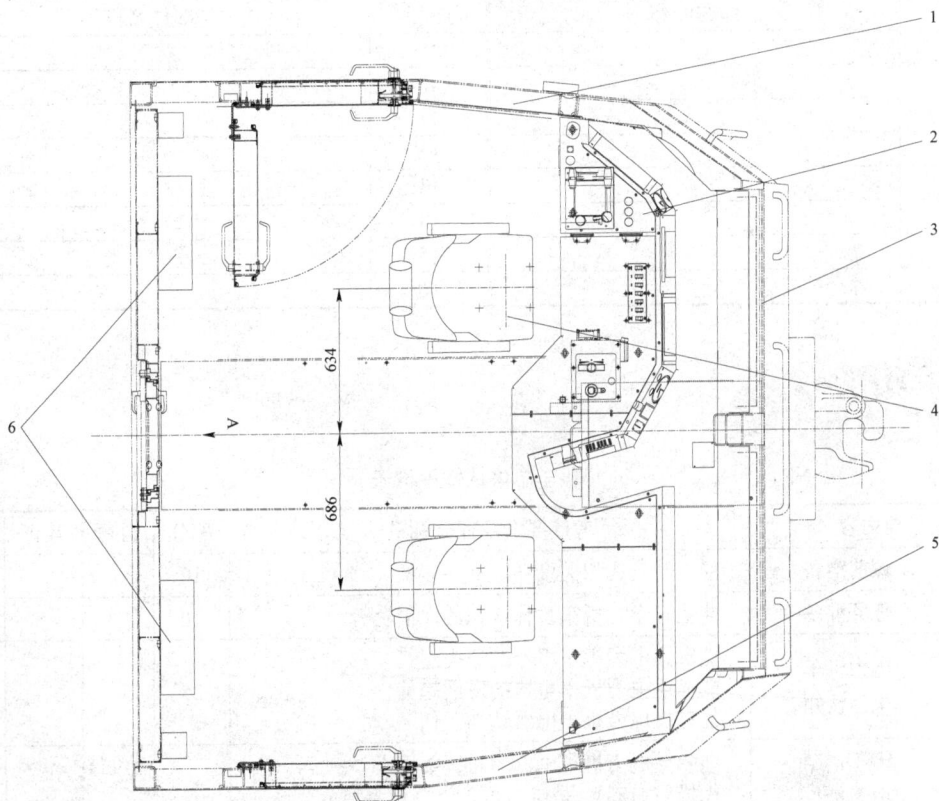

图 1-2-1 司机室设备布置

（5）根据图 1-2-2 在表 1-2-1 中列出 HXD$_{1C}$ 型电力机车的机械间电器设备名称。

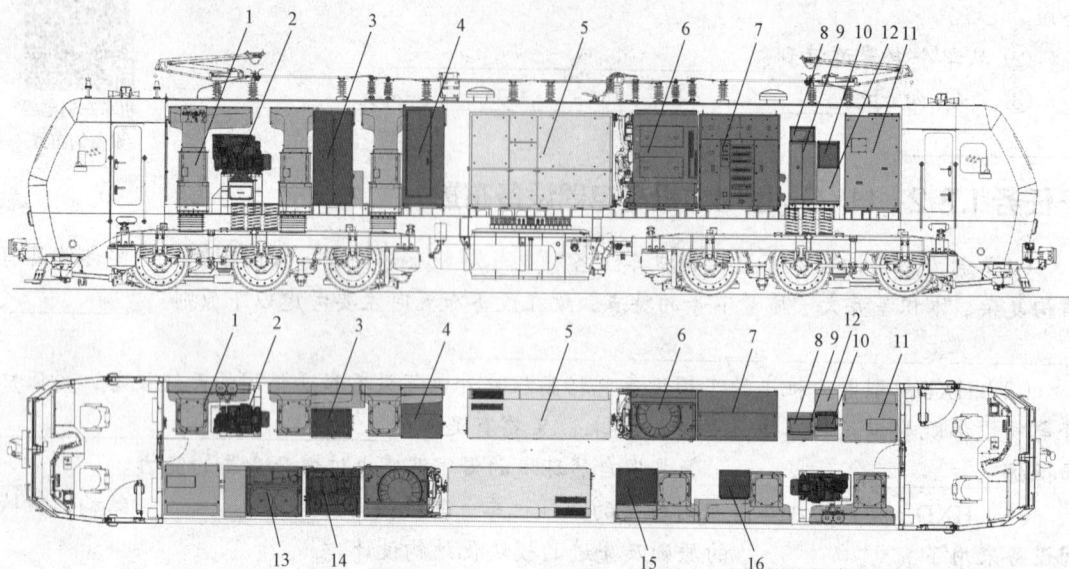

图 1-2-2　机械间设备布置图

表 1-2-1　机械间设备表

序号	部件名称	序号	部件名称
1		9	
2		10	
3		11	
4		12	
5		13	
6		14	
7		15	
8		16	

任务评价

机车总体认知评价表

主要内容		考核要求及评分标准	配分	自评	互评	师评
任务准备	课前准备	能主动查找相关资料、补齐短板	10			
	任务准备	能认真学习机车总体认识的课前资源	10			
任务实施过程	电力机车电器认知	能掌握电力机车电器的分类 能描述电力机车电器的发展趋势 能完成电力机车电器认知子任务	25			
	HXD$_{1C}$ 型电力机车电器设备布置	能掌握电力机车电器的布置要求 能描述 HXD$_{1C}$ 型电力机车电器设备组成 能完成 HXD$_{1C}$ 型电力机车电器布置子任务	35			

续表

主要内容		考核要求及评分标准	配分	自评	互评	师评
职业素养	任务过程	能保持积极主动的态度 能发挥乐于奉献、团队协作的精神	10			
	学习过程	能保持认真严谨的态度 能发挥精益求精的精神	10			
总分			100			

✿ 相关知识

1. 电力机车电器设备认知

1）机车电器分类

电力机车是通过受电弓，从接触网导线上受取电流，从而将其送达到机车的各个电器设备上。电力机车电器的种类繁多，分类方式主要有 3 种：按高低压电路分类、按所接入电路分类、按所在位置分类。

电力机车电器按高低压电路分类，可以分为高压电器、低压电器等。其中，高压电器主要包括：受电弓、主断路器、高压隔离开关、高压接地开关、互感器、避雷器等。低压电器主要包括：司机控制器、扳键开关、转换开关、接触器、继电器、传感器、自动开关等。

电力机车电器按所接入电路分类，可以分为主电路电器、辅助电路电器、控制电路电器。其中，主电路电器是使用在电力机车主电路中的电器，包括受电弓、主断路器、高压连接器、电空接触器等。辅助电路电器是使用在电力机车辅助电路中的电器，包括三相电磁接触器、自动开关、刀开关等。控制电路电器是使用在电力机车控制电路中的电器，包括司机控制器、继电器、扳键开关等。

电力机车电器按所在位置分类，可以分为车顶电器、车内电器、车底电器。其中，车顶电器包括：受电弓、主断路器、高压隔离开关、高压接地开关、互感器、避雷器等。车内电器包括：司机控制器、扳键开关、转换开关、接触器、继电器等。车底电器包括：照明设备、车底传感器等。

2）电力机车电器发展趋势

电力机车电器的发展趋势如下。

① 从有触点电器逐步过渡到无触点电器，两者相互结合，取长补短。

② 从单个电器过渡到成套电器或成套装置。

③ 趋向于标准化、系列化、通用化、小型化。

2. HXD$_{1C}$型电力机车电器设备布置

1）布置的基本原则

电力机车电器设备布置是将机车上各种电气屏柜及部件进行合理布置，这些部件具有结构复杂、体积差异大、质量不等的特点，故在布置时主要考虑以下原则。

① 质量均匀分布。目的在于使机车的轴重均匀分布，尽量使机车牵引力充分发挥，通常首选两端对称或斜对称布置。

② 安装和维护方便。电器设备应尽量采用标准化、模块化的设计原则进行设计和布置，

以便于车下组装和车上吊装。特别是在运用过程中需要经常接近的设备，应该留有足够的作业空间。

③ 安全性考虑。凡危及人身安全的设备，如高压设备，要有相关的防护措施及警示标志，不耐热的设备和部件，应远离或隔离热源。

④ 经济性考虑。设备布置应充分利用空间缩短车体长度，按电路走向布置相应设备，电缆、母线、风管、风道尽可能集约化设计，以简化施工，节约用料。

⑤ 舒适性考虑。对于司机室设备布置，在设计上应符合造型设计和人机工程的要求，人机之间的作业范围合适，操作方便，视线角度合理，有良好的瞭望和采光条件，易于正确观察显示屏、仪器仪表及信号灯指示；应留出必要的工作和生活空间，尽量减少司机室噪声。对于某些部件，需兼顾机车维修时检修人员的操作舒适性。

2）HXD$_{1C}$ 型电力机车设备布置的特点

HXD$_{1C}$ 型电力机车是双司机室的六轴机车，其机械间为贯穿中间走廊结构，机械间设备采用了斜对称布置的原则及先进的模块化结构设计，不仅有利于部件的质量均匀分布，而且能有效地缩短组装时间，使系统和部件能独立地在机车外进行预组装和预试验。HXD$_{1C}$ 型电力机车设备布置的主要特点如下。

① 牵引通风机采用斜对称布置，便于均衡机车轴重。

② 机车的电器柜采取了适当集中、合理化布置的方式。例如，采用 DTECS 技术平台的微机控制系统的核心 CCU 模块设置于低压电气柜的最上层，而负责采集司机操作指令和来自司机室的输入/输出信号的司机室输入/输出模块则集中布置于操纵台右柜中，以利于使用和维护。低压电气柜也采取了功能化模块设计，例如，柜前中部安装断路器、转换开关、DC 110 V 插座等，柜体中间安装接触器等，柜体下部安装辅助回路的进线端子；左柜上部安装数字式电度表，左柜中下部安装库内动车转换装置；柜外右侧集中安装控制回路的连接器。

③ 机车的牵引变压器、滤波电抗器置于同一油箱内，位于机车中部，下悬于底架下，以降低机车重心。

④ 蓄电池柜通过更为合理的结构优化设计，安装于机械间，靠近控制电源柜处，有利于检修和维护。

⑤ 机车采用先进的油水冷却设备来冷却变压器油和牵引变流器水，散热器采用共体分层模式，充分利用空间并提高了冷却效率。

⑥ 机车机械间内布管和布线采用先进的预布式中央管排和中央线槽方式，中央管排和线槽安装在中央走道下，美观且便于安装和维护。驱动系统的动力线则安装在走道两边的设备安装架内，使动力电缆与控制及信号线有效分离，以保证控制系统的可靠性。

⑦ 机车通风系统为独立式通风系统，机车运行时机械间保持微正压状态，整车的通风可分为 6 个部分：牵引电机通风支路、冷却塔通风支路、辅助变流器柜通风支路、压缩机通风散热支路、机械间散热通风支路、司机室空调通风支路。6 个通风系统相互独立、互不影响。

⑧ 机车上设有卫生间、冷藏箱、微波炉等必要的生活设施。

3）车顶电器设备布置

HXD$_{1C}$ 型电力机车的车顶设备包括高压户外电气设备和通信用的天线设备，高压户外电气设备既要满足机车电气性能的要求，又要有足够的高压绝缘性能和抵抗风、沙、雨、雪、低温等恶劣自然环境的侵害及雷电过电压袭击的能力。

车顶设备配置在Ⅰ端司机室顶盖、顶盖1、顶盖2、顶盖3、顶盖4、Ⅱ端司机室顶盖上，具体布置详见图1-2-3。

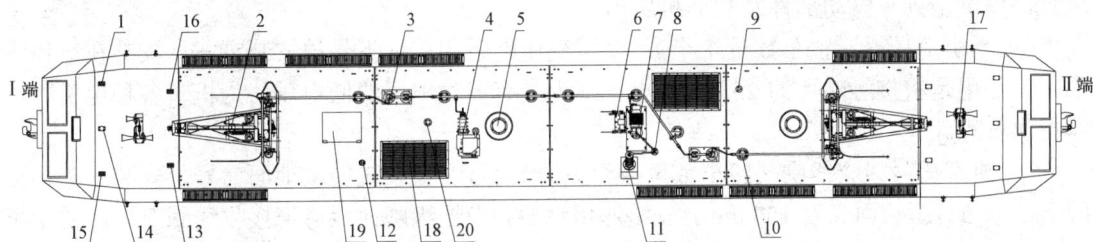

1—GSM-R 语音天线；2—受电弓；3—高压隔离开关；4—高压电压互感器；5—车顶通风窗；6—接地开关；7—主断路器；8—避雷器；9—GPS-2000 天线；10—车顶母线及支持绝缘子；11—高压穿墙套管；12—车载 WLAN/GPRS 二合一天线；13—450 MHz 天线；14—GPS 天线；15—GSM-R 数据天线；16—800 MHz 天线；17—高低音风笛；18—冷却塔通风栅格；19—车顶门；20—卫生间通风窗。

图 1-2-3　车顶设备布置

高压户外电气设备包括：受电弓、主断路器、接地开关、高压电压互感器、避雷器、高压隔离开关、高压穿墙套管、车顶母线及支持绝缘子，这些设备主要安装在顶盖1、顶盖2、顶盖3、顶盖4上。

在顶盖1和顶盖4上各安装一台 TSG15B 型受电弓、车顶母线及支持绝缘子和车顶母线，其中顶盖1上装有车载 WLAN/GPRS 二合一天线、顶盖4上装有 GPS-2000 天线；顶盖2上装有 THG2A 型高压隔离开关、TBY1-25 型高压电压互感器、冷却塔通风栅格、卫生间通风窗和车顶通风窗；顶盖3上装有 BVAC.N99D 型真空主断路器、BTE 25.04D 型接地开关、YH10WT-42/105 型金属氧化锌硅橡胶避雷器、高压穿墙套管、THG2A 高压隔离开关、冷却塔通风栅格和车顶通风窗。

受电弓在安装设计时要求受流滑板中心线与转向架旋转中心线尽量一致，以减小机车运行时受电弓滑板与接触网的偏离值，提高受电弓的受流可靠性。主断路器是机车电源的总开关，承担机车正常工作时电路的分、合闸功能。在主断路器和高压穿墙套管之间，装有过电压保护用避雷器，可以对雷击过电压和操作过电压起保护作用。与主断路器相邻处装有一台高压穿墙套管，由它把机车从接触网受流的电流引入车内。在与其连接的高压电缆上装有原边电流互感器（此部件在机械间内），主要用来提供原边电流信号，同时为原边保护回路提供信号。高压隔离开关起高压隔离作用，当端部的受电弓发生故障时，可通过相应高压隔离开关的动作来隔离故障受电弓；当受电弓到高压隔离开关前的车顶母线支持瓷瓶和车顶母线故障时也可以通过高压隔离开关进行相关的隔离操作。高压电压互感器主要提供网压信号，使司机在升弓后就能先观察到网压信号，同时也为机车的牵引变流器和辅助变流器提供同步信号，使牵引变流器和辅助变流器正常工作。

在顶盖1上设有车顶门，乘务人员和检修人员在确认接触网无电后，可经此上车顶进行检查和维修作业。为保证人身安全，车顶登顶窗设置了安全电气连锁装置，打开登顶窗前接通顶盖3上的接地装置，将 25 kV 电路接地，使分布电容积聚的电荷放电，以确保人身安全。

4）车下与车端电器设备布置

机车车下与车端主要设备布置如下。

① 转向架（整车数量2个）：两台 C_0-C_0 转向架分别位于1、2、3位和4、5、6位牵引

通风机的下方，中心距为 11 760 mm。

②总风缸（整车数量 2 个）：车下牵引变压器左右两侧各安装有 1 个容积为 500 L 的总风缸，以供全列车气动部件及制动机所需。

③牵引变压器（整车数量 1 个）：牵引变压器采用车体下悬挂安装方式，安装在车体中部，其作用是将接触网上的 25 kV 高电压降为具有多种电压的低电压，为机车各种电机、电器提供电源。

④机车信号接收线圈（整车数量 4 个）：给信号安全系统提供地面信号，安装在车端排障器的后方，距轨面高度 150 mm，安装座可调整，当轮缘磨耗后可把接收线圈对轨面的距离调整到规定值，每端两个。

⑤机车电子标签（整车数量 1 个）：根据相关的运输要求向外发射机车电子信号，安装在底架下牵引变压器面向司机室的方向。

⑥速度传感器（整车数量 2 个）：给监控系统提供机车速度信号，安装于 3、4 轴轴端，对称布置。

⑦车载感应器（整车数量 4 个）：给自动过分相装置提供地面信号，安装在每个转向架一侧。

⑧行灯插座（整车数量 2 个）：为车下照明提供 DC 110 V 电源。

⑨库内动车插座（整车数量 2 个）：当机车在车库内动车时，给主电路提供 DC 600 V 电源。

⑩辅助回路库用插座（整车数量 1 个）：当机车在车库内时，给辅助回路各电气设备提供三相 380 V/50 Hz 电源。

⑪控制回路库用插座（整车数量 1 个）：当机车在车库内时，给蓄电池充电和给车内控制系统提供直流 110 V 电源。

⑫前照灯（整车数量 2 个）：前照灯安装在机车两端司机室的顶部，为机车安全行驶提供必要的照明。

⑬外重联插座（整车数量 2 个）：机车前窗玻璃下部各有一个重联插座，主要用于机车重联时传递控制指令和状态信息等。

⑭辅照灯及标志灯（整车数量 4 个）：机车前窗玻璃下部左右两侧各有 1 个白色标志灯（也为辅照灯）和 1 个红色标志灯，其中辅照灯用于机车近距离的照明并提供白色信号标志，标志灯用于提供红色信号标志。

5）司机室电器设备布置

司机室及操纵台的设计考虑了人机工程学，既保证机车乘务人员有舒适的工作环境，又能清楚地瞭望信号和观察仪表、显示屏，且方便操作。司机室的设计适应单司机操作的要求。

在司机室内布置了两个司机座椅，供乘务人员使用，座椅具有前后调节、体重调节、角度旋转等功能。司机室的设备布置基本可以分为 6 个部分，如图 1-2-4 所示，主要包括左侧墙设备布置、操纵台、前墙设备布置、右侧墙设备布置、后墙设备布置、顶部设备布置。其中，前墙设备布置有遮阳帘、前窗玻璃、刮雨器等设备，在前窗的"鼻梁"上安装了信号显示器。左侧墙设备布置有手动旋转式后视镜、活动侧窗、远程监控发送装置的 TSC1 车载通话器。右侧墙设备布置有手动旋转式后视镜、活动侧窗。后墙设备布置有壁炉、灭火器、固定折叠座椅、衣帽钩，另外，司机侧的后墙设备布置有紧急防风阀。司机室顶部设备布置有两个司机室灯，司机室灯内采用 LED 发光元件，可以实现强弱光功能。除这些设备外，还布置有记点灯。

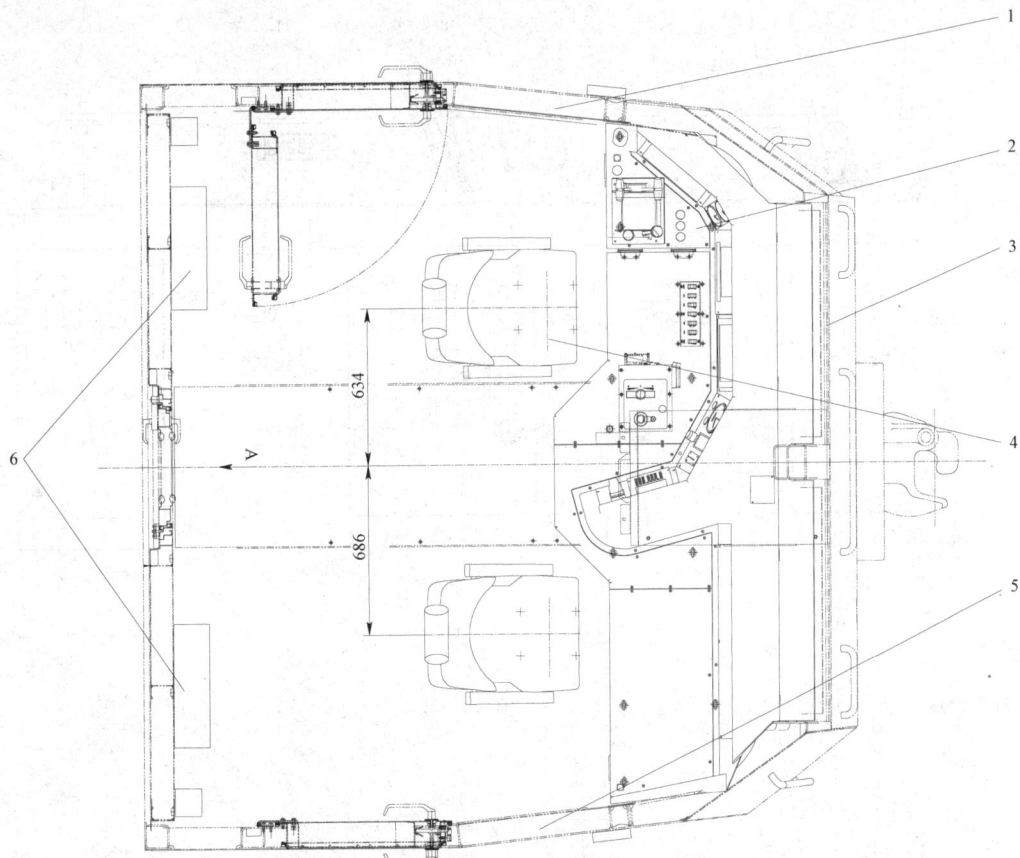

1—左侧墙设备布置；2—操纵台；3—前墙设备布置；4—司机座椅；5—右侧墙设备布置；6—后墙设备布置。
图1-2-4 司机室设备布置

此外，司机室操纵台进行模块化设计，分为台面板组成，左柜组成，中柜组成，右柜组成和主、副司机脚踏组成，如图1-2-5所示。主司机操纵位布置有所有与运行有关的操纵装置、仪表、显示装置、各类开关按钮等。其中，主要的功能区有运行区、制动区、牵引区和气候区。以主司机面向前方操作为基准，运行区位于主司机的正前方，制动区位于主司机的左侧，牵引区设置在主司机右侧的台面板上，气候区设置在主司机右侧的操纵台中柜的面板上，主要布置了一些气候控制开关等。副司机操纵位仅布置一个风笛按钮，副台的夹层内布置了接线端子排。

6）机械间电器设备布置

机械间内设备和屏柜沿车内中间走廊两侧平行布置，设备和屏柜基本采用斜对称布置，如图1-2-6所示。

① 牵引通风机。牵引通风机由侧墙上的百叶窗吸风后，经过独立的风道，然后将冷却风吹向牵引电机，带走牵引电机工作时产生的热量。

② 主压缩机和干燥器。主压缩机和干燥器包括2个排量不小于2.4 L/min的主压缩机、2个双塔式干燥器及2个风笛/轮喷/撒砂控制模块。

③ 第三方设备柜。主要安装了机车的信号主机、LKJ2000监控系统、TAX2箱、CIR机车综合通信设备等。

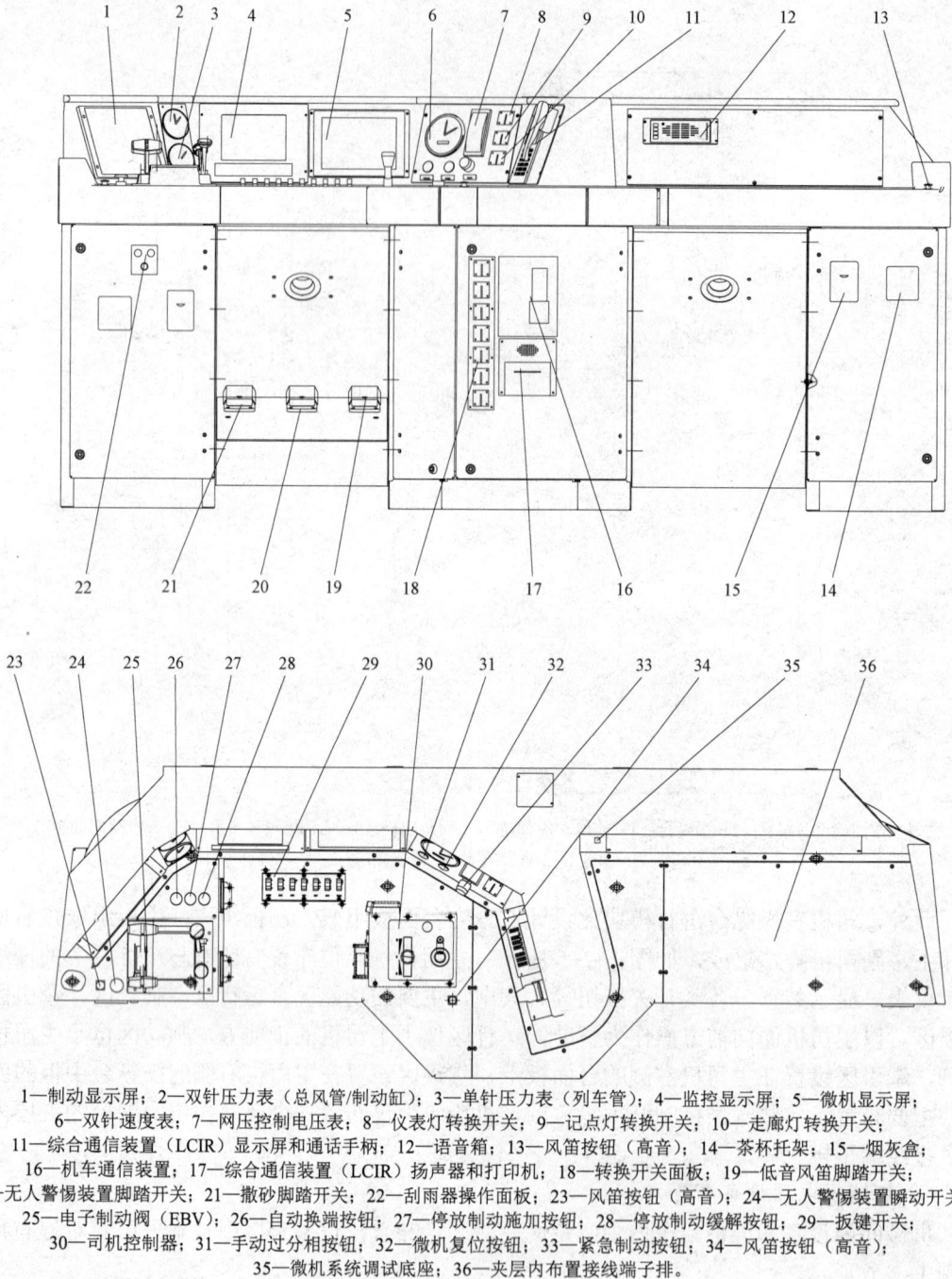

1—制动显示屏；2—双针压力表（总风管/制动缸）；3—单针压力表（列车管）；4—监控显示屏；5—微机显示屏；
6—双针速度表；7—网压控制电压表；8—仪表灯转换开关；9—记点灯转换开关；10—走廊灯转换开关；
11—综合通信装置（LCIR）显示屏和通话手柄；12—语音箱；13—风笛按钮（高音）；14—茶杯托架；15—烟灰盒；
16—机车通信装置；17—综合通信装置（LCIR）扬声器和打印机；18—转换开关面板；19—低音风笛脚踏开关；
20—无人警惕装置脚踏开关；21—撒砂脚踏开关；22—刮雨器操作面板；23—风笛按钮（高音）；24—无人警惕装置瞬动开关；
25—电子制动阀（EBV）；26—自动换端按钮；27—停放制动施加按钮；28—停放制动缓解按钮；29—扳键开关；
30—司机控制器；31—手动过分相按钮；32—微机复位按钮；33—紧急制动按钮；34—风笛按钮（高音）；
35—微机系统调试底座；36—夹层内布置接线端子排。

图 1-2-5　操纵台

④ 卫生间。机械间装有司乘人员盥洗的整体卫生间。该卫生间由车上卫生间和车底的管道组成。车上卫生间是一个箱形壳体，卫生间装有坐便器、洗手台、水箱、镜子、加热器、真空泵和污物箱等设备。整体卫生间的管道为其提供水路、气路的接入和排放及污物的排放。卫生间内的污物箱是用于收集和存储污物的装置，它的内部装有液位开关、温度传感器和加热器等设备。污物的排放可以利用地面转储车采用真空抽吸方式或直接重力排放来实现。

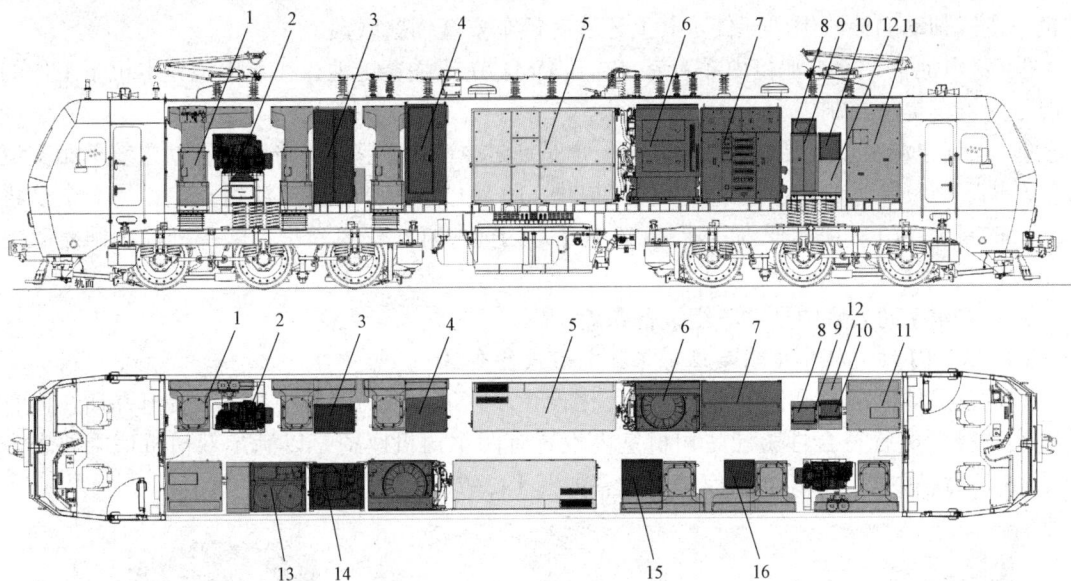

1—牵引通风机；2—主压缩机和干燥器；3—第三方设备柜；4—卫生间；5—牵引变流器柜；6—冷却塔；
7—低压电器柜；8—微波炉；9—工具柜；10—冷藏箱；11—辅助变流器柜；12—压车铁；13—风源柜；
14—空气制动柜；15—蓄电池柜；16—控制电源柜。

图 1-2-6　机械间电器设备布置

⑤ 牵引变流器柜。每台机车配置两台牵引变流器，该变流器采用先进的水冷 IGBT 模块，从牵引变压器次边取电，主电路采用二电平四象限 PWM 整流器+VVVF 逆变器模式，包括三重四象限 PWM 整流器和 3 个 VVVF 逆变器，每四象限 PWM 整流器和 1 个逆变器组成一组供电单元，为 1 台牵引电机供电，3 个主电路单元共用中间直流回路。整流器和逆变器采用相同的模块，具有互换性。

⑥ 冷却塔。通过冷却塔通风机从车顶吸风，先通过封闭的水回路冷却牵引变流器的水温，然后通过封闭的油回路冷却牵引变压器的油温。冷却塔上主要装有冷却塔通风机、油/水散热器、水泵、膨胀水箱、变压器副油箱等设备。

⑦ 低压电器柜。柜体上部安装用于机车控制的 GWM、VCM、ERM、DIM 和 DXM 模块，模块集中布置，便于观测与维护；柜前中部安装断路器、转换开关、DC 110 V 插座等，便于操作；柜体中间安装接触器等；柜体下部安装辅助回路的进线端子；左柜上部安装数字式电度表；左柜中部安装了库内动车转换装置；柜外右侧安装控制回路连接器；右柜后部安装继电器等。

⑧ 微波炉。微波炉为转波式，是为乘务员提供的必要生活设施，主要用于加热食品。

⑨ 工具柜。主要用来存放随车的工具和随车附件，在其上方安装有一个微波炉。

⑩ 冷藏箱。为乘务员提供的必要生活设施，主要功能是冷藏食品。

⑪ 辅助变流器柜。辅助变流器从牵引变压器辅助绕组取电，通过整流和逆变，为机车辅助系统所有负载提供三相电源，并向机械间送风，以保持机械间微正压。

⑫ 压车铁。用于机车的 25 t 与 23 t 的轴重转换。

⑬ 风源柜。风源柜主要包括两个 300 L 的总风缸、复轨器和辅助压缩机组等部件。

⑭ 空气制动柜。集成了空气制动机和空气管路系统相关部件及 MVB 网络的相关接口，

是机车空气制动的核心组成部件，其上还装有机车安全钥匙联锁。

⑮ 蓄电池柜。蓄电池柜内布置有 48 节 DM170 铅酸蓄电池，在蓄电池充电机不工作的情况下为机车提供控制电源。

⑯ 控制电源柜。主要有两个功能：一个是通过 AC–DC 整流，将机车辅助系统单相交流 220 V 电源变为直流 110 V 电源，为机车提供 110 V 电源，并为蓄电池组充电；另一个是将机车上的直流 110 V 电源变为直流 24 V 电源，为前照灯、仪表、空调的部分控制回路等提供电源。

3. CR200J 动力集中型动车组设备布置

1）CR200J 动力集中型动车组司机室电器设备布置

司机室整体风格、设备布局进行了优化设计，并采用新材料减小质量，提升品质，而且通过实物模型进行符合性验证。司机室内设置有两个司机座椅，以满足双司机值乘要求。CR200J 动力集中型动车组司机室电器设备如图 1–2–7 所示。

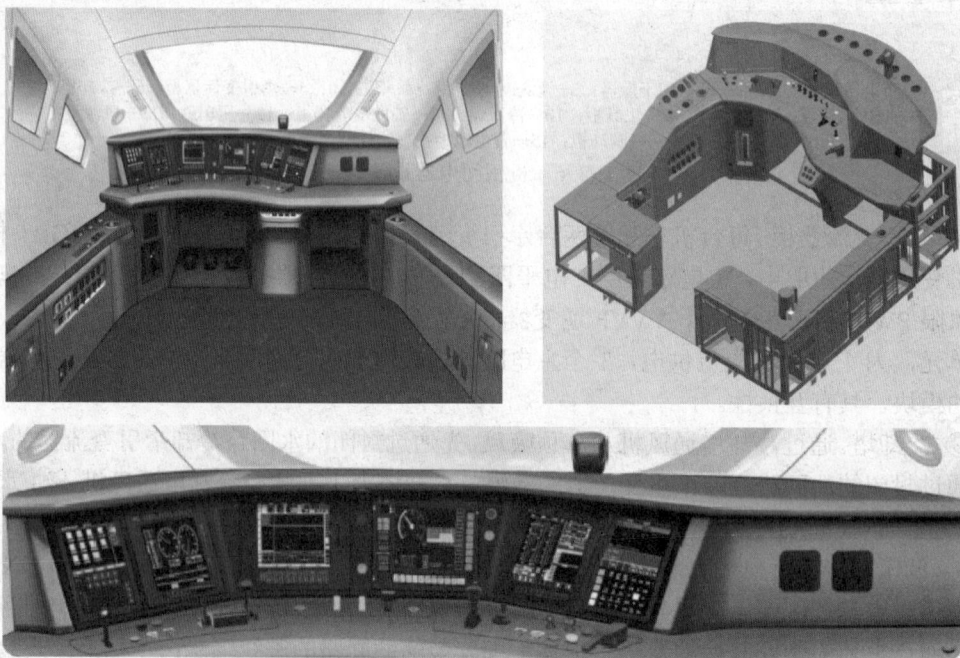

图 1–2–7　CR200J 动力集中型动车组司机室电器设备

2）CR200J 动力集中型动车组机械间电器设备布置

动力车入口门设置在机械间，入口门与司机室之间的走廊宽度为 840 mm，司机室所有设备可直接从走廊门进出，走廊门净宽度为 600 mm。机械间整体布局充分考虑了设备后续检修的可维护性和可达性（见图 1–2–8）。

3）CR200J 动力集中型动车组车顶电器设备布置

为了提高动车组可靠性，动力车车顶布置了两套相互冗余的高压设备（受电弓、避雷器及 25 kV 高压穿墙套管）。车顶布置有通信设备用的天线、冷却塔进风口、受电弓监视摄像头等设备（见图 1–2–9）。

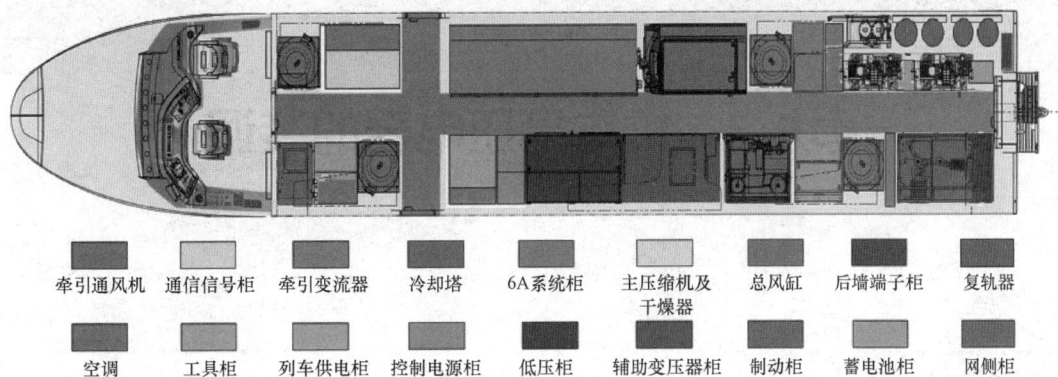

牵引通风机　通信信号柜　牵引变流器　冷却塔　6A系统柜　主压缩机及干燥器　总风缸　后墙端子柜　复轨器

空调　工具柜　列车供电柜　控制电源柜　低压柜　辅助变压器柜　制动柜　蓄电池柜　网侧柜

图 1-2-8　CR200J 动力集中型动车组机械间电器设备

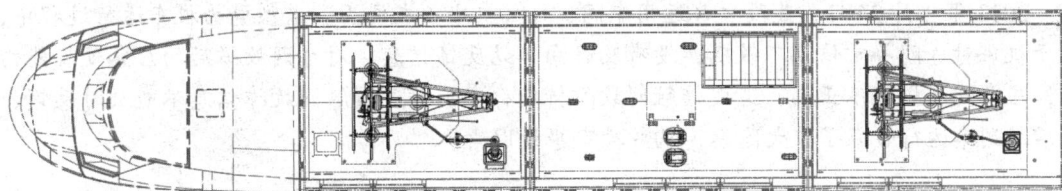

图 1-2-9　CR200J 动力集中型动车组车顶电器设备

4）CR200J 动力集中型动车组前端电器设备布置

前端采用 105 A 型车钩缓冲装置，具有密接式车钩缓冲装置的安装接口。前端装有救援用的 DC 600 V 供电插座，能够实现救援时拖车不断电（见图 1-2-10）。

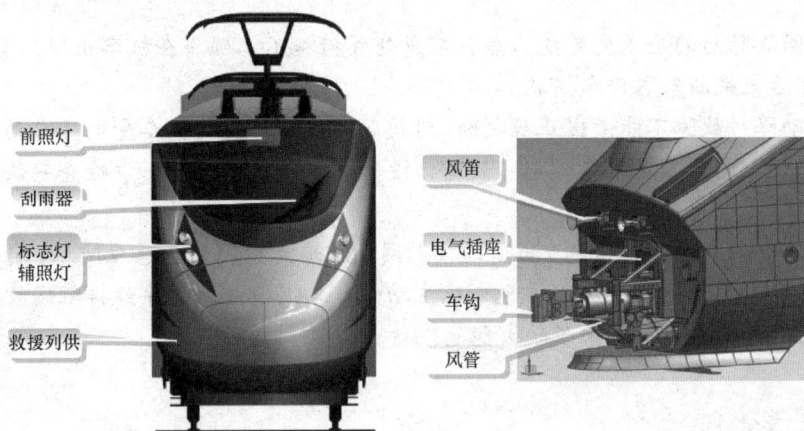

前照灯　刮雨器　标志灯辅照灯　救援列供　风笛　电气插座　车钩　风管

图 1-2-10　CR200J 动力集中型动车组前端电器设备

21

模块 2 机车高压电器的装调

案例引入

2013 年 2 月 24 日，某段××运用车间、××机班，在使用和谐型电力机车运行过程中，由于机班对弓网异常信息不敏感，没有及时向车站反馈信息，对弓网故障后的应急处置能力差，应急处置措施不正确，造成接触网故障持续存在，导致接触网故障信息不能及时反馈，给后续列车运行带来了较大隐患，构成段定事故因素。

原因分析

① 对弓网异常信息不敏感。接到车站注意观察接触网运行的通知后，未降低运行速度，以 75 km/h 的速度常速运行通过观察地点，对接触网状态确认不彻底，接触网吊悬故障未发现。

② 对弓网故障后的应急处置能力差，应急处置措施不正确。在机车出现只有感应网压、自动降弓动作后未果断采取停车措施。

③ 对自动降弓故障不能做出正确判断。对接触网故障导致的机车受电弓自动降弓故障判断不准确，错误判断为只是机车受电弓故障，没有采取停车措施进一步检查确认，盲目换弓维持运行。

④ 没有及时向车站反馈信息。当通过接触网故障地点出现只有感应网压、自动降弓动作故障后，在车站未再询问的情况下，也未能主动向车站汇报信息，导致接触网故障信息不能及时反馈，为后续列车运行带来了较大隐患。

总结经验

电力机车的运行主要依靠受电弓从接触网导线上受取电流，再经由机车高压电器设备输送至机车，以供机车正常运行需要，因此，电力机车高压电器的操作和维护至关重要。

HXD$_{1C}$ 型电力机车上采用的高压电器包括：受电弓、主断路器、高压接地开关、高压隔离开关、高压电压互感器、原边电流互感器、避雷器和高压电缆总成等，它们在电路中的位置如图 2-0-1 所示。本模块以 HXD$_{1C}$ 型电力机车为例，介绍电力机车高压电器设备的结构、原理、组装、调试等相关内容。

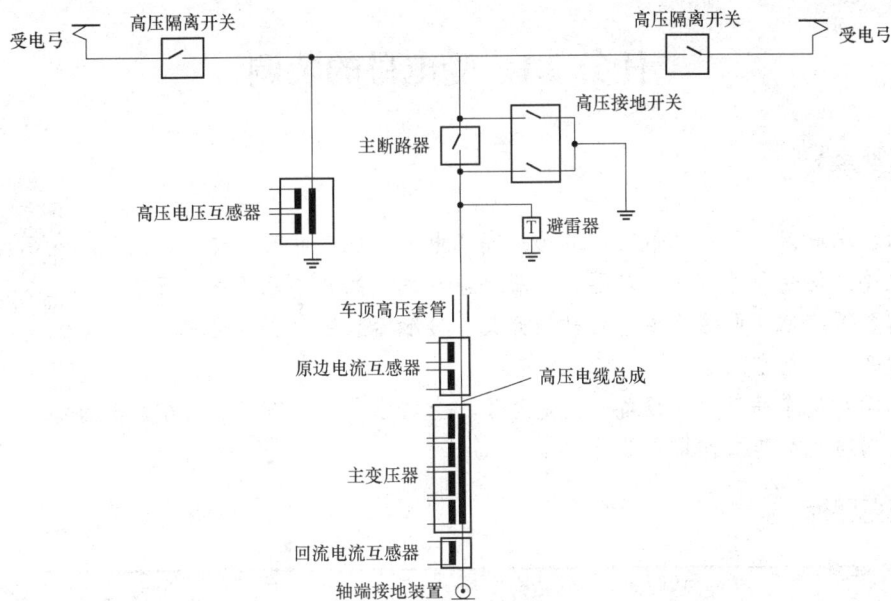

图 2-0-1 高压电器电路图

模块任务

任务 2.1 受电弓的装调	（1）受电弓的结构认知
	（2）受电弓的组装操作
	（3）受电弓的调试操作
任务 2.2 主断路器的装调	（1）主断路器的结构认知
	（2）主断路器的组装操作
	（3）主断路器的调试操作
任务 2.3 高压接地开关的装调	（1）高压接地开关的结构认知
	（2）高压接地开关的组装操作
	（3）高压接地开关的调试操作
任务 2.4 高压隔离开关的装调	（1）高压隔离开关的结构认知
	（2）高压隔离开关的组装操作
	（3）高压隔离开关的调试操作
任务 2.5 互感器的装调	（1）互感器的结构认知
	（2）互感器的组装操作
	（3）互感器的调试操作
任务 2.6 避雷器的装调	（1）避雷器的结构认知
	（2）避雷器的组装操作
	（3）避雷器的调试操作

任务 2.1 受电弓的装调

任务导入

课程思政

精益求精——受电弓
新型材料的调试

电力机车电器按电压高低可以分为：高压电器、低压电器。其中，高压电器主要包括受电弓、主断路器、高压隔离开关、高压接地开关、互感器、避雷器等。低压电器主要包括转换开关、接触器、继电器、司机控制器、扳键开关、电空阀等。

下面学习机车高压电器设备——受电弓。受电弓有什么作用？它在机车的哪个位置？它由什么结构组成？其工作特点是什么？

任务目标

知识目标	（1）掌握受电弓的结构
	（2）掌握受电弓的工作过程
	（3）掌握受电弓的组装规范与调试流程
能力目标	（1）能识别受电弓的结构
	（2）能描述受电弓的工作过程
	（3）能完成受电弓的组装与调试操作
素质目标	（1）具备积极主动的学习态度
	（2）具备乐于奉献、协作创新的团队意识
	（3）具备精益求精、严谨认真的职业素养

任务实施

微课视频

受电弓的认知

子任务 2.1.1 【识结构】TSG15B 型受电弓结构认知

（1）根据图 2-1-1 在表 2-1-1 中写出 TSG15B 型受电弓部件的名称。

图 2-1-1 TSG15B 型受电弓

表 2-1-1　TSG15B 型受电弓部件名称

微课视频

受电弓的结构

序号	部件名称	序号	部件名称
1		7	
2		8	
3		9	
4		10	
5		11	
6		12	

（2）在表 2-1-2 中写出受电弓部件的功能。

表 2-1-2　受电弓部件功能

部件名称	功　能
弓头机构	
铰链机构	
底架机构	
传动机构	
控制部分	

（3）根据图 2-1-2 写出受电弓的工作原理。

微课视频

受电弓的工作
过程

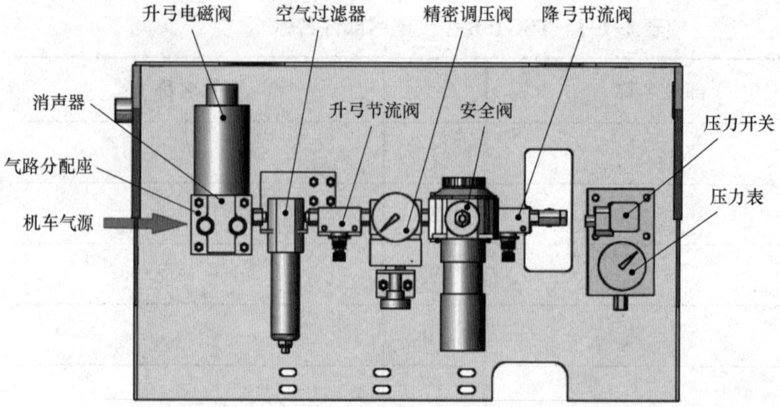

图 2-1-2　TSG15B 型受电弓的气阀箱

（4）根据表 2-1-3，制作 TSG15B 型受电弓拆卸作业工艺卡。（注：组装过程参照拆卸反顺序进行）

表 2-1-3　TSG15B 型受电弓拆卸作业工艺卡

完成人员		完成日期		TSG15B 型受电弓拆卸作业工艺卡
工具名称	工具数量	工具规格	工具要求	
安全要求			操作注意事项	

工序名称	作业过程	工种

子任务 2.1.2　【学知识】TSG15B 型受电弓知识学习

（1）受电弓是电力机车上从_____导线上_____的装置。从受电弓受取的电流，经过主断路器控制，传输到机车电力系统。受电弓可分单臂弓和双臂弓两种，大部分电力机车上单臂受电弓使用较多。

（2）TSG15B 型受电弓是一种铰接式的机械，它从接触网上集取电流，并传送到车内供机车使用，起到了_____的作用。

（3）TSG15B 型受电弓的使用环境要求是：海拔不超过_____m；最低环境温度为 −40 ℃，最高环境温度为 +70 ℃；具有_____能力；受电弓承受振动和冲击能力应满足相关标准要求。

（4）受电弓的弓头部分由接触滑板和弓头悬挂装置组成。接触滑板由导电的石墨磨损件和铝托架组成。弓头悬挂装置由橡胶弹簧元件构成。

（5）受电弓升降弓的基本工作要求是：升降弓时不产生过分冲击；在接触导线高度允许变化范围内，升弓时滑板离开底架要_____，贴近接触导线时要_____，以防止_____；降弓时脱离接触导线要_____，落在底架上要_____，以防_____以及对底架有过分的机械冲击。

（6）受电弓自动降弓装置基本调试，受电弓的 ADD 控制阀_____经常试验，在更换滑板时，检验 ADD 性能，即将受电弓升起_____，打开试验阀，受电弓应迅速降下。

（7）TSG15B 型受电弓平均静态接触压力为_____。

（8）TSG15B 型受电弓额定工作压力为_____。

（9）铰链系统包括下臂杆、上框架、拉杆、底架，它们一起构成一个_____。_____由无缝钢管在连接处密封焊接而成。

（10）清洗检修使用专用_____清洗各零部件表面，然后用清水洗净表面的清洗剂，再用干吸油纸或吸油纸擦干。白色绝缘管用吸油纸蘸中性清洁剂擦拭干净，然后用干吸油纸擦干，不得有油污。

微课视频

子任务 2.1.3　【践调试】TSG15B 型受电弓调试操作

受电弓的维检与调试

根据表 2-1-4，制作 TSG15B 型受电弓调试作业工艺卡。

表 2-1-4　TSG15B 型受电弓调试作业工艺卡

完成人员		完成日期		
工具名称	工具数量	工具规格	工具要求	TSG15B 型受电弓调试作业工艺卡
安全要求			操作注意事项	

续表

工序名称	作业过程	工种

任务评价

受电弓装调评价表

主要内容		考核要求及评分标准	配分	自评	互评	师评
任务准备	任务书编写	受电弓的拆卸作业工艺卡编制	10			
	作业前准备	个人防护用品穿戴齐备，错漏一处扣2分 防护措施到位，错漏一处扣2分 工具准备到位，错漏一处扣2分	5			
操作过程	受电弓部件认知	受电弓部件认知、功能分析正确，错漏一处扣2分	10			
	受电弓拆装	作业顺序出现差错扣5分 弹簧或卡簧飞出扣5分 拆卸时伤及铜件扣5分 分解时损伤密封件扣5分 工具选择不合理扣5分	25			
	受电弓工作过程分析	受电弓工作过程原理分析正确，错漏一处扣2分	10			

续表

主要内容		考核要求及评分标准	配分	自评	互评	师评
操作过程	受电弓调试	受电弓静态接触压力测试，5 分 受电弓升降弓测试，5 分 受电弓 ADD 阀测试，5 分 受电弓最大升弓高度测试，5 分 受电弓落弓位保持力测试，5 分	25			
职业素养	作业质量	零部件齐全，每遗漏一个零部件扣 2 分 分解各零部件未分类放至各配件盒扣 2 分 按规定程序进行作业，程序混乱扣 2 分	5			
	基本要求及安全防护	操作过程中及作业完成后，工具、仪表、设备等摆放不整齐扣 1 分 作业完成后未整理工具、清洁现场扣 2 分 没有穿戴个人防护用品，作业防护项目不齐全，每缺一处扣 2 分	10			
总分			100			

注：扣分项扣至零为止，下同。

相关知识

受电弓是电力机车上从接触网导线上受取电流的装置。从受电弓受取的电流，经过主断路器控制，传输到机车电力系统。受电弓分为单臂弓和双臂弓两种，大部分电力机车上单臂受电弓使用较多。

1. TSG15B 型受电弓

1）TSG15B 型受电弓的结构

TSG15B 型受电弓是一种铰接式机械，它从接触网上集取电流，并传送到车内供机车使用，起机车的"插头"作用。TSG15B 型受电弓的技术参数如表 2-1-5 所示。

表 2-1-5　TSG15B 型受电弓技术参数

名　称	参　数
额定工作电压	31.5 kV
电压范围	AC 19～31 kV
额定工作电流	1 000 A
落弓位最小高度	220 mm
落弓位最大高度	2 250 mm
最大升弓高度	≥2 400 mm
碳滑板长度	（1 250±1）mm
额定运行速度	200 km/h
额定工作压力	550 kPa
最大工作压力	1 000 kPa
最小工作压力	≥150 N kPa
碳滑板长度	（1 250±1）mm

TSG15B 型受电弓主要由弓头组装、上框架组装、下臂杆组装、铰接电流连接组装、拉杆组装、平衡杆组装、阻尼器组装、底架组装、气囊组装、绝缘子组装、底架电流连接组装、弓头电流连接组装等组成，如图 2-1-3 所示。

1—弓头组装；2—上框架组装；3—下臂杆组装；4—铰接电流连接组装；5—拉杆组装；6—平衡杆组装；
7—阻尼器组装；8—底架组装；9—气囊组装；10—绝缘子组装；11—底架电流连接组装；12—弓头电流连接组装。

图 2-1-3　TSG15B 型受电弓

弓头部分由接触滑板和弓头悬挂装置组成。接触滑板由导电的石墨磨损件和铝托架组成。弓头悬挂装置由橡胶弹簧元件构成。铰链系统包括下臂杆、上框架、拉杆、底架，它们一起构成一个四杆机构。下臂杆由无缝钢管在连接处密封焊接而成，包括底架轴承管和肘接轴承管的主轴承。底架轴承管上装有阻尼器、扇形板的连接装置。上框架部分由铝管、顶管和下部的肘接横管焊接而成，通过两个夹板将下横管和拉杆的上轴承连接起来。自润滑轴承被压进长横管内部，作为弓头悬挂支撑的轴承。拉杆结构，与前面结构进行封闭，组成四杆机构，围成了方形链接。通过调整螺母，拉杆的长度可以进行调节，以调整几何结构。平衡杆导杆，一端与肘接轴承管上的平衡杆连接块连接，另一端与止挡杆组焊连接。当正常运行时，弓头通过接触线保持在正确的工作姿态，而在升降弓过程中，则通过止挡杆维持在近似水平姿态。底架由方形钢管焊接而成，包括阻尼器的轴承支架、气囊的安装支撑架、支撑上框架和弓头的橡胶止挡。为了便于电气连接，底架提供一个接线端，接线端由不锈钢制成。支持绝缘子安装在机车车顶底板上，上部安装受电弓，用来支持受电弓，保证受电弓与底板之间所要求的电气间隙和爬电距离。电流连接组装，包括弓头电流连接组装、肘接电流连接组装、底架电流连接组装。其中，弓头电流连接组装有两组，将接触导线流入受电弓的电流直接由弓头导流至上框架的铝框架上，从而使电流绕过了轴承和弓头悬挂装置上的橡胶弹簧元件，以避免轴承和橡胶弹簧元件的温升。肘接电流连接组装有两组，保护安装于肘接轴承管内的轴承。底架电流连接组装有两组，保护安装于底架轴承管内的轴承。

同时，受电弓升弓时所需的升弓转矩和升起后与接触线间的接触压力由两个充满压缩空气的气囊、与气囊连接并被拉伸的钢丝绳和焊接在下臂杆上的扇形调整板产生，这就是升弓气囊。气体压力由高精度调压阀控制，要求的接触压力可以调整。此外，为避免受电弓降弓时对底架上的部件造成损坏，在受电弓底架和下臂杆之间安装有阻尼器，其内部有一个缓冲装置，在阻尼器最后的 30 mm 运动范围内阻尼会明显增加。阻尼器在受电弓出厂时已经设定好，不允许被调整。最后，还有气阀板组装，升弓电磁阀、空气过滤阀、升降弓节流阀、精密调压阀、安全阀和压力开关组装在电力机车内部的气阀板上。

TSG15B 型受电弓的使用环境如下。

① 海拔不超过 2 500 m。

② 最低环境温度为-40 ℃，最高环境温度为+70 ℃。

③ 具有防水、防风、防沙能力。

④ 受电弓承受振动和冲击能力满足相关标准要求。

2）TSG15B 型受电弓的工作过程

（1）受电弓升降弓的基本工作要求

① 在升降弓时不产生过分冲击。

② 在接触导线高度允许变化范围内，升弓时滑板离开底架要快，贴近接触导线时要慢，以防止弹跳。

③ 在降弓时脱离接触导线要快，落在底架上要慢，以防拉弧及对底架有过分的机械冲击。

（2）受电弓的升降弓工作过程——以 TSG15B 型受电弓为例

图 2-1-4 为 TSG15B 型受电弓的气阀箱，用于调节受电弓升降弓时间，保证升降弓动作过程先快后慢。气阀箱主要由空气过滤器、单向节流阀（升弓）、精密调压阀、压力表、单向节流阀（降弓）、安全阀等组成。单向节流阀是一个流量控制阀，它借助改变流通管路的截面大小来调节气流量。调整手轮，可以改变节流口的过流面积，从而对流经该阀的流量进行控制。升弓单向节流阀和降弓单向节流阀的结构是相同的。精密调压阀为受电弓提供压力恒定的压缩空气，其精度偏差为±0.002 MPa。精密调压阀用于调节接触压力，气压每变化0.01 MPa，接触压力变化 10 N。其中，压力表显示的数值仅起参考作用，应以实测接触压力为准。如果精密调压阀出现故障，安全阀会起到保护气路的作用。

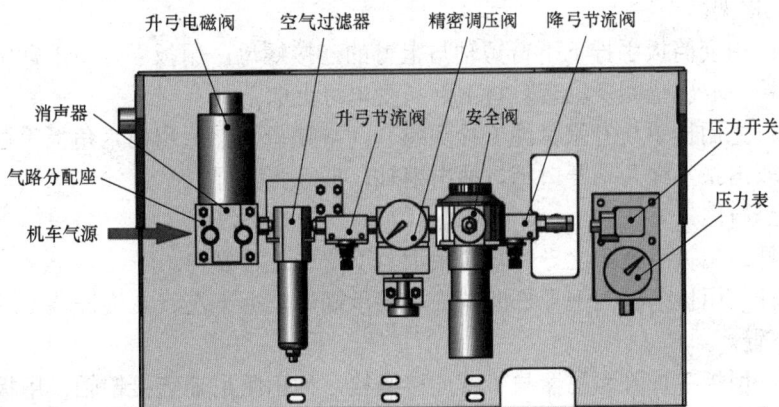

图 2-1-4　TSG15B 型受电弓的气阀箱

3）TSG15B 型受电弓的组装与调试

TSG15B 型受电弓组装与调试的流程如图 2-1-5 所示。

修前总体检测 → 解体 → 清洗检修 → 组装 → 调试 → 涂漆

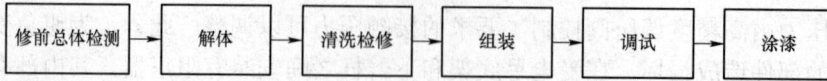

图 2-1-5　TSG15B 型受电弓组装与调试的流程

TSG15B 型受电弓组装与调试所需工具设备如表 2-1-6 所示。

表 2-1-6　TSG15B 型受电弓组装与调试所需工具设备

名称	工具设备
装备	受电弓试验台、风源、风管及相当储风缸
工具	两用扳手一套、扭力扳手（8～40 N·m、60～220 N·m）、油枪、手锤、木锤或塑料手锤
量具	钢卷尺（3 m）、钢直尺（300 mm）、机械秒表、弹簧秤（0～200 N）、游标卡尺（200×0.02）、水平仪（600 mm）

（1）总体检测

① 将受电弓连同支持顶盖一起吊往试验站，钢丝绳应挂在顶盖吊装钩上。

② 用工频 55 kV 耐压 1 min，无放电、无闪络。

（2）解体

① 分解部件连接。拆下受电弓，拆除两根绝缘管、3 个绝缘子与受电弓的连接，将绝缘管、受电弓从车顶盖上拆下；用扳手拆下软连接线；拆除底架、下臂、上臂、弓头之间的连接气管；拆除气囊连接橡胶气管。

② 分解弓头。

拆滑板：拆除滑板连接气管，用扳手拧下滑板安装螺母，取下滑板。

拆弓角：用扳手拧下弓角螺栓，拆除两端弓角。

拆卸弓头：用扳手拆下 V 形连接器与弓头传力柱头的连接螺栓，使用小刀轻轻将上臂顶管一端的滑动轴套取出。从上臂顶管中抽出管轴，取出另一端滑动轴套。

③ 分解上框架。

拆卸上臂：用套筒扳手拧下下臂短轴与上臂的连接螺母，用扳手拧下上臂中心连接与下导杆连接的螺栓，取出垫圈及轴套，将上臂从受电弓上取下。

分解上臂：先用扳手松开张紧绳上拴头螺套两端螺母，然后用内六角扳手松开两根张紧绳，用钢丝钳取出张紧绳两端开口销，抽出销轴，拆下张紧绳。

④ 分解上导杆。

拆卸上导杆：用扳手拆下上导杆杆端轴承与下臂的连接螺栓。

分解上导杆：用扳手松开上导杆两端杆端轴承螺母，拆下左、右旋杆端轴承。

⑤ 分解下臂。

拆卸下臂：用扳手拧开阻尼器与下臂连接螺栓，抽出阻尼器连接销轴，用扳手拧开钢丝绳两端螺母，用扳手拧开线导向安装螺栓，拆除钢丝绳，用套筒扳手拧下下臂长轴与底架的连接螺母及垫圈，将下臂从受电弓上取下。

分解下臂：用扳手拧开线导板连接螺栓，拆除两端线导板，用弹簧挡圈专用卡钳拆下下臂主轴与中心轴孔内的弹簧挡圈，退出两端隔套、轴承、垫圈等，拧开进气管两端接头，取出气管。

⑥ 分解下导杆。

拆卸下导杆：用扳手拆下下导杆杆端轴承与底架的连接螺栓。

分解下导杆：用扳手松开下导杆两端杆端轴承螺母，拆下左、右旋杆端轴承。

⑦ 分解升弓装置。

拆卸升弓装置：用钢丝钳拆除升弓装置与底架连接销轴的开口销，从底架支撑中抽出销轴，将升弓装置取下。

分解升弓装置：用扳手拧开升弓装置上限位装置螺杆上螺母，取下螺柱及方管，用扳手拧开连接关节装配螺栓及连接气囊的锁紧螺母。

⑧ 拆除附件。

拆卸弓装配：用扳手拆下弓装配与底架连接螺栓，拆下弓装配。

拆卸阻尼器：用扳手拆下阻尼器与底架连接螺栓，拆下阻尼器，抽出阻尼器连接销轴。

⑨ 分解底架。

用扳手拆除底架上的管卡、弯管、橡胶堆、球阀、快速降弓阀、橡胶气管、气管及各管件。

⑩ 将底架从工作台上取下，受电弓分解完成。

（3）清洗检修

① 使用专用高强度清洗剂清洗各零部件表面，然后用清水洗干净表面的清洗剂，再用干吸油纸或吸油纸擦干。白色绝缘管用吸油纸蘸中性清洁剂擦拭干净，然后用干吸油纸擦干，不得有油污。

② 检查弓头零部件。在换滑板条时，滑板条与弓头左、右支承接触面应涂抹导电接触脂，螺栓应涂抹螺纹润滑剂。检查弓头、弓角无裂损、锈蚀、变形，弓角安装牢固，与滑板之间须平滑过渡，间隙为 0.5～1.5 mm。检查管轴无变形、裂损，目测弓头支架等部件无变形、烧损。

③ 检查上臂零部件。上臂无变形、裂损，滑动轴套转动灵活，无异常。

④ 检查下臂零部件。轴承无缺损，转动灵活，密封圈完好，更新橡胶弹簧元件。

⑤ 检查底架零部件。检查橡胶止挡无老化、龟裂、变形，检查橡胶气管无破损、老化。检查解体、清洁快排阀，更新膜板及复原弹簧。

⑥ 检查升弓装置零部件。检查气囊无裂纹、破损现象，气囊裂缝达到长 20 mm、深 1.2 mm 或泄漏者须更新。更新钢丝拉绳，钢丝拉绳安装位置应正确。

⑦ 阻尼器应无泄漏。

⑧ 检查软连接线。检查软连接线是否有破损，软连接线无过热、烧损，断股面积不大于 5%。

⑨ 检查绝缘子。用酒精（或专用清洗剂）和软布将绝缘子表面擦拭干净，检查支持绝缘子无损坏和烧损，损坏者更新，表面缺损须进行绝缘处理，当缺损面积大于 3 cm^2 时，须通过 55 kV 工频耐电压试验；累计缺损积达到 25 cm^2 或非瓷质绝缘子缺损深度达到 1 mm 时须更新。

⑩ 其他检查项目。更新各 PU（PA）软管；检查升弓装置关节装配转动灵活，无阻滞；外观精密调压阀无损坏，作用良好；气阀板及各气动部件的接头和管路清洁，无损坏，排除管路积水；外露的铁质零件须进行除锈、涂漆处理。

（4）组装

按照拆解的相反过程进行组装。

（5）调试

① 静态压力特性。受电弓在额定工作气压下，在其工作高度范围内进行升、降弓试验（带阻尼器），至少在 900 mm、1 200 mm、1 600 mm、2 000 mm、2 400 mm、2 700 mm（至绝缘子下平面计算高度）高度下测试其静态压力。测量应在受电弓连续上升和下降的循环周期进行，其上升或下降速度为 0.05m/s（1±10%）。当向下运动时，力的最大值不超过（80±5）N，当向上运动时，力的最小值不小于（60±5）N，在同一升弓高度，两个值之差都不应超过 20 N（不加阻尼器）或 30 N（含阻尼器）。

② 升降弓特性。升降弓时间是指当静态接触压力及气囊压缩空气均为正常时，滑板自落弓位上升至 2 250 mm 高度（自绝缘子下平面）或自 2 250 mm 高度（自绝缘子下平面）降至落弓位所需时间。升弓时从弓头动作开始计时，升至 2 250 mm 停止计时。降弓时从弓头动作开始计时，降至落弓位停止计时。

升弓时间 6～10 s（不计充气时间），且不允许受电弓有任何回跳。升弓时须平稳、不冲网。降弓时间应不大于 6 s，且不允许有引起损坏的冲击。降弓时能迅速脱离接触网导线然后再缓慢落至止挡。

③ 受电弓的气密性。断开控制阀板与气囊驱动装置相连管路，将受电弓进气口与容积相当的储气缸相连，通以 400 kPa 的压缩空气，关闭进气，10 min 后，气压下降应不超过 5%。

④ 自动降弓装置（ADD）特性。受电弓的 ADD 控制阀不应经常试验，在更换滑板时，检验 ADD 性能，即将受电弓升起 0.6 m，打开试验阀，受电弓应迅速降下。

⑤ 检测落弓位保持力不小于 150 N。

⑥ 在最小工作气压 375 kPa 下，弓头能上升至最大高度且无呆滞现象。

⑦ 在工作高度（从落弓位算起）220～2 250 mm 范围内及额定工作气压下，受电弓的接触压力及接触压力差（不带阻尼器）须符合表 2-1-7 的规定。

表 2-1-7　受电弓接触压力及接触压力差

序号	名　称		技术要求
1	接触压力	平均静态接触压力	（70±10）N
		弓头上升单向压力	≥55 N
		弓头下降单向压力	≤85 N
2	接触压力差	弓头在同一高度上升或下降时的压力差	≤20 N
3	落弓保持力		≥150 N

注：平均静态接触压力按 GB/T 21561.1—2018 要求执行。

（6）涂漆

按技术要求涂漆。

2. DSA200 型受电弓

DSA200 型单臂受电弓是目前国内新造机车的首选型号，其设计速度为 200 km/h，适用于相应速度等级的各种电力机车及动车组。

DSA200 型受电弓的结构特点与国内普遍采用的弹簧式受电弓有非常显著的区别，其结构组成如图 2-1-6 所示。

图 2-1-6　DSA200 型受电弓

DSA200 型受电弓的动作过程通过两套嵌套的四臂连杆机构完成：第一套四臂连杆机构主要由底架、下臂杆、上框架及拉杆组成，该机构的作用是使受电弓完成工作过程中的升降动作；第二套四臂连杆机构主要由下臂杆、上框架、平衡杆、弓头组成，该机构的作用是在受电弓的工作高度保持弓头的水平状态。

目前，运用于 CR200J 动力集中型动车组上的受电弓就是依据 DSA200 型受电弓发展而来的。其中，最大速度为 250 km/h，额定电压为 25 kV，正常工作电压范围为 17.5～31 kV，受电弓支持绝缘子绝缘爬电距离≥1 000 mm。

3. TSG3-630/25 型受电弓

1）TSG3-630/25 型受电弓结构

TSG3-630/25 型单臂受电弓是株洲电力机车有限公司生产的一种弹簧气缸式受电弓，通过绝缘子安装于机车车顶，并通过接触网受取电流供机车使用。TSG3-630/25 型受电弓的技术参数如表 2-1-8 所示。

表 2-1-8　TSG3-630/25 型受电弓的技术参数

名　称	参　数
额定工作电压	25 kV
额定工作电流	630 A
最大运行速度	170 km/h
静态接触压力	（90±10）N
工作高度	500～2 250 mm
最大升弓高度	2 600 mm

续表

名　称	参　数
折叠高度	228 mm
弓头总长度	2 085 mm
滑板长度	1 250 mm
气缸工作气压	520～1 000 kPa
升弓时间	6～8 s
降弓时间	5～7 s

TSG3-630/25 型受电弓是单臂受电弓，由弓头部分、铰链机构、底架部分、传动机构、控制机构等组成，如图 2-1-7 所示。SS$_8$、SS$_6$ 型电力机车采用该型受电弓。

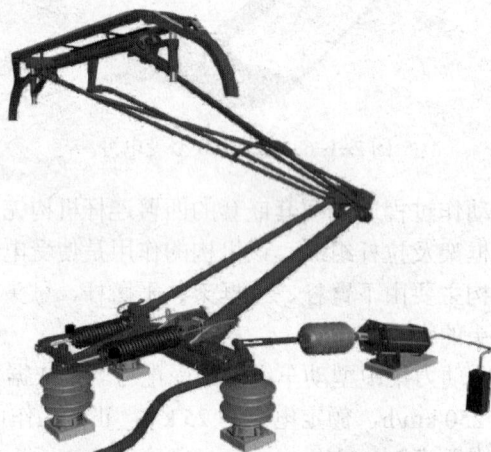

图 2-1-7　TSG3-630/25 型受电弓

弓头部分主要包括滑板、羊角、弹簧盒。其中，滑板是直接与接触导线接触受流的部件，也是故障率较高的部件之一。目前采用的滑板主要有碳滑板、钢滑板、粉末冶金滑板等。其中，碳滑板较软，自身磨耗较大；钢滑板较硬，对接触网磨耗较大；粉末冶金滑板有较好的自润滑性和一定的机械强度，是目前较为理想的滑板材料。

铰链机构，主要包括平衡杆、上框架、铰链座、下臂杆、推杆等结构。其中，平衡杆用来调整滑板在各运动高度均处于水平；上框架用来支承弓头重量，保证受电弓工作高度；推杆用来调整最大升弓高度和滑板的运动轨迹；下臂杆用来支承受电弓重量，传递升降弓力矩。

底架部分，主要包括横梁、纵梁、升弓弹簧、绝缘子等结构。绝缘子是起支撑作用的绝缘体；升弓弹簧是用来提供升降弓动作力矩的关键部件。

传动机构，主要包括转臂、U 形连杆、连杆绝缘子、传动气缸、进气口等结构。其中，传动气缸是受电弓的动力装置，安装在机车顶盖上，进气时升弓、排气时降弓。

控制机构，由缓冲阀、升弓电空阀组成，可以用来实现对受电弓升降的控制。

2）TSG3-630/25 型受电弓工作过程

这种弹簧气缸式受电弓，其升降弓主要依靠控制机构的缓冲阀来实现。那么，电力机车受电弓的工作过程如何实现先快后慢的工作要求？其主要依靠缓冲阀。缓冲阀主要包括快排阀、节流阀和电空阀。

升弓过程：电磁阀得电，其滑阀被拉下，压缩空气通过供风口、节流阀往上进入传动风缸。在刚刚开始的时候，由于快排阀两边的截面不同，两边受力不同，快排阀的滑阀一直被压紧在阀座上，从而关闭快排阀口。活塞受到空气压缩，克服降弓压缩弹簧的力，使得连杆向左运动，从而解除了对下臂上转臂的约束。此时，受电弓在两升弓弹簧的作用下，随着传动风缸活塞的位移大小而快速升弓。随着弓头逐渐上升，降弓弹簧压力逐渐增大，需要气压也增大，此时节流阀口的气压差逐渐减小，受电弓升弓速度逐渐减慢（见图 2-1-8）。这就实现了升弓时先快后慢的工作要求，减小了冲击和振动。

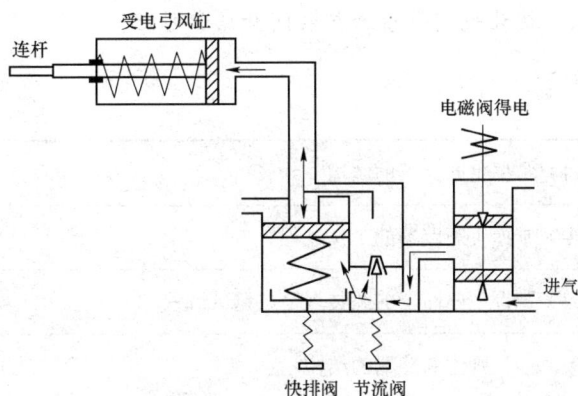

图 2-1-8　受电弓升弓原理图

降弓过程：电磁阀失电，滑阀上移，快排阀下部的气体通过电磁阀排气口排向大气。由于快排阀滑阀的下部失压，传动风缸内的压缩空气因压力差打开快排口，快速排出。传动风缸通过连杆、转臂，作用到受电弓的下臂上，并克服升弓弹簧的力，使受电弓快速降弓。由于快排阀的调整螺钉将复位弹簧调整至某一压力值，随着压差减少，快排阀被复位（关闭了快排口）。此时，传动风缸空气只能通过节流阀的阀口，经电磁阀口排向大气，由于节流阀有反向抑流作用，使得受电弓缓慢地降落到橡胶止挡上（见图 2-1-9）。于是，受电弓降弓速度也实现了先快后慢的工作要求，减小了冲击和振动。

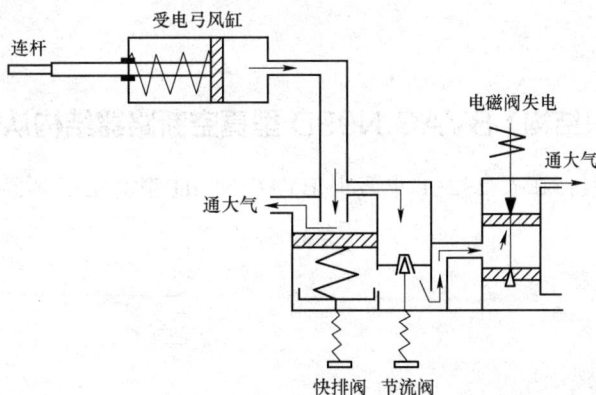

图 2-1-9　受电弓降弓原理图

受电弓的工作过程就是通过缓冲阀来控制升降弓过程的快慢，进而通过传动风缸和升降弓弹簧实现受电弓的升降。

任务 2.2　主断路器的装调

任务导入

前面我们已经学习了受电弓，明确了受电弓是电力机车受取电流的装置，那么电力机车的电路又是依靠什么来实现开关的呢？这个总开关又是如何控制的呢？接下来，就让我们带着这些疑问开始学习吧！

课程思政

创新意识——高压断路器的生产制造

任务目标

知识目标	（1）掌握主断路器的结构
	（2）掌握主断路器的工作过程
	（3）掌握主断路器的组装规范与调试流程
能力目标	（1）能识别主断路器的结构
	（2）能描述主断路器的工作过程
	（3）能完成主断路器的组装与调试操作
素质目标	（1）具备积极主动的学习态度
	（2）具备乐于奉献、协作创新的团队意识
	（3）具备精益求精、严谨认真的职业素养

任务实施

子任务 2.2.1　【识结构】BVAC.N99D 型真空断路器结构认知

（1）根据图 2-2-1，在表 2-2-1 中写出 BVAC.N99D 型真空断路器部件的名称。

微视视频

真空断路器的认知

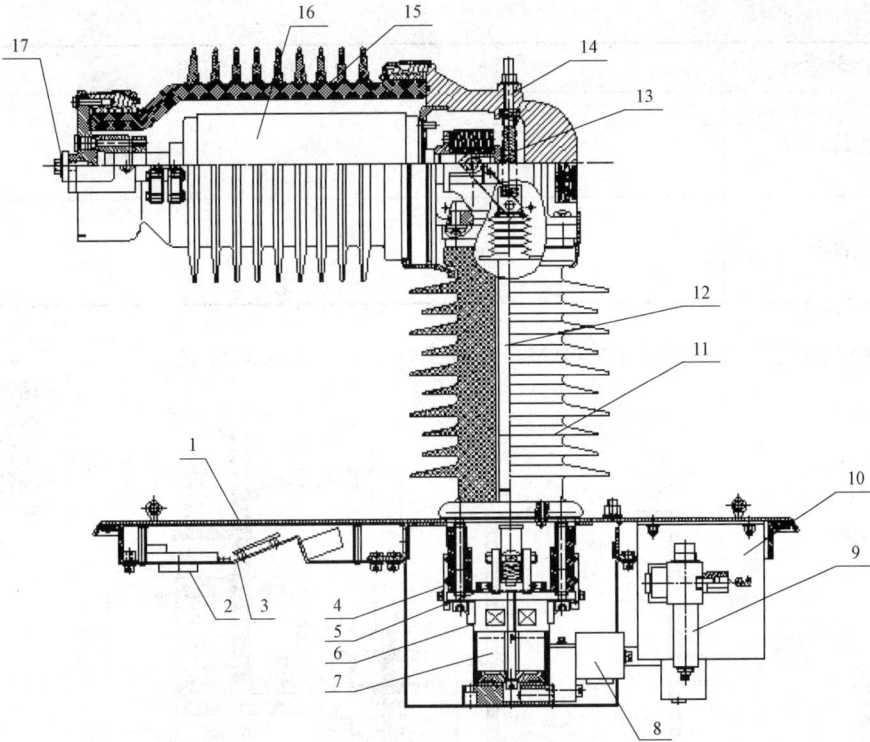

图 2-2-1　BVAC.N99D 型真空断路器部件

表 2-2-1　BVAC.N99D 型真空断路器部件名称

序号	部件名称	序号	部件名称
1		10	
2		11	
3		12	
4		13	
5		14	
6		15	
7		16	
8		17	
9		18	

（2）在表 2-2-2 中写出 BVAC.N99D 型真空断路器部件的功能。

表 2-2-2　BVAC.N99D 型真空断路器部件功能

部件名称	功　能
高压部分	

续表

部件名称	功能
中间绝缘部分	
控制部分	

（3）根据图 2-2-2，写出 BVAC.N99D 型真空断路器的工作原理。

微课视频

真空断路器的工作过程

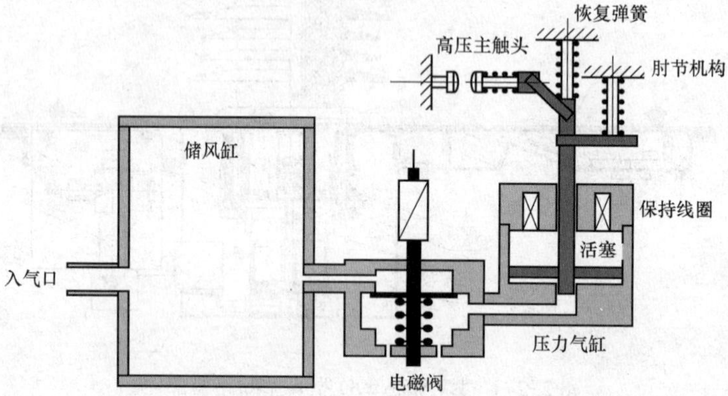

图 2-2-2　BVAC.N99D 型真空断路器工作示意图

（4）根据表 2-2-3，制作 BVAC.N99D 型真空断路器拆卸作业工艺卡。（注：组装过程参照拆卸反顺序进行）

表 2-2-3　BVAC.N99D 型真空断路器拆卸作业工艺卡

完成人员		完成日期		BVAC.N99D 型真空断路器拆卸作业工艺卡
工具名称	工具数量	工具规格	工具要求	

续表

安全要求	操作注意事项	
工序名称	作业过程	工种

子任务 2.2.2　【学知识】BVAC.N99D 型真空断路器知识学习

（1）主断路器连接在_____与_____之间，安装在机车车顶中部。

（2）主断路器属于高压断路器的一种，可分为_____、_____和_____等。

（3）BVAC.N99D 型真空断路器是_____，用于机车主电路电源的开断、接通电流，同时用于过载和短路保护。

（4）主断路器结构分为高压、_____和控制 3 个部分。

（5）_____部分，包括水平绝缘子、真空开关管组装和传动轴头组装等。

（6）_____的分、合闸即体现了整个主断路器的分合闸情况，具体表现为对动触头的操作，其通过来自气动部分产生的机械动力推动连杆机构的操纵杆来完成，以保证它的轴向运动。

（7）控制部分，包括_____、压力开关、_____、_____、保持线圈、肘节机构、110 V 控制单元等操纵控制部件。

（8）检查接地装置簧片间距：簧片间距_____mm。

（9）检查并调节压力开关的最小动作气压，参数要求为_____kPa。

（10）试验完后用_____N·m 扭力扭紧密封储风缸和完整轴头的 G 3/8 铜管堵。

子任务 2.2.3 【践调试】BVAC.N99D 型真空断路器调试操作

微课视频

主断路器的维检与
调试

根据表 2-2-4，制作 BVAC.N99D 型真空断路器调试作业工艺卡。

表 2-2-4 BVAC.N99D 型真空断路器调试作业工艺卡

完成人员		完成日期		BVAC.N99D 型真空断路器调试作业工艺卡
工具名称	工具数量	工具规格	工具要求	
安全要求				操作注意事项

工序名称	作业过程	工种

任务评价

主断路器装调评价表

主要内容		考核要求及评分标准	配分	自评	互评	师评
任务准备	任务书编写	主断路器的拆卸作业工艺卡编制	10			
	作业前准备	个人防护用品穿戴齐备，错漏一处扣 2 分 防护措施到位，错漏一处扣 2 分 工具准备到位，错漏一处扣 2 分	5			
操作过程	主断路器部件认知	主断路器部件认知、功能分析正确，错漏一处扣 2 分	10			
	主断路器拆装	作业顺序出现差错扣 5 分 弹簧或卡簧飞出扣 5 分 拆卸时伤及铜件扣 5 分 分解时损伤密封件扣 5 分 工具选择不合理扣 5 分	25			
	主断路器工作过程分析	主断路器工作过程原理分析正确，错漏一处扣 2 分	10			
	主断路器调试	主断路器电压测试 10 分 主断路器气压测试 5 分 主断路器气密性测试 5 分 主断路器工频耐压测试 5 分	25			
职业素养	作业质量	零部件齐全，每遗漏一个零部件扣 2 分 分解各零部件未分类放至各配件盒扣 2 分 按规定程序进行作业，程序混乱扣 2 分	5			
	基本要求及安全防护	操作过程中及作业完成后，工具、仪表、设备等摆放不整齐扣 1 分 作业完成后未整理工具、清洁现场扣 2 分 没有穿戴个人防护用品，作业防护项目不齐全，每缺一处扣 2 分	10			
总分			100			

相关知识

　　主断路器连接在受电弓与主变压器原边绕组之间，安装在机车车顶中部。主断路器属于高压断路器的一种，可分为油断路器、空气断路器和真空断路器等。目前电力机车主要采用的是 BVAC.N99D 型真空断路器和 TDZ1A-10/25 型空气断路器。

1. BVAC.N99D 型真空断路器

1）主断路器的结构

BVAC.N99D 型真空断路器是单极交流断路器，用于机车主电路电源的开断、接通电流，同时用于过载和短路保护。BVAC.N99D 型真空断路器的技术参数如表 2-2-5 所示。

表 2-2-5　BVAC.N99D 型真空断路器技术参数

名　称	参　数
标称电压	25 kV
额定电压	30 kV
额定电流	1 000 A
额定频率	50～60 Hz
热电流	1 000 A
额定短路接通能力	50 kA
短路分断电流能力	20 kA
短路分断容量	600 MV·A
短时耐受电流能力	20 kA/1 s
额定工作气压	450～1 000 kPa
工频耐压	75 kV/1 min
全波冲击耐压	170 kV/（1.5/50 μs）
固有分闸时间	25～60 ms
合闸时间	≤60 ms
合闸功率	50～200 W
保持功率	15～50 W
功率因数	0.8（滞后）
额定控制电压	DC110 V
工作温度	−40～70 ℃
机械寿命	250 000 次
防护等级	IP56、IP57
质量	140 kg

　　BVAC.N99D 型真空断路器结构分为高压部分、中间绝缘部分和控制部分，如图 2-2-3 所示。

　　高压部分包括水平绝缘子、真空开关管组装和传动轴头组装等。由图 2-2-4 可以看出，真空开关管组装安装于水平绝缘子内部，构成机车车顶上的高压电路，确保开断交流电弧。真空开关管通过密封和大气隔离，其包括动触头、静触头和瓷质外罩等，其结构如图 2-2-5

所示。真空开关管的真空度是其最重要的参数之一，与真空开关管的开断电压有一定关系（见图 2-2-6）。

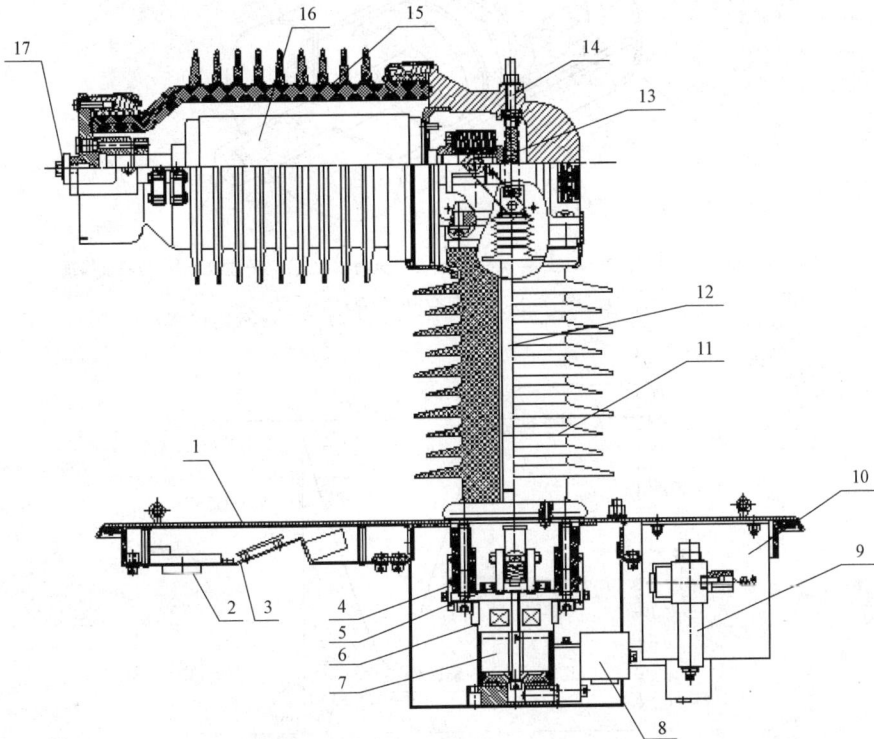

1—底板；2—插座连接器；3—110 V 控制单元；4—辅助触头；5—肘节机构；6—保持线圈；7—风缸；8—电磁阀；9—调压阀；
10—储风缸；11—垂直绝缘子；12—绝缘操纵杆；13—传动头组装；14—高压连接端（HV1）；15—水平绝缘子；
16—真空开关管组装；17—高压连接端（HV2）。

图 2-2-3　BVAC.N99D 型真空断路器的结构

真空开关管的分、合闸即体现了整个主断路器的分合闸情况，具体表现为对动触头的操作，其通过来自气动部分产生的机械动力推动连杆机构的操纵杆来完成，以保证它的轴向运动。

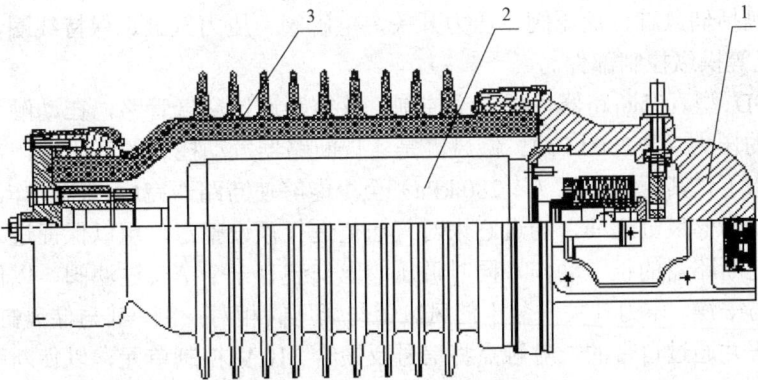

1—传动轴头组装；2—真空开关管组装；3—水平绝缘子。

图 2-2-4　高压部分

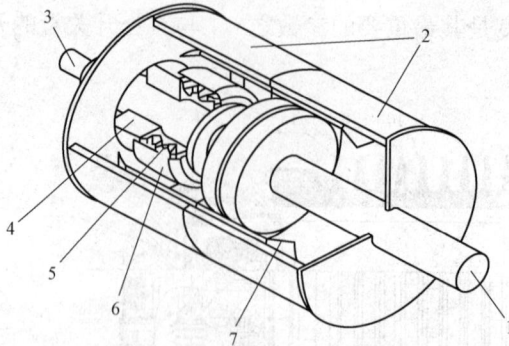

1—静触头；2—瓷质外罩；3—动触头；4—导套；5—金属波纹管；6—波纹管罩；7—金属罩。

图 2-2-5　真空开关管结构

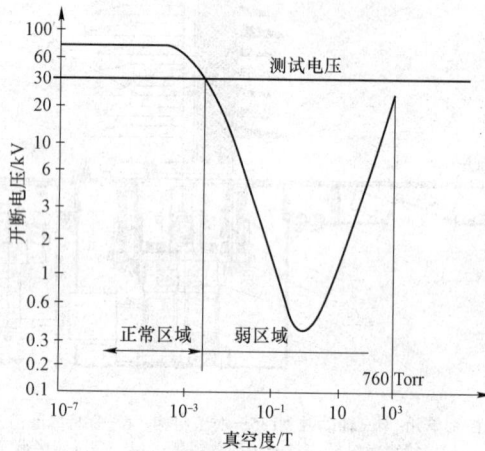

图 2-2-6　真空开关管真空度与开断电压的关系

　　中间绝缘部分包括垂直绝缘子和底板以及安装于车顶和断路器之间的 O 形密封圈。垂直绝缘子安装在底板上，用于满足 30 kV 电压的绝缘要求，同时绝缘操纵杆通过垂直绝缘子的轴向空腔，连接电控的机械装置和真空开关管的动触头。底板与车顶 O 形密封圈用于保证断路器和车顶之间的密封。

　　控制部分包括储风缸、调压阀、压力开关、电磁阀、压力气缸、保持线圈、肘节机构、110 V 控制单元等操纵控制部件。

　　BVAC.N99D 型真空断路器采用电空控制。该控制通过空气管路，在动触头快速合闸过程中提供必需的压力（≥280 kPa）。储风缸是实现断路器气动控制的气压源，在机车对断路器不供气的状态下，其压缩空气（≥280 kPa）至少能够使断路器完成一次动作。调压阀安装在断路器进气口与储风缸之间，通过它来对气压值进行预设整定，用以保证进入储风缸内的气压能充分满足断路器的正常动作，同时调压阀上安装有一个空气过滤阀，以保证进入储风缸气体的清洁与干燥。压力开关安装于储风缸上与调压阀相对一侧，其与储风缸内气体相连，监测储风缸气压并通过自带的一对触点将信号反馈给 110 V 控制单元，以使断路器在气压不足（≤230 kPa）时拒绝进行合闸。电磁阀控制储风缸内气流的通断。气缸把空气压力转化为机械作用力。保持线圈安装于气缸上部，通过对气缸活塞的吸合，实现对断路器合闸状态的保持。肘节机构用于实现主断路器分闸时的快速脱扣，保证断路器快速分断。110 V 控制单元安装在主断路器底板下部，通过其对断路器的动作进行整体控制。

BVAC.N99D 型真空断路器的技术特点是：绝缘性高；采用真空灭弧，环境稳定性好；结构简单；开断容量大；机械寿命长；维护保养简单；与空气主断路器有互换性。

2）主断路器的工作过程

（1）真空主断路器闭合条件

主断路器操作包括分闸与合闸操作，工作原理如图 2-2-7 所示。

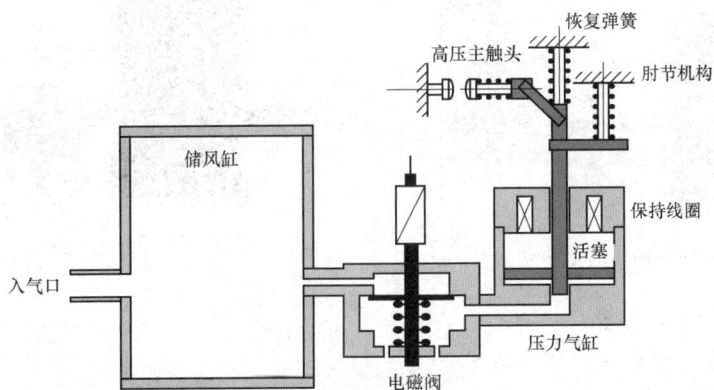

图 2-2-7 主断路器工作原理

只有满足以下条件，主断路器才能闭合：主断路器必须是断开的；必须有充足的气压；保持线圈必须处于得电状态。

在任何情况下，只要控制电源失电，主断路器就会断开。

（2）主断路器的分合闸工作过程——以 BVAC.N99D 型真空断路器为例

开/关键闭合，电磁阀、保持线圈得电，压缩空气由储风缸经电磁阀进入传动活塞并使其上移，在克服恢复弹簧和接触压力弹簧的反力下，主触头闭合。当活塞上移到行程末端时，由保持线圈将活塞固定，保持合闸状态。0.6 s 后电磁阀失电，传动风缸压缩空气经电磁阀排出。具体合闸过程如下（见图 2-2-8）。

① 按"开/关"键。

② 保持线圈得电，电磁阀得电，气路打开（见图 2-2-9）。

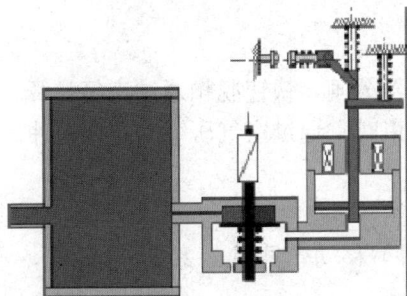

图 2-2-8 合闸

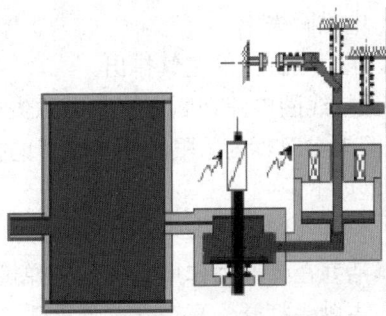

图 2-2-9 气路打开

③ 压缩空气由储风缸通过电磁阀流入压力气缸，推动活塞向上运动。

④ 主动触头随着活塞的移动而运动（见图2-2-10）。

⑤ 恢复弹簧压缩。

⑥ 主触头闭合（见图2-2-11）。

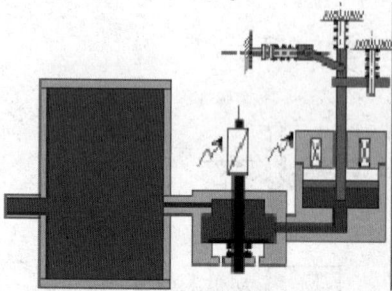

图 2-2-10　活塞移动

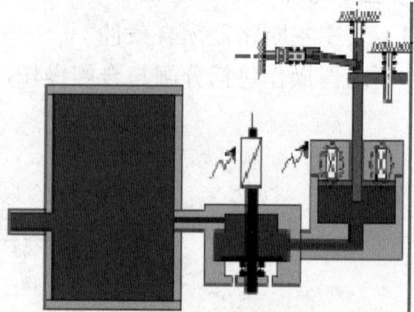

图 2-2-11　主触头闭合

⑦ 触头压力弹簧压缩。

⑧ 活塞到达行程末端。

⑨ 保持线圈在保持位置继续得电（见图2-2-11）。

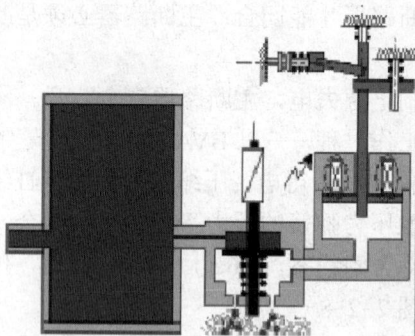

图 2-2-12　保持线圈得电

⑩ 电磁阀失电。

⑪ 压力气缸内的空气排出。

当保持线圈电流切断（控制电源失电）时，断路器分闸，快速脱扣通过恢复弹簧、接触压力弹簧来实现。为了限制脱扣装置的振动，冲程结束时，通过空气压缩来实现缓冲。具体分闸过程如下。

① 保持线圈失电（见图2-2-13）。

② 活塞在弹簧力作用下（恢复弹簧、肘节机构等）移动（见图2-2-14）。

③ 主触头打开，真空开关管灭弧。

④ 行程结束，活塞缓冲。

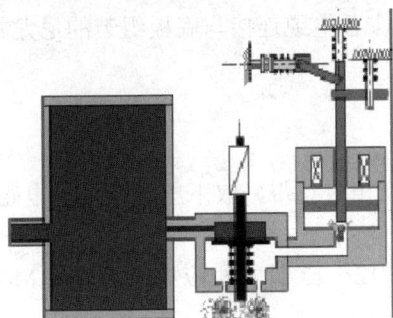

图 2-2-13　保持线圈失电

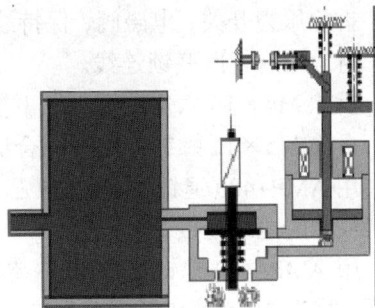

图 2-2-14　活塞移动

3）BVAC.N99D 型真空断路器的组装与调试

BVAC.N99D 型真空断路器组装与调试的流程如图 2-2-15 所示。

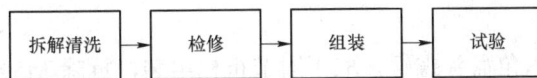

图 2-2-15　BVAC.N99D 型真空断路器组装与调试的流程

BVAC.N99D 型真空断路器组装和调试所需工具设备如表 2-2-6 所示。

表 2-2-6　BVAC.N99D 型真空断路器组装和调试所需工具设备

名称	具体设备
工具	乐泰 755、无纺布、橡胶密封
量具	万用表、专用内六方扳手、深度尺、量规，电器钳工常用工具

（1）拆解清洗

① 真空主断路器下车状态检查。

② 接收。将真空主断路器置于工作场地，检查原车真空主断路器，如有缺件、运输中损坏等异常现象，须准确记录并向上一工序反馈。

检查真空主断路器状态，按照例行检查试验记录表要求进行拆解前性能试验，完整填写例行检查试验记录表、检修记录单数据表。

③ 真空主断路器解体清洗。将真空主断路器放置在专用翻转台上，用 M10 螺栓紧固。

④ 高压部分分解。

松开防尘帽，拆除 M8×45 及 M8×70 内六角螺栓，取下后法兰、后置水平轴套。

拆除 M12×60 盘头内六角螺栓，取下水平绝缘子、前水平轴套。

拆除 M6×24 菊花螺栓，取下左右端盖。

拆除 M6×16 沉头内六角螺母，拆除左右软连线轴头一端。拆除 M10 六角锁紧螺栓，依次取下垫圈、滚针轴承、连接销轴、套管、真空管组装。

拆除 M12×46、M12×56 盘头内六角螺栓，取下轴头装置、垂直轴套、绝缘推杆组装、压缩弹簧。

⑤ 110 V 控制单元板分解。

拆除压力开关、电磁阀、保持线圈的电磁线圈，除去各电缆连接与底板组装的尼龙扎带。

拆除所有辅助联锁连线。

拆除 M4×16 六角螺钉，取下控制单元板。

拆除 M5×12 螺钉，取下综合保护板。

用 AMP-480 退针器退出 15 芯连接器的 6～11 针及相应扎带，取下压力开关、电磁阀、保持线圈的电缆连接。

用 AMP-480 退针器退出 15 芯连接器的 1～4 针、12～13 针及相应扎带，拆除 M4×16 螺钉，取下 35 芯插座及电缆连接。

⑥ 传动风缸分解。

拆除 M8×80 内六角螺栓，将电磁阀及传递块分开。

拆除 M8×140、M8×58 内六角螺栓，依次取下气缸盖、气缸体。

拆除 M10×160 内六角螺栓，依次取下传动风缸、活塞组装、活塞环、活塞杆、保持线圈。

拆除 M12×120 内六角盘头螺钉，取下肘节机构组装，拆除 M5×25 内六角盘头螺钉，取下辅助开关左、右支架。

⑦ 储风缸分解。

拆除锁紧螺母 M8，取下储风缸。

拆除空心螺钉 G1/4，取下压力开关。

拆除空心螺钉 G3/8，取下带过滤器的调压阀。

拆除 M4×12 内六角盘头螺钉，取下电阻盒组装。

⑧ 用中性清洁液对底板组装、后法兰、左右端盖、轴头装置、传递块、气缸盖、气缸体、传动风缸、活塞组装、活塞杆、保持线圈、辅助开关左右支架进行清洗，并用清水进行冲洗，不得用强酸、强碱等腐蚀剂擦拭。

（2）检修

① 高压部分检修。

a）检查支持绝缘子有无损坏和烧损，损坏者更换。表面缺损须进行绝缘处理，缺损面积大于 3 cm² 时，须通过 55 kV 工频耐电压试验；累计缺损面积达到 25 cm² 或非瓷质绝缘子缺损深度达到 1 mm 时须更换。

b）更换真空管。

c）检查动触头动作是否灵活，复原弹簧是否完好，测量主触头磨耗量、开距、超程及弹簧支架行程符合标准（见表 2-2-7）。接触电阻阻值不大于 200 μΩ。

表 2-2-7 BVAC.N99D 型真空断路器行程标准

超程	弹簧支架行程	触头允许磨损量
2～4.25 mm	19～20.5 mm	<2 mm

d）检查绝缘子内孔是否光洁，与金属件结合是否牢固，密封是否良好。

e）检查传动机构各部件是否有裂纹、变形，状态是否良好，作用是否正确可靠；各销、套、紧固件不良者应更换；紧固件扭紧力矩应符合设计要求。

f）在 450 kPa 风压下气路畅通，活塞往复运动时无阻滞现象。在 750 kPa 风压下阀及阀口密封性能良好，无漏气现象。

② 低压部分检修。

用专用工具打开传动机构箱盖，检查传动机构各销、套、孔配合完好，有严重磨损的应更换元件；紧固件不得有松动；开口销完好，弹簧良好。

检查辅助联锁无开裂、破损、变形，测量联锁触头接触电阻值不大于 0.2 Ω。

对电磁阀进行解体检修，更换电磁阀损耗异常的零件，更换密封件。

计数器作用良好，记数正确。

检查调压阀、通风管堵及密封件没有漏气，调压阀、储风缸没有积水。

连接断路器主要管道的气密性良好，连接器的密封件、塞门连接的密封件没有泄漏现象。

插座及联锁触头系统各部件表面清洁，没有裂损、变形；110 V 控制单元板逻辑控制顺序正确。

（3）组装

按解体相反顺序组装，摩擦部位涂适量润滑脂。

（4）试验

① 检查接地装置簧片间距。簧片间距应为（438±1）mm。

② 储风缸排水。在储风缸供有高压气体的情况下，关闭风源，慢慢拧开位于储风缸下面的管堵，释放压缩空气；慢慢打开主气路的隔离阀，让空气从出气口排出，直到储风缸积水排尽；关断主气路的隔离阀，拧紧管堵，检查是否泄漏。

③ 调压阀排水。在储风缸供有高压气体的情况下，拧开调压阀的翼形螺钉充分排放积水，当气流停止时，重新拧紧调压阀的翼形螺钉并检查是否漏气。

④ 检查并调节调压阀的整定值。参数要求：340～450 kPa。

⑤ 检查并调节压力开关的最小动作气压。参数要求：280～290 kPa。

⑥ 传动风缸性能试验。在以下条件下，检查主断路器性能。

输出电压 DC 77 V，气压 450 kPa，动作 10 次；

输出电压 DC 77 V，气压 1 000 kPa，动作 10 次；

输出电压 DC 138 V，气压 450 kPa，动作 10 次；

输出电压 DC 138 V，气压 1 000 kPa，动作 10 次；

⑦ 主触头接触电阻测量。闭合主断路器，用微欧计测量主触头两端接触电阻。

⑧ 检测主触头弹簧支架水平总行程，主触头超程、行程计算。旋开轴头上的测量螺帽，将专用轴头导管连同量规和导杆旋入螺帽位置并拧紧，分别测量以下数据：主触头开距[（16±1） mm]、主触头超程（>2～4.25 mm）、主触头行程（>19～20.5 mm）。

⑨ 高压部分气密试验。松开完整轴头上的 G 3/8 铜管堵，接上并拧紧 G 3/8 空气管接头。在 50 kPa 气压下检查高压部分的气密性 15 min，测出气压变化的结果（泄漏量≤1 kPa）。

⑩ 低压部分气密试验。将调压阀调压值调到最大，在外界通以 1 000 kPa 气压下检查气路部分的气密性 10 min，测出气压变化的结果（泄漏量≤10%）。

注意：气密性试验完毕后，重新调节调压阀整定值，保证真空主断路器正常动作性能。

⑪ 动作性能试验（试验条件：输出电压 DC 110 V，气压 450～1 000 kPa）：

合闸速度（合闸前 6.4 mm 处开始到合闸的时间）：6.4～8.0 ms。

固有合闸时间，即合闸指令至主触头完全闭合的时间：<0.06 s。

超程时间：≤15 ms。

合闸时主触头的弹跳时间：≤5 ms。

电磁阀得电时间：575～900 ms。

分闸时间（主触头刚分开至 12.8 mm 的时间）：8.0～11.0 ms。

固有分闸时间，即分闸指令至主触头刚分开的时间：0.02～0.06 s。

试验完后用 19.3 N·m 扭力扭紧密封储风缸和完整轴头的 G 3/8 铜管堵。

⑫ 辅助联锁性能检查。分、合闸试验过程中辅助联锁动作性能灵活，逻辑关系符合附图要求以及计数器动作正常；联锁触头接触良好，通断正确。

⑬ 绝缘电阻检测。断路器在断开状态下，用 2 500 V 兆欧表测量，主电路对地及极间（开断状态）绝缘电阻值须不小于 500 MΩ。

⑭ 用 1 000 V 兆欧表测量控制回路对地绝缘电阻，须不小于 10 MΩ。

⑮ 耐压试验。主电路对地（开断状态）施加工频电压 56 kV，时间 1 min，无击穿、闪络现象。

⑯ 控制电路试验。对地施加工频电压 1.5 kV，时间 1 min，无击穿、闪络现象。

⑰ 试验合格后，提请质保部专业检查员、监造师进行检查验收，查看试验台试验数据。

⑱ 填写试验记录，粘贴标签。

⑲ 将气管进风管路进行防护后，放入合格品区，待交下一道工序。

2. TDZ1A-10/25 型空气断路器

1）TDZ1A-10/25 型空气断路器技术参数

SS$_4$型、SS$_4$改型、SS$_{7C}$型、SS$_{7D}$型、SS$_8$型等电力机车采用的是 TDZ1A-10/25 型空气断路器［其中，T——铁路机车用；D——断路器；Z——主；1A——设计序号；10——额定分断电流（kA）；25——额定压（kV）］，其技术参数见表 2-2-8。

表 2-2-8 TDZ1A-10/25 型空气断路器技术参数

名 称	参 数
额定电压	25 kV
额定工作电流	400 A
额定频率	50 Hz
额定分断电流	10 kA
额定分断容量	250 MV·A
额定工作气压	700～900 kPa
固有分闸时间	≤30 ms
延时时间	35～55 ms
合闸时间	≤0.1 s
额定控制电压	DC 110 V
总质量	150 kg

2）TDZ1A-10/25 型空气断路器的基本结构

TDZ1A-10/25 型空气断路器的结构如图 2-2-16 所示，它以安装在机车车顶盖上铸铝制成的底板为界，分上、下两大部分。露在车顶上的为高压部分，主要有灭弧室、非线性电阻瓷瓶、支持瓷瓶、隔离开关和转动瓷瓶等部件。装在底板下部的为低压部分，主要有储风缸、主阀、延时阀、传动气缸、起动阀、辅助开关等部件。

微课视频

空气断路器的认知

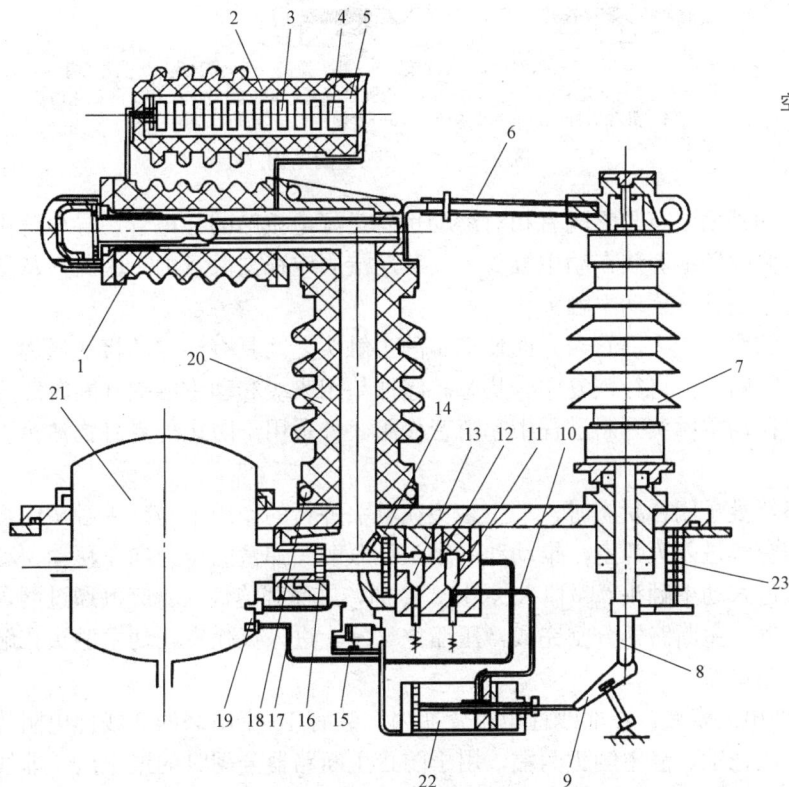

1—灭弧室；2—非线性电阻瓷瓶；3—非线性电阻；4—干燥剂；5—弹簧；6—隔离开关；7—转动瓷瓶；8—控制轴；9—传动杠杆；10—气管；11—合闸阀杆；12—起动阀；13—分闸阀杆；14—主阀活塞；15—延时阀；16—阀门；17—气管；18—主阀；19—塞门；20—支持瓷瓶；21—储风缸；22—传动风缸；23—辅助开关。

图 2-2-16　TDZ1A-10/25 型空气断路器的结构

（1）高压部分

① 灭弧室。灭弧室的结构如图 2-2-17 所示，它是主断路器安装主触头、熄灭电弧的重要部件。其主体为空心瓷瓶，一端装风道接头，通过支持瓷瓶的中心空腔与主阀的气路相连；另一端装法兰盘，由此将高压电引入主断路器。

主触头装于灭弧瓷瓶内，静触头的头部为球状，端部镶着耐电弧的钼块，以提高耐弧性能。它固定在风道接头上，通过套筒与隔离开关的静触头相连。动触头呈管状，其一端为工作端，工作端管内壁呈弧形，以利于与静主触头球面有良好接触及产生良好的吹弧作用；另一端与一圆环形弹簧座相贴，弹簧座接有张力较大的触头弹簧。弹簧座后顺次接有触头弹簧、缓冲垫、挡圈、网罩和外罩。

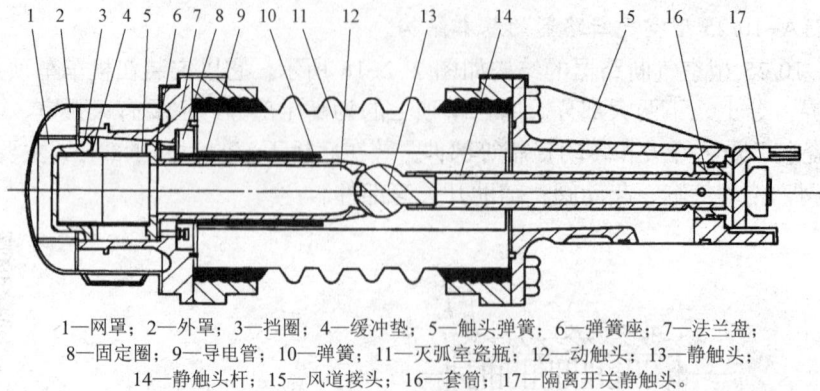

1—网罩；2—外罩；3—挡圈；4—缓冲垫；5—触头弹簧；6—弹簧座；7—法兰盘；
8—固定圈；9—导电管；10—弹簧；11—灭弧室瓷瓶；12—动触头；13—静触头；
14—静触头杆；15—风道接头；16—套筒；17—隔离开关静触头。

图 2-2-17 灭弧室的结构

动主触头的外面装有与它既有相对滑动也有良好电接触的导电管。导电管由铜管铣成多瓣形，通过弹簧弹性地套装在动主触头上，其尾端固定在法兰盘上。因此，从法兰盘引入的高压电源通过导电管传至动主触头。

触头弹簧的张力较大，它一方面使动、静主触头之间具有一定的接触压力，另一方面使动、静主触头开断后能自行恢复闭合状态。缓冲垫用来缓和动主触头开断时触头弹簧对挡圈的撞击。网罩在动主触头开断过程中起消音作用。外罩用于防止外界脏物沾污主触头，其下部有排气孔。

当主断路器处于闭合状态时，动主触头在触头弹簧的作用下与静主触头闭合。当分闸阀得电时，压缩空气进入灭弧室，推动动主触头克服触头弹簧的压力向左移动，动、静主触头间产生的电弧进入动主触头"喷口"，拉长、冷却，进而强迫熄灭。废气通过网罩由外罩下方排气孔排入大气。主断路器分闸完成，压缩空气停止进入灭弧室，动主触头在触头弹簧的作用下与静主触头重新闭合。

② 非线性电阻瓷瓶。在非线性电阻瓷瓶内，装有 10 个串联的非线性电阻片和干燥剂等主要部件，并联在动、静主触头两端，用于防止主断路器分闸时的过电压。非线性电阻片采用碳化硅和结合剂烧结而成，其电阻值随外加电压的升高而下降，置于空心瓷瓶内。内部还装有干燥剂，用于防潮。为了保证非线性电阻片之间及与外部连接之间的接触压力，减小接触电阻，在其一端装设了弹簧。

主断路器分闸时，动、静主触头间产生电弧，在熄弧过程中，触头间的电压将急剧增加。当电压增加到一定值时，非线性电阻片的阻值迅速下降，主触头上的电流迅速转移到非线性电阻片上，既可限制过电压，减小电压恢复速度，又有利于主触头上电弧的熄灭，减少触头电磨损。随着非线性电阻片两端电压的降低，其阻值又迅速增大，以减小残余电流，保证隔离开关几乎在无电流下断开，提高主断路器的分断可靠性。

③ 隔离开关。隔离开关的结构如图 2-2-18 所示。它由静触头、动触指、隔离开关闸刀（动触杆）、法兰盘（下转动座）、铜滚珠、连接件（上转动座）及弹簧装置等组成。

隔离开关静触头固定在弯接头上，它与灭弧室内的静主触头相连，其接触面有沟槽，以便与动触指有良好的接触。动触杆紧固在下转动座上，动触指套装在动触杆上，并用螺钉紧固，便于在动触指磨耗到限时拆下更换或反过面来继续使用。弹簧装置设在动触杆上，用来保证动触指能夹紧隔离开关静触头，并保持一定的接触压力。下转动座、转动瓷瓶与操纱轴

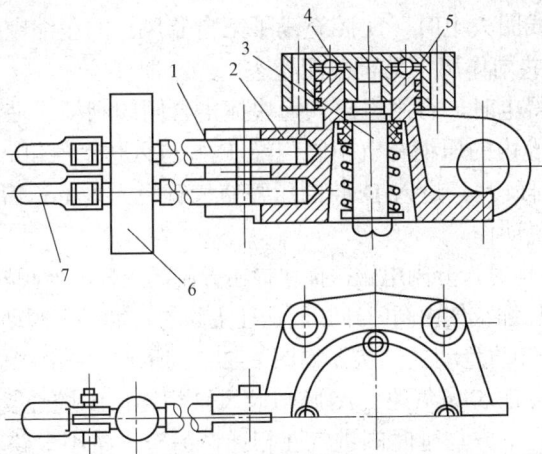

1—隔离开关闸刀；2—法兰盘；3、6—弹簧装置；4—铜滚珠；5—连接件；7—动触指。

图 2-2-18 隔离开关的结构

用螺钉固为一体。上转动座通过铜滚珠、轴承及弹簧固定在下转动座上。上、下转动座之间的铜滚珠用来减小摩擦，同时又用作上、下转动座之间的电连接。在主断路器动作过程中，连接件不转动，与变压器原边绕组相连接。

隔离开关自身不带灭弧装置，不具有分断大电流的能力，它与主触头协调动作，完成主断路器的分、合闸动作。主断路器分闸时的动作顺序是：灭弧室主触头先分断电路并在灭弧室内熄灭主动、静触头之间的电弧，隔离开关稍后延时打开隔离闸刀，之后灭弧室主触头重新闭合。此时，隔离开关保持在打开位置，从而保持主断路器处于分闸状态。即主断路器分闸时，隔离开关比主触头延时动作，待主触头断开并熄弧后再无电断开；主断路器合闸时，主触头不再动作，仅需操纵隔离开关闸刀闭合即可。

（2）低压部分

① 起动阀。起动阀由左边的分闸阀和右边的合闸阀组成，呈对称分布，如图 2-2-19 所示。两阀有各自的阀杆、弹簧和密封垫，由各自的电磁铁控制，共用阀体、密封垫和盖板。D、E、F 3 个空腔分别与储风缸、主阀 C 腔（见图 2-2-20）、传动风缸相通。

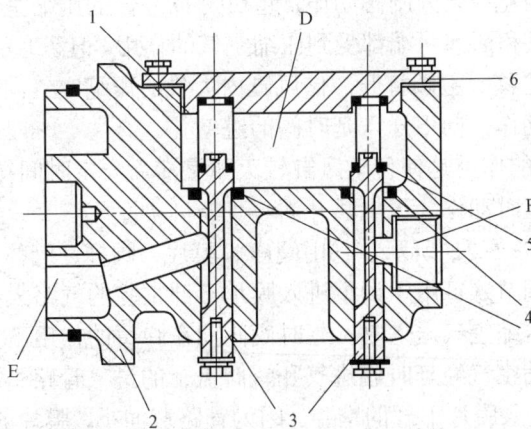

1、4—密封垫；2—阀体；3—阀杆；5—弹簧；6—盖板。

图 2-2-19 起动阀的结构

55

当分、合闸电磁铁线圈失电时，D 腔充满了来自储风缸的压缩空气，分闸阀和合闸阀在弹簧和 D 腔压缩空气的共同作用下处于关闭状态。

当合闸电磁铁线圈得电时，合闸电磁铁撞块撞击合闸阀阀杆，使阀杆克服弹簧的作用向上移动，阀门打开，D 腔内的压缩空气由阀门经 F 腔进入传动气缸，带动主断路器闭合。F 腔内有直径为 2 mm 的排气孔，进入 D 腔的压缩空气管径为 8 mm，所以 F 腔仍能保持相当高的气压使传动气缸装置动作。

当分闸电磁铁线圈得电时，分闸电磁铁撞块撞击分闸阀阀杆，使阀杆克服弹簧的作用向上移动，阀门打开，D 腔内的压缩空气由阀门经 E 腔送往主阀的 C 腔，主阀动作，带动主断路器分闸。

② 主阀。主阀采用气动差动式结构，如图 2-2-20 所示。它由阀体、活塞、阀杆、阀盘、弹簧等部件组成。主阀共有 5 条气路：A 腔与储风缸相连，B 腔经支持瓷瓶通向灭弧室，C 腔与起动阀的 E 腔相连，下方与延时阀进气孔相通，另有一条小气路将储风缸内少量的压缩空气由通风塞门经主阀送入支持瓷瓶和灭弧室，保证灭弧室内始终有一个对外的正压力，防止外界潮湿空气进入灭弧室。

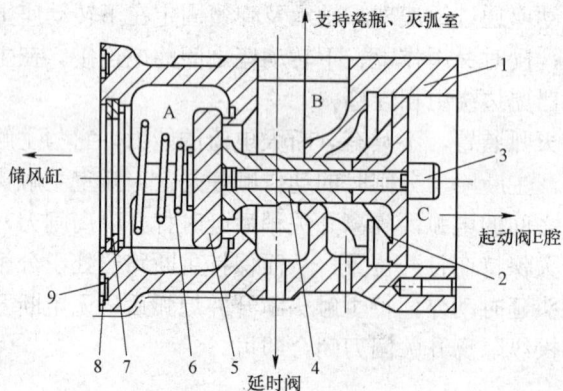

1—阀体；2—活塞；3—阀杆；4—滑块；5—阀盘；6—弹簧；7—垫圈；8—挡圈；9—密封圈。

图 2-2-20 主阀的结构

当分闸电磁铁线圈失电时，在 A 腔压缩空气和弹簧的共同作用下，主阀处于关闭状态。

当分闸电磁铁线圈得电时，分闸阀动作，起动阀 D 腔内的压缩空气由阀门经 E 腔送住主阀的 C 腔，虽然主阀阀盘和活塞两端都受到压缩空气的作用，但活塞的直径大于阀盘的直径，使阀杆带动阀盘和活塞左移，主阀打开，储风缸内大量的压缩空气向上经主阀、支持瓷瓶进入灭弧室，带动主触头动作，向下送入延时阀的进气孔。

③ 延时阀。延时阀的作用是使传动风缸较灭弧室滞后一定时间得到储风缸的压缩空气，确保隔离开关比主触头延时动作，无电弧开断。

延时阀的结构如图 2-2-21 所示。它由阀座、膜片、阀杆、阀体、阀门、弹簧、阀盖、调节螺钉等部件组成。调节螺钉用于调整进入膜片下部空腔的气路大小，改变延时时间。

当延时阀进气孔无压缩空气送入时，延时阀阀门在弹簧的作用下处于关闭状态。

当主阀打开时，压缩空气经延时阀进气孔、阀盖上的进气管路、阀体上的通道、调节螺钉与阀座之间的间隙，进入膜片下部的空腔。因为管路截面小，膜片的面积大于阀门的面积，膜片下部的气压经过一定时间延时达到一定压力后，足以克服弹簧的作用，推动阀杆向上移动，阀门打开，大量的压缩空气进入传动气缸的进气孔。

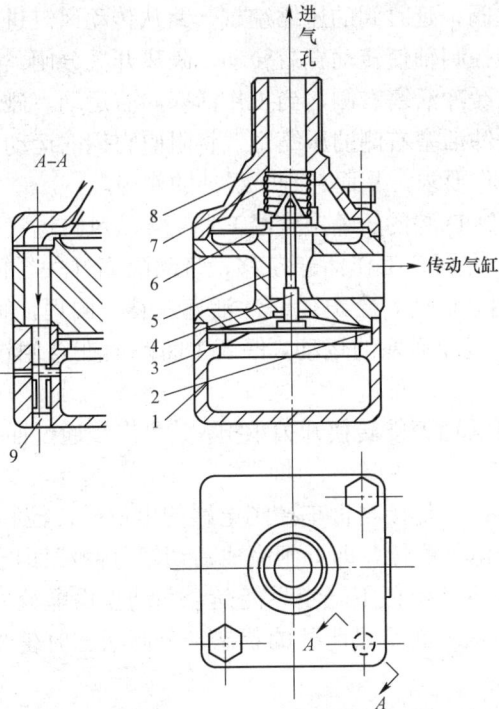

1—阀座；2—密封环；3—膜片；4—阀杆；5—阀体；6—阀门；7—弹簧；8—阀盖；9—调节螺钉。

图 2-2-21 延时阀的结构

④ 传动气缸。传动气缸以隔板为界，分为左边的工作腔和右边的缓冲腔两大部分，如图 2-2-22 所示，活塞杆上装有工作活塞、缓冲活塞和套筒，连杆销与传动杠杆、控制轴相连。

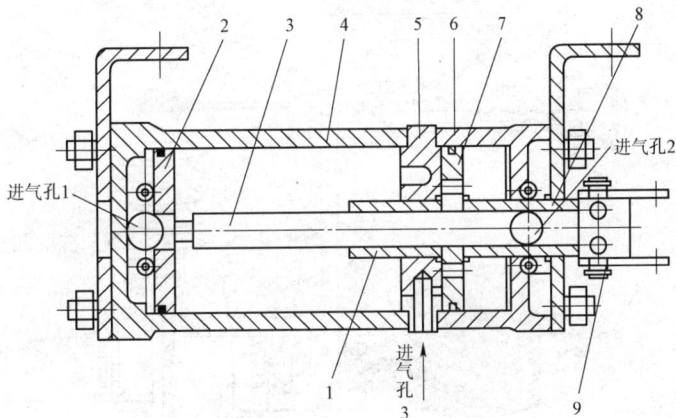

1—套筒；2—工作活塞；3—活塞杆；4—工作气缸体；5—隔板；6—缓冲气缸体；7—缓冲活塞；8—套筒；9—连杆销。

图 2-2-22 传动气缸的结构

由于隔离开关和转动瓷瓶均具有一定的质量，在隔离开关动作过程中，要使其瞬间制停到位，必然会产生很大的惯性冲击，容易发生控制轴、隔离开关刀杆或转动瓷瓶断裂等情况。为此，在传动风缸的隔板上设有排气孔，隔板和缓冲气缸体上各设有一个逆止阀。

在分闸过程中，经主阀、延时阀的压缩空气一路从传动风缸进气孔进入工作活塞左侧，推动工作活塞右移，带动控制轴使转动瓷瓶转动，隔离开关分闸。与此同时，另一路压缩空气从传动风缸进气孔进入缓冲活塞右侧，当工作活塞向右运动，碰到套筒时，迫使套筒、缓冲活塞也随之右移，而缓冲活塞右侧的压缩空气将阻碍它们的运动，这就保证了主断路器在分闸过程中先快后慢的动作要求，从而起到了缓冲的作用。

在合闸过程中，起动阀 D 腔的压缩空气经 F 腔、传动风缸进气孔分别进入工作活塞的右侧和缓冲活塞的左侧。一方面，工作活塞左移，带动隔离开关合闸；另一方面，当工作活塞左移，带动连杆销碰到套筒时，会迫使缓冲活塞左移。同理，缓冲活塞左侧的压缩空气将阻碍工作活塞、套筒和缓冲活塞的运动，保证主断路器在合闸过程中也具有先快后慢的特点。

⑤ 辅助开关。辅助开关由万能转换开关承担，其引出线通过插销或插座与机车有关电路相连。

辅助开关的作用如下：一是接收机车控制电路的电信号，控制分、合闸电磁铁的动作；二是作为分、合闸之间的电气联锁，即分闸完成后切断分闸线圈电路，接通合闸线圈电路，为下一步合闸动作做好准备，保证下一步只能是合闸动作而非分闸动作，反之亦然；三是与信号控制电路相连，显示主断路器所处的状态，分闸状态时信号灯亮，合闸状态时信号灯灭。

3）TDZ1A-10/25 型空气断路器动作原理

（1）准备工作

储风缸充满足够的压缩空气；起动阀的 D 腔充满压缩空气；另有少量的压缩空气经通风塞门、主阀、支持瓷瓶进入灭弧室，使灭弧室内保持一定的正压力，防止外部潮湿空气的侵入（见图 2-2-23）。

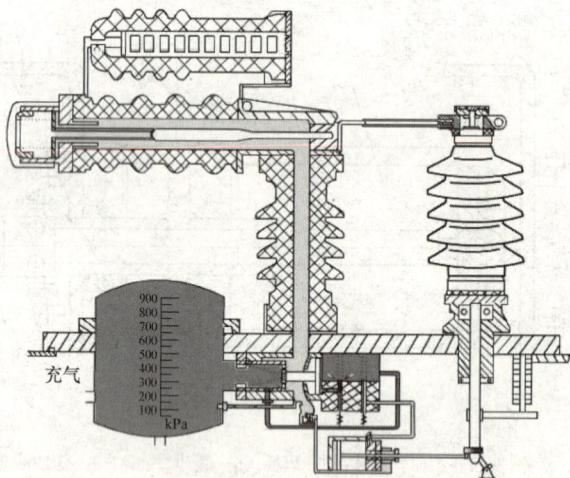

微课视频

空气断路器的工作过程

图 2-2-23　主断路器准备状态

（2）分闸过程

司机按下主断路器分闸按键开关，分闸线圈得电，分闸阀阀杆上移，起动阀 D 腔的压缩空气经起动阀 E 腔进入主阀的 C 腔，主阀左移，储风缸内大量的压缩空气经支持瓷瓶进入灭弧室，推动动主触头左移，电弧被吹入空心的动触头，冷却、拉长，进而熄灭（见图 2-2-24）。

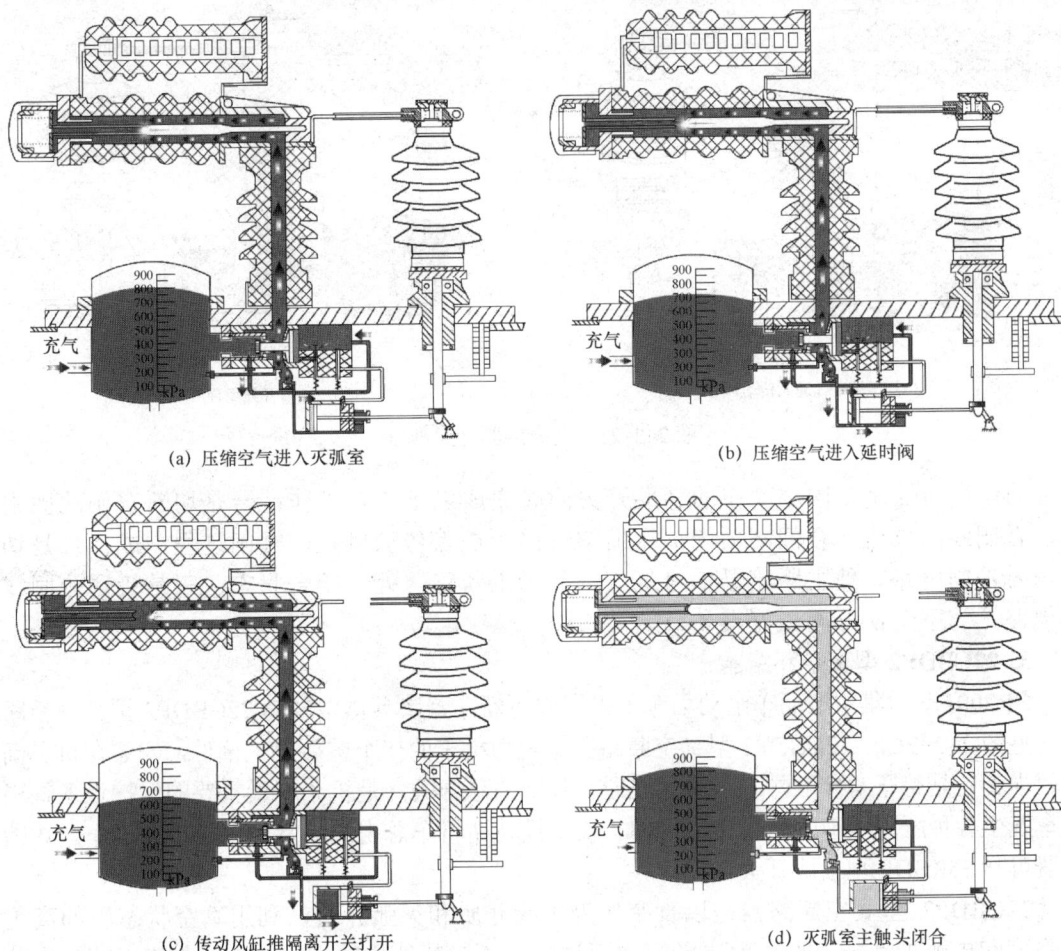

(a) 压缩空气进入灭弧室

(b) 压缩空气进入延时阀

(c) 传动风缸推隔离开关打开

(d) 灭弧室主触头闭合

图 2-2-24　主断路器分闸过程

进入延时阀的压缩空气经一定时间延时后，推动延时阀阀杆上移，压缩空气进入传动风缸工作活塞的左侧，推动工作活塞右移，驱动传动杠杆带动控制轴、转动瓷瓶转动，隔离开关分闸。

与控制轴同步动作的辅助开关同时完成以下 3 项工作：一是切断分闸线圈电路，分闸线圈失电，分闸阀关闭，D 腔的压缩空气不再进入 B 腔和 C 腔，主阀关闭，压缩空气停止进入灭弧室，主触头在反力弹簧的作用下重新闭合，分闸过程完成；二是接通信号控制电路，使主断路器信号灯亮，显示主断路器处于断开状态；三是接通合闸线圈电路，为下一次合闸做好准备。

（3）合闸过程

司机按下主断路器合闸按键开关，合闸线圈得电，合闸阀阀杆上移，起动阀 D 腔的压缩空气经起动阀 F 腔进入传动风缸工作活塞的右侧，推动工作活塞左移，驱动传动杠杆带动控制轴、转动瓷瓶转动，隔离开关合闸（见图 2-2-25）。

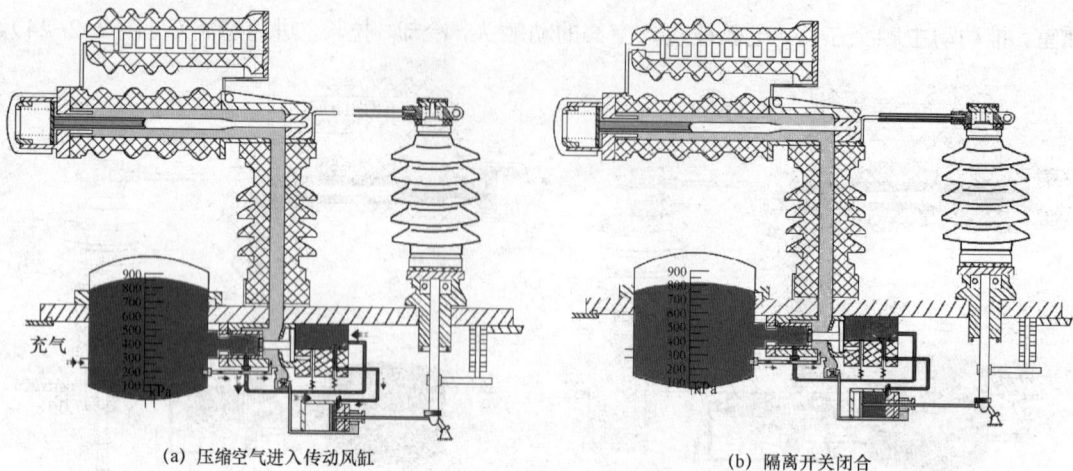

(a) 压缩空气进入传动风缸   (b) 隔离开关闭合

图 2-2-25　主断路器合闸过程

　　同理，与控制轴同步动作的辅助开关同时完成以下 3 项工作：一是切断合闸线圈电路，合闸线圈失电，合闸阀关闭，压缩空气停止进入传动风缸，合闸过程完成；二是切断信号控制电路，使主断路器信号灯灭，显示主断路器处于闭合状态；三是接通分闸线圈电路，为下一次分闸做好准备。

3. 22CBDP2 型真空断路器

　　CR200J 动力集中型动车组动力车上采用双主断路器，具体型号为 22CBDP2 型真空断路器（见图 2-2-26）。22CBDP2 型真空断路器是电力机车的一个重要电气部件，安装在机车高压柜内，它是整车与接触网之间电气连通、分断的总开关，是机车上最重要的保护设备，当机车发生各种严重故障时能迅速、可靠、安全地切断机车总电源，从而保护电力机车。该断路器可与 35KSDP 型接地开关装配。

　　22CBDP2 型真空断路器是以真空作为绝缘介质和火弧介质，利用真空状态下的高绝缘强度和电弧扩散能力形成的去游离作用进行灭弧。其结构特点为：单断口直立式，直动式气缸传动，电空控制，适用于干线交流 25 kV 各类型电力机车，具体技术参数如表 2-2-9 所示。

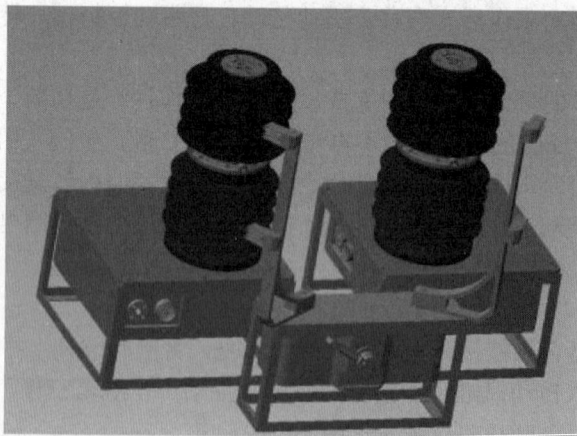

图 2-2-26　22CBDP2 型真空断路器

表 2-2-9　22CBDP2 型真空断路器基本技术参数

名　　称	具体参数
额定电压	25 kV
额定电流	1 000 A
额定分断容量	500 MVA
固有分闸时间	20～40 ms
控制回路气压	450～1 000 kPa
额定短路接通能力	40 kA
额定短路开断能力	20 kA
机械寿命	250 000 次

任务 2.3　高压接地开关的装调

任务导入

　　前面已经学习了主断路器，明确了主断路器是电力机车电源的总开关和机车的总保护电器。那么电力机车又是依靠什么来实现电路接地的呢？具体又是如何控制的呢？接下来，就让我们带着这些疑问开始学习吧！

课程思政

精益求精——接触
网标准化检修作业

任务目标

知识目标	（1）掌握高压接地开关的结构
	（2）掌握高压接地开关的工作过程
	（3）掌握高压接地开关的组装规范与调试流程
能力目标	（1）能识别高压接地开关的结构
	（2）能描述高压接地开关的工作过程
	（3）能完成高压接地开关的组装与调试操作
素质目标	（1）具备积极主动的学习态度
	（2）具备乐于奉献、协作创新的团队意识
	（3）具备精益求精、严谨认真的职业素养

高压接地开关的认知
（PPT）

任务实施

子任务 2.3.1　【识结构】BTE25.04D 高压接地开关结构认知

（1）根据图 2-3-1，在表 2-3-1 中写出 BTE25.04D 高压接地开关部件的名称。

微课视频
高压接地开关的认知

图 2-3-1　BTE25.04D 高压接地开关部件图

表 2-3-1　BTE25.04D 高压接地开关部件名称

序号	部件名称	序号	部件名称
1		8	
2		9	
3		10	
4		11	
5		12	
6		13	
7			

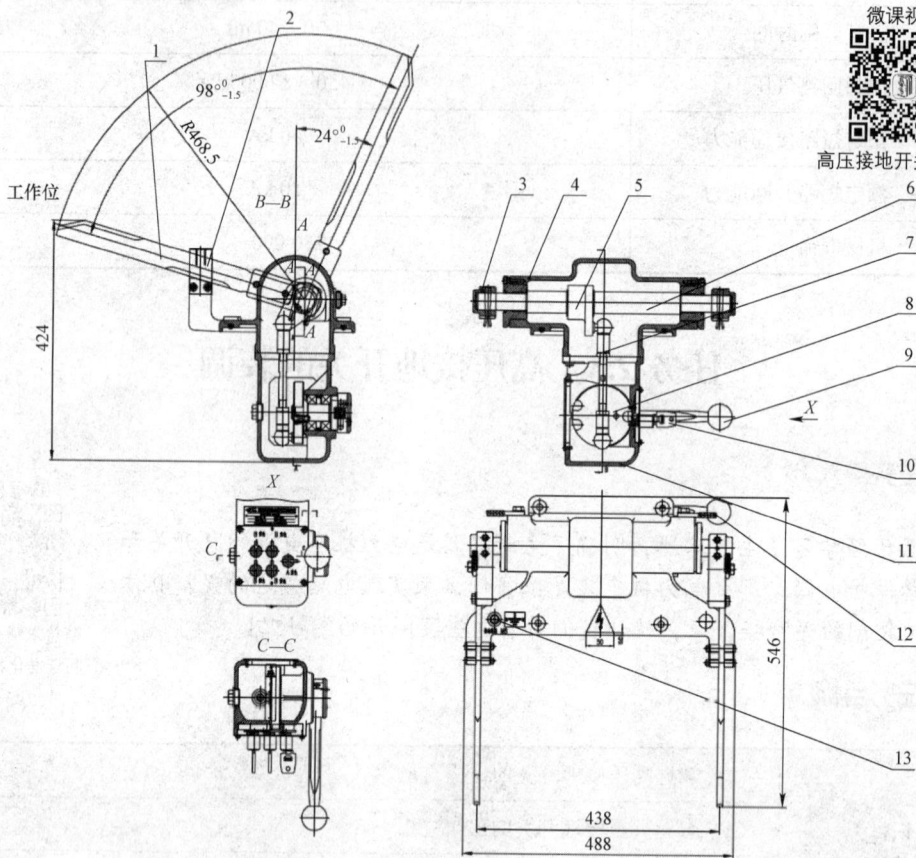

（2）在表 2-3-2 中写出高压接地开关部件的功能。

表 **2-3-2**　高压接地开关部件功能

部件名称	功　能
车外部分	
车内部分	

（3）根据图 2-3-2，写出高压接地开关工作原理。

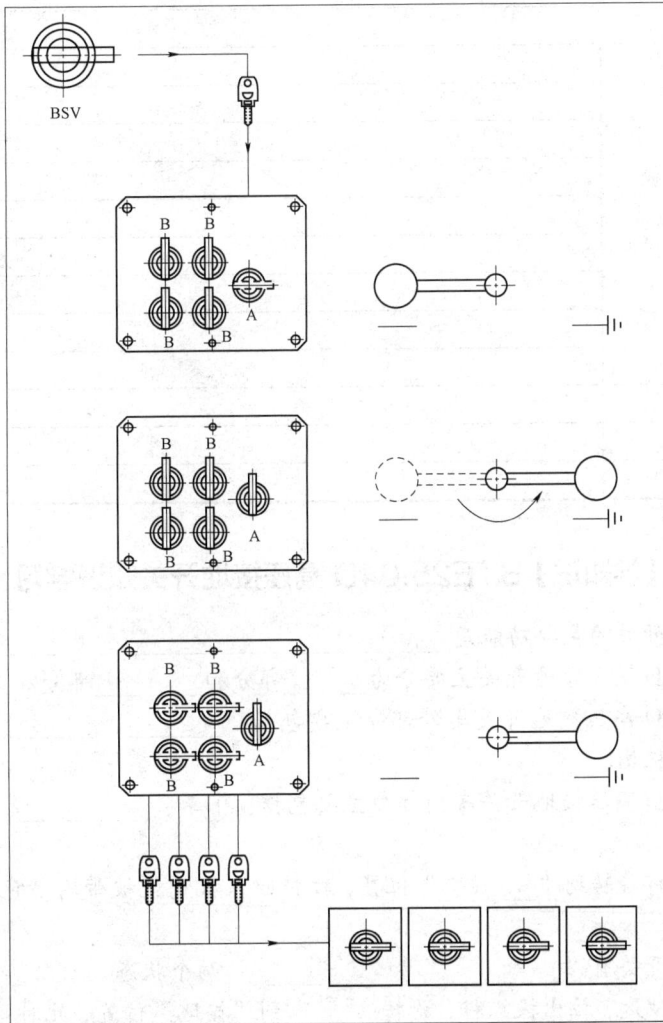

图 2-3-2　高压接地开关"接地"状态操作示意图

（8）刀夹在自由状态下两弹簧片间的距离应为_____mm，闸刀与簧片接触长度应≥_____mm。

子任务 2.3.3　【践调试】BTE25.04D 高压接地开关调试操作

根据表 2-3-4，制作 BTE25.04D 高压接地开关调试作业工艺卡。

表 2-3-4　BTE25.04D 高压接地开关调试作业工艺卡

完成人员		完成日期		
工具名称	工具数量	工具规格	工具要求	BTE25.04D 高压接地开关调试作业工艺卡
安全要求			操作注意事项	
工序名称		作业过程		工种

任务评价

BTE25.04D 高压接地开关装调评价表

主要内容		考核要求及评分标准	配分	自评	互评	师评
任务准备	任务书编写	高压接地开关的调试作业工艺卡编制	10			
	作业前准备	个人防护用品穿戴齐备，错漏一处扣 2 分 防护措施到位，错漏一处扣 2 分 工具准备到位，错漏一处扣 2 分	5			
操作过程	高压接地开关部件认知	高压接地开关部件认知、功能分析正确，错漏一处扣 2 分	10			
	高压接地开关拆装	作业顺序出现差错扣 5 分 弹簧或卡簧飞出扣 5 分 拆卸时伤及铜件扣 5 分 分解时损伤密封件扣 5 分 工具选择不合理扣 5 分	25			

主要内容		考核要求及评分标准	配分	自评	互评	师评
操作过程	高压接地开关工作过程分析	高压接地开关工作过程原理分析正确，错漏一处扣2分	10			
	高压接地开关调试	高压接地开关动作及联锁关系试验	25			
职业素养	作业质量	零部件齐全，每遗漏一个零部件扣2分 分解各零部件未分类放至各配件盒扣2分 按规定程序进行作业，程序混乱扣2分	5			
	基本要求及安全防护	操作过程中及作业完成后，工具、仪表、设备等摆放不整齐扣1分 作业完成后未整理工具、清洁现场扣2分 没有穿戴个人防护用品，作业防护项目不齐全，每缺一处扣2分	10			
总分			100			

✿ 相关知识

HXD$_{1C}$ 型机车装有 BTE25.04D 高压接地开关，其安装在电力机车顶部，主要功能是把牵引机车上主断路器两侧的电路接地。接地开关保证了牵引机车的安全操作，当工作人员进行机车检查或维护、消除缺陷或进行修理时，能保证工作人员的人身安全。图 2-3-3 是 BTE25.04D 高压接地开关外形图。

图 2-3-3　BTE25.04D 高压接地开关外形图

1. BTE25.04D 高压接地开关的结构

BTE25.04D 高压接地开关分为车外部分和车内部分。车外部分主要包括上罩、闸刀、触头弹簧片以及在上罩内的轴等传动机构。车内部分主要包括下罩、操纵杆组装、锁组装以及在下罩内的传动机构。BTE25.04D 高压接地开关的技术参数如表 2-3-5 所示。

表 2-3-5　BTE25.04D 高压接地开关技术参数

名　称	参　数
标称电压	25 kV
额定电压	30 kV
额定电流	400 A
短时耐受电流	16 kA
峰值耐受电流	45 kA
闸刀转换角度	$98^{0°}_{-1.5°}$
触头弹簧片距离	6～7 mm
机械寿命	200 000 次
外形尺寸	488 mm×546 mm×424 mm
安装尺寸	220 mm×205 mm
质量	140 kg

BTE25.04D 高压接地开关的结构如图 2-3-4 所示。

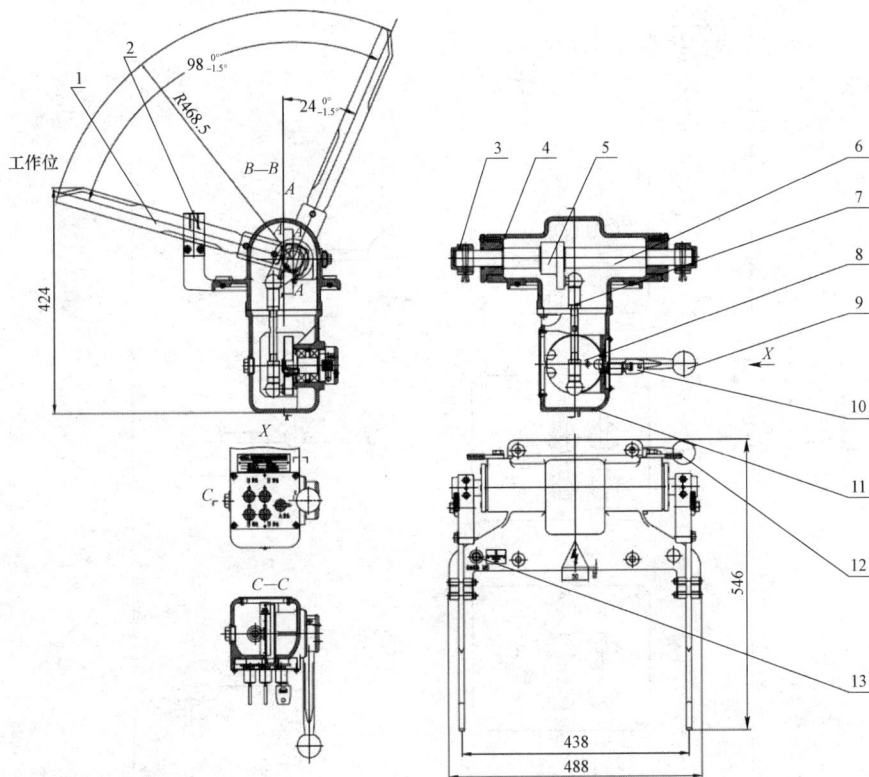

1—闸刀；2—触头弹簧片；3—支架；4—上罩；5—曲柄组装；6—轴；7—连接杆组装；8—转盘组装；
9—操纵杆组装；10—锁组装；11—下罩；12—软连线；13—接地螺栓。
图 2-3-4　BTE25.04D 高压接地开关的结构

在轴的两端安装有两个闸刀，用 4 个 M10 螺栓把上罩固定在牵引机车车顶上，延伸到机车内的下罩有一个操纵杆位于罩面上，这样使带有闸刀的轴可以通过安装在箱子内的曲柄从一端位置（操作）旋转到另一端位置（接地的），并且两端提供有球面轴颈。下护罩的左侧是一个锁盖板，锁盖板带有 5 个锁，其中一个供蓝色钥匙使用，另外 4 个供黄色钥匙使用。仅在蓝色锁被蓝色钥匙打开后，释放杠杆旋转，操纵杆才能从"操作"位置旋转到"接地"位置。一旦把杠杆旋转到"接地"位置，杠杆阻塞机构就被带有黄色钥匙的锁锁在此位置，此时可把钥匙从锁中拔下来。

2. BTE25.04D 高压接地开关的工作过程

闸刀通过支架安装在轴上，而轴、曲柄组装、连接杆组装、转盘组装以及操纵杆组装则组成一个传动机构，转动操纵杆，使整个传动机构进行传动，进而使轴带动闸刀旋转一定的角度。

根据设计，在操纵杆从一端旋转 180° 到另一端时，闸刀也相应从"工作位"旋转 98° 到"接地位"或者从"接地位"旋转 98° 到"工作位"。控制闸刀转动的是锁组装。锁组装共有 5 个锁，其中 1 个供蓝色钥匙使用（用于 BSV，控制受电弓气路通断），另外 4 个供黄色钥匙（用于高压部分）使用。高压接地开关有"接地"和"工作"两个状态。

1）"接地"状态操作

BTE25.04D 高压接地开关"接地"状态操作示意图如图 2-3-5 所示。

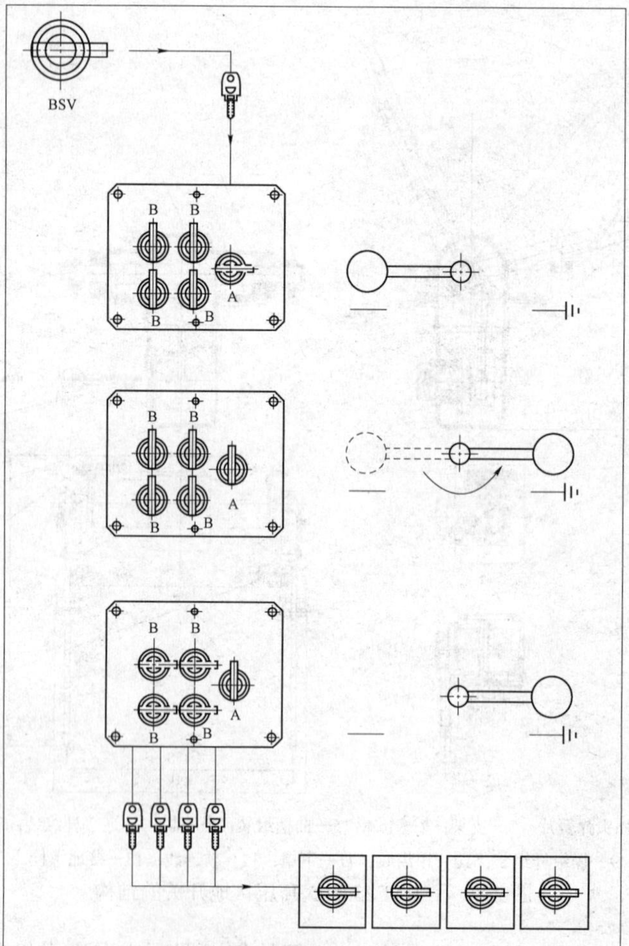

图 2-3-5　BTE25.04D 高压接地开关"接地"状态操作示意图

① 转动蓝色钥匙（钥匙 A），将 BSV 安全联锁箱转换到降弓位置，取下蓝色钥匙，插入到接地开关锁组装。仅在蓝色锁被蓝色钥匙打开后，操纵杆才能从"工作"位置旋转到"接地"位置。

② 转动蓝色钥匙，拉出操纵杆，旋转 180°到"接地位"。此时，接地开关闸刀旋转 98°到"接地位"。

③ 转动黄色钥匙（钥匙 B），取出 4 把黄色钥匙（联锁机构就被带有黄色钥匙的锁锁在此位置），解除机车高压部分机械联锁。

2）"工作"状态操作

BTE25.04D 高压接地开关"工作"状态操作示意图如图 2-3-6 所示。

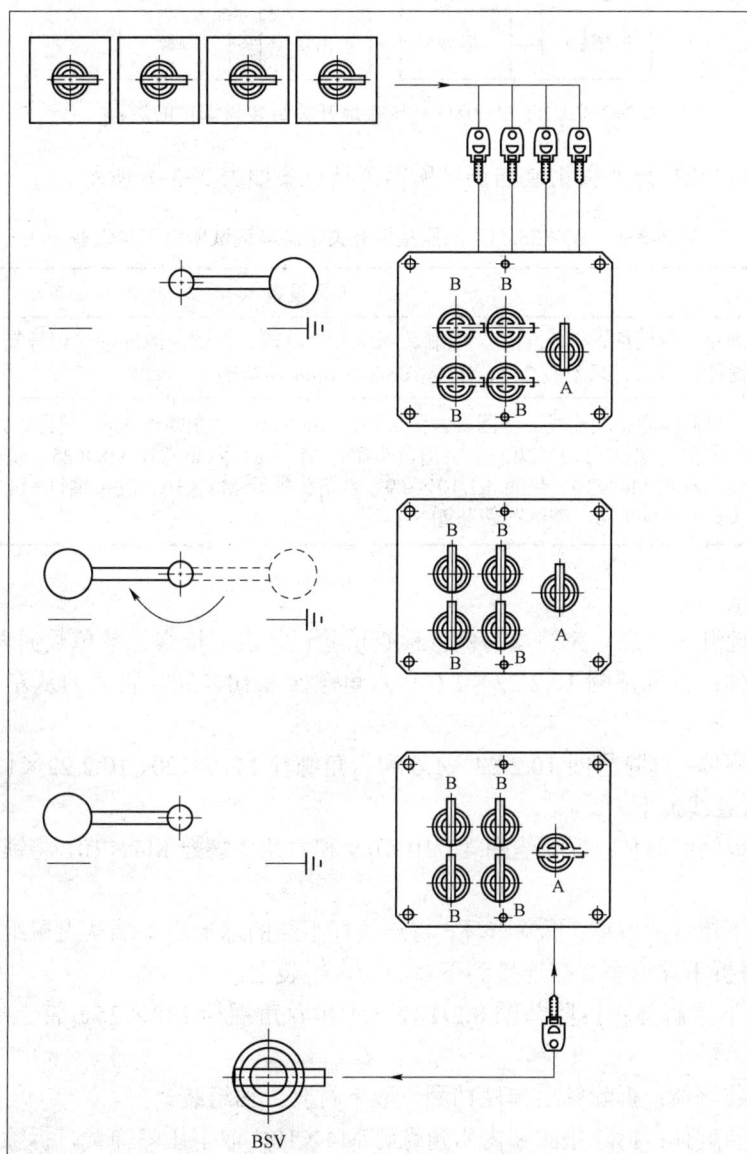

图 2-3-6　BTE25.04D 高压接地开关"工作"状态操作示意图

① 在 4 把黄色钥匙使用的地方转动黄色钥匙，取下黄色钥匙，恢复机车高压部分机械联锁。将 4 把黄色钥匙插入接地开关锁组装，仅在黄色锁被黄色钥匙打开后，操纵杆才能从"接地位"旋转到"工作位"。

② 转动黄色钥匙，拉出操纵杆，旋转 180°到"工作位"。此时，接地开关闸刀旋转 98°到"工作位"。

③ 转动蓝色钥匙，取出蓝色钥匙（联锁机构就被带有蓝色钥匙的锁锁在此位置），将蓝色钥匙插入 BSV 安全联锁箱，转动蓝色钥匙，BSV 安全联锁箱转换到升弓位置。

3. BTE25.04D 高压接地开关的组装与调试

BTE25.04D 高压接地开关组装与调试的流程如图 2-3-7 所示。

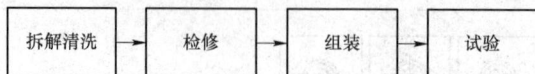

图 2-3-7　BTE25.04D 高压接地开关组装与调试的流程

BTE25.04D 高压接地开关组装与调试所需工具设备如表 2-3-6 所示。

表 2-3-6　BTE25.04D 高压接地开关组装与调试所需工具设备

名　称	工具设备
耗材	酒精、脱脂棉、无毛毛巾、毛刷、铜刷、钢丝球、钢刷、清洗剂、记号笔、美孚 SHC100 润滑脂、砂纸、乐泰胶 243、乐泰 Terokal-2444 黏结剂
零部件	美孚润滑脂、软连线、垫圈、六角头螺栓 M6×50、六角螺母 M6、垫圈、六角螺栓 M10×35、六角头螺栓 M10×30、十字槽盘头螺钉 M3×8、六角螺栓 M8×25、垫圈 8.2/18×1.4、弹性圆柱销 M4×10、垫圈 4.1/10×0.9、六角头螺栓 M4×10、沉头螺钉 M4×12、内六角圆柱头螺钉 M4×10、鞍形弹簧垫圈×4

1）拆解清洁

① 检查接地开关状态，完整填写例行检查试验记录表、检修记录单数据表。

② 闸刀解体：拆除垫圈 10.2/22×1.6 和六角螺栓 M10×30，将闸刀从左支架、右支架拆下。

③ 软连线解体：拆除垫圈 10.2/22×1.6 和六角螺栓 M10×20、10.2/22×1.6 和六角螺栓 M10×35，将软连线拆下。

④ 锁与盖板组装解体：拆除垫圈 4.1/10×0.9 和六角头螺栓 M4×10，将锁与盖板组装拆下。

⑤ 上罩与下罩连接解体：拆除卡环，将连接杆组装的球形座 1 端从上罩组装里的曲柄组装上拆除，同时拆下球形座 2 端连接到下罩的转盘组装上。

⑥ 上罩与下罩解体：拆除垫圈 8.2/18×1.4 和六角螺栓 M8×25，将上罩组装和下罩组装分开。

⑦ 上罩组装解体：拆除轴用弹性挡圈，取下衬套、轴组装。

⑧ 下罩组装解体：拆除垫圈和内六角螺钉 M4×10，取下压缩弹簧，拆除六角紧定螺钉 M5×10，取下操纵杆组装，拆除轴用挡圈，取下轴。

⑨ 线路解体：拆除联锁触头接线及插头。

⑩ 联锁触头解体：拆除 M4 的垫圈和 M4×18 的内六角圆柱头螺钉，拆解联锁触头。

⑪ 用中性清洁液对控制单元板、拉杆、凸轮、左右支撑板、外支撑板进行清洗，并用清水冲洗，不得用强酸、强碱等腐蚀剂擦拭。

⑫ 提报检修配件：根据以上检测数据，据实形成检修配件明细，并上报批准。

⑬ 部件镀银：闸刀、簧片。

⑭ 部件酸洗及重新喷漆：上罩、下罩。

2）检修

① 规程必换件：拆解的紧固件、软连线。

② 底板外观状态检查：底板不得有开焊、裂纹、变形等异常现象，无严重变形。

③ 闸刀检修：无变形、烧痕、裂纹，表面清洁，无严重磨损，镀层良好。

④ 簧片检修：无变形、烧痕、裂纹，表面清洁，无严重磨损，镀层良好。

⑤ 检查锁组装关系：锁组装能可靠动作，若锁不能正常转动，拆卸锁组装，检查支座能否在支座槽中灵活滑动，若能灵活滑动，则将锁更换；若不能灵活滑动，则将支座槽与支座进行清洁，涂上润滑脂。

⑥ 检查传动机构：各部件能可靠动作、配合良好；拆解上、下罩，内部各部件状态良好，且表面处理状态良好，并能可靠动作，配合良好；若动作卡滞，则调整相应紧固部位或配合部位，使相应传动机构动作良好。

3）组装

（1）连接杆组装

先将细牙六角薄螺母 M14×1.5L、细牙六角薄螺母 M14×1.5 分别旋入连接杆的两端，然后再将球形座旋入，保证两端旋入长度相同，然后将其安装在组装模上，调整球形座两孔中心距并相互错开 90°后，紧固两端薄螺母，紧固后做防松标记。将连接环安装到球形座的内孔槽，然后在内孔涂 Molykote G-N Plus 润滑脂。

（2）下罩组装

① 将下罩的轴承孔清理干净后，先将孔用挡圈装在孔内最里面的卡环槽内，然后在轴承孔内涂上 Molykote longterm W2 润滑脂。

② 将轴承、隔离环、孔用挡圈、轴承装配到位。

③ 将键 8×7×25 装入轴的键槽内，然后在轴上转盘组装的孔内涂上 Molykote longterm W2 润滑脂，在将轴装配到轴承孔内的同时将转盘组装安装在轴端，到位后装轴用挡圈。

④ 将操纵杆组装安装到轴的槽内，用销连接定位后，圈内六角紧定螺钉 M5×10 固定。

⑤ 将压缩弹簧装到操纵杆的孔内，盖上盖板，用垫圈和内六角螺钉 M4×10 固定，扭矩为 3 N·m。封漆标记应做到清晰、粗细均匀、平直。

⑥ 抬起操纵杆手柄，能灵活转动 180°；用螺钉 M3×8 将铭牌安装到下罩的相应位置。

⑦ 将闭锁螺钉 MF30×1.5 套上 O 形圈后安装于下罩螺孔上。

（3）上罩组装

① 用螺钉 M3×8 将接地标签安装在上罩相应位置。

② 安装垫圈 8.2/18×1.4 和接地螺栓 M8×25 在上罩相应位置。

③ 将轴用弹性挡圈装到轴的卡环槽内，然后在轴上和键槽内涂上 Molykote longterm W2

润滑脂，再装好键 10×8×32。

④ 将轴的一端穿入到上罩的孔内，然后将曲柄组装安装到轴与键上，再将另一轴用弹性挡圈安装到位。

⑤ 先将衬套压装到防护罩的内孔上，然后将密封圈安装到另一端的内孔槽中。

⑥ 在防护罩的衬套内孔表面均匀涂上 Molykote longterm W2 润滑脂，其与轴配合后应转动灵活，再将其安装在上罩两端内孔上，用垫圈和内六角螺钉 M6×20 连接紧固（扭矩为 9 N·m）并封漆。

⑦ 转动轴应旋转自如，无阻滞现象。

（4）总组装

① 将连接杆组装的球形座 1 端连接到上罩组装的曲柄组装上，球形座 2 端连接到下罩的转盘组装上，装上卡环以防松脱。注意：在连接杆组装的球形座内孔应涂上 Molykote G-N plus 润滑脂。

② 将上罩与下罩的安装表面清理干净，用垫圈 8.2/18×1.4 和六角螺栓 M8×25 将上罩组装和下罩组装连接（扭矩为 21 N·m）。转动操纵杆手柄应能转动自如，然后将其安装在组装支架上。

③ 用垫圈 10.2/22×1.6 和六角螺栓 M10×30 将闸刀分别安装在左支架、右支架上（扭矩为 32N·m），封漆标记应做到清晰、粗细均匀、平直；然后将组装好的左、右支架安装到上罩组装的轴两端，将闸刀置于接地位，在上罩安装检测模板，利用精密角度规、钢尺调整和检查两闸刀外边缘距尺寸（448±1）mm 以及接地位的转动角度 28_{-2}^{0}。再用锁紧螺钉将左、右闸刀支架紧定，安装销 8×70，4 个销应高低一致，非开口端高出支架 6~7 mm，利用一字改锥将销打开，开口角度不小于 60°。

④ 将软连线一端连接在上罩上，用垫圈 10.2/22×1.6 和六角螺栓 M10×20 紧固，另一端连接在闸刀上，用垫圈 10.2/22×1.6 和六角螺栓 M10×35 紧固（紧固力矩为 26 N·m），此处六角螺栓均须涂乐泰 243。

⑤ 将触头弹簧片安装到上罩的相应位置，用垫圈 6.1/14×1.3、六角螺栓 M6×50 和六角螺母 M6 紧固（扭矩为 9 N·m），两簧片间距应为（6~7）mm。

⑥ 在触头弹簧片和闸刀的前后两个刀口部位均匀涂上美孚 SHC100 润滑脂，合上闸刀，闸刀与触头弹簧片应对中且接触良好。

⑦ 在下罩的锁槽内均匀涂上 Molykote longterm W2 润滑脂，将支座 1、支座 2 装入槽内，然后再将板装上，用外齿形锁紧垫圈 4.3/8 和开槽沉头螺钉 M4×12 连接紧固，用手推动支座应滑动自如，再将锁与盖板组装安装，用垫圈 4.1/10×0.9 和六角头螺栓 M4×10 先预紧，调整和检查锁块，钥匙进出自如后，紧定六角螺栓 M4×10（扭矩为 3 N·m），最后用配钻钻销孔（深 10 mm），将销 4×10 装入定位。

⑧ 用开槽沉头螺钉 M4×12 将防护盖板安装在下罩上并紧固。

⑨ 将标牌安装在下罩底部，用螺钉 M3×8 紧固。

⑩ 在上罩底部的密封槽内涂上乐泰 Terokal-2444 黏结剂，将 O 形圈粘结牢固，并将多余的黏结剂擦除干净，然后粘贴高压标识。

⑪ 组装完后将表面清理干净，所用螺钉按相关规定进行封漆标记。

4）试验

① 将闸刀打开，刀夹在自由状态下两弹簧片间的距离应为 6～7mm，闸刀与簧片接触长度应大于或等于 20 mm。

② 各部位润滑：闸刀与触头弹簧片接触位置均匀涂美孚润滑脂。

③ 外观油漆检查：油漆部位无脱落、破损现象。

④ 各紧固件状态检查：各螺栓、螺母、垫圈及其他紧固件无松动，漆封规范。

⑤ 动作及连锁关系试验：在蓝色锁被蓝色钥匙打开后，操纵杆才能从"操作位"旋转到"接地位"。一旦旋转到"接地位"，联锁机构就被带有黄色钥匙的锁锁在此位置，然后可把钥匙从锁中拔下来，此时高压接地开关的闸刀能够在"工作位"和"接地位"之间灵活转换。转动操纵杆组装，操作 20 个循环周期，锁组装联锁关系正确，动作良好。

⑥ 试验合格后，填写检修记录并粘贴标签。

⑦ 放入合格品区，待交。

任务 2.4　高压隔离开关的装调

任务导入

前面已经学习了高压接地开关，知道了高压接地开关的主要功能是把牵引机车上的主断路器两侧的电路接地，从而有效保证牵引机车的安全操作，当工作人员进行机车检查或维护、消除缺陷或进行修理时，也能保证工作人员的人身安全。那么电力机车的保护装置又是什么？具体又是如何控制的呢？接下来，就让我们带着这些疑问开始学习吧！

课程思政

工匠精神——百米高空
高压线路检修

任务目标

知识目标	（1）掌握高压隔离开关的结构
	（2）掌握高压隔离开关的工作过程
	（3）掌握高压隔离开关的组装规范与调试流程
能力目标	（1）能识别高压隔离开关的结构
	（2）能描述高压隔离开关的工作过程
	（3）能完成高压隔离开关的组装与调试操作
素质目标	（1）具备积极主动的学习态度
	（2）具备乐于奉献、协作创新的团队意识
	（3）具备精益求精、严谨认真的职业素养

任务实施

高压隔离开关的认知
（PPT）

微课视频

高压隔离开关的认知

子任务 2.4.1 【识结构】THG2B 型高压隔离开关结构认知

（1）根据图 2-4-1，在表 2-4-1 中写出 THG2B 型高压隔离开关部件的名称。

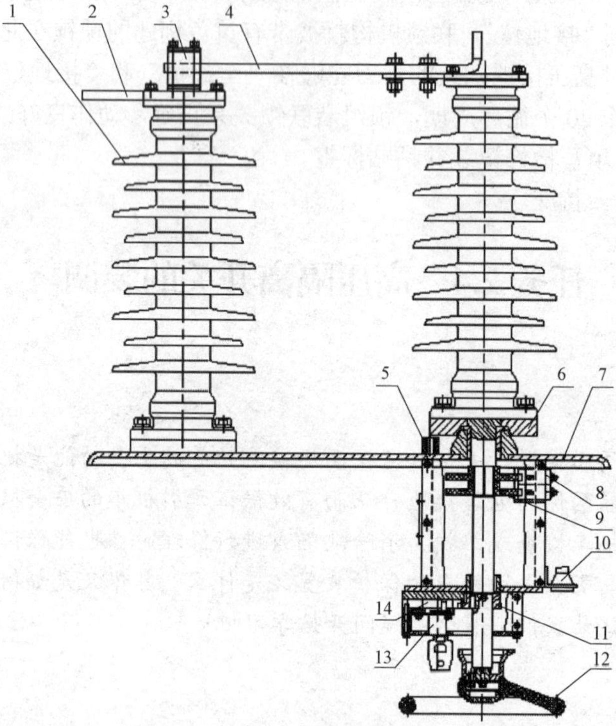

图 2-4-1　THG2B 型高压隔离开关部件

表 2-4-1　THG2B 型高压隔离开关部件名称

序号	部件名称	序号	部件名称
1		8	
2		9	
3		10	
4		11	
5		12	
6		13	
7		14	

（2）在表 2-4-2 中写出高压隔离开关部件的功能。

表 2-4-2　高压隔离开关部件功能

部件名称	功　能
支持绝缘子	
连接板	
簧片	
闸刀	
底板	
接地座	
锁	

（3）根据图 2-4-2，写出高压隔离开关工作原理。

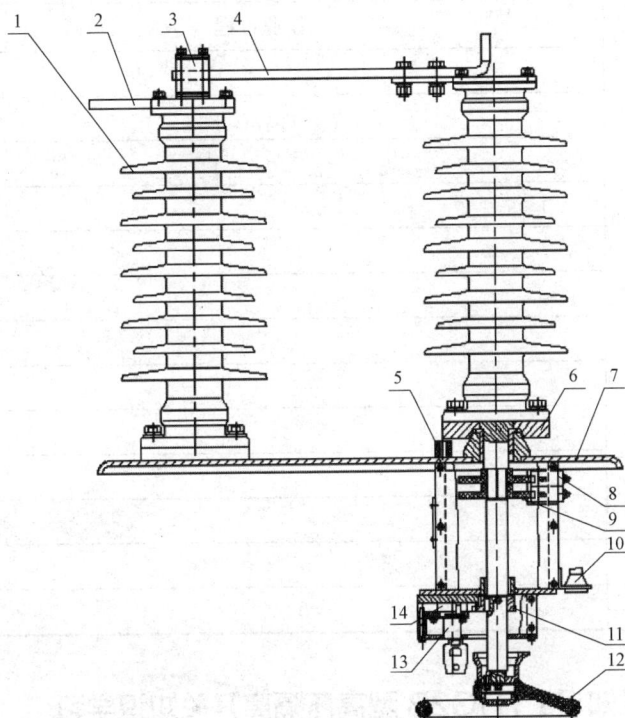

图 2-4-2　高压隔离开关结构

（4）根据表 2-4-3，制作 THG2B 型高压隔离开关拆卸作业工艺卡（注：组装过程参照拆卸过程反顺序进行）。

表 2-4-3　THG2B 型高压隔离开关拆卸作业工艺卡

完成人员			完成日期		THG2B 型高压隔离开关拆卸作业工艺卡
工具名称	工具数量	工具规格		工具要求	
安全要求				操作注意事项	

工序名称	作业过程	工种

子任务 2.4.2　【学知识】THG2B 型高压隔离开关知识学习

（1）THG2B 型高压隔离开关的主要功能是_____。

（2）THG2B 型高压隔离开关主要包括_____。

（3）支持绝缘子是_____mm 高的硅橡胶绝缘子。

（4）连接板是高压隔离开关的高压连接端 HV1，一般与_____连接。

（5）当主断路器断开车顶高压电路、受电弓降弓后，使用黄色钥匙打开 KABA 锁，再转动手轮使轴组装及与其连接的转动绝缘子和闸刀旋转_____，闸刀与簧片_____，隔离开关分断。

（6）高压隔离开关不带_____，不具有开断电流的能力，因此它的所有动作都必须在主断路器处于_____状态时进行。

（7）用中性清洁液对拉杆、凸轮、左右支撑板、外支撑板、手轮进行清洗，并用_____进行冲洗，不得用_____擦拭。

（8）高压隔离开关在 S 位时，闸刀与簧片接触长度≥_____mm。

子任务 2.4.3　【践调试】THG2B 型高压隔离开关调试操作

根据表 2-4-4，制作 THG2B 型高压隔离开关调试作业工艺卡。

表 2-4-4　THG2B 型高压隔离开关调试作业工艺卡

完成人员		完成日期		
工具名称	工具数量	工具规格	工具要求	**THG2B 型高压隔离开关调试作业工艺卡**
安全要求			操作注意事项	
工序名称		作业过程		工种

⭐ 任务评价

THG2B 型高压隔离开关的装调评价表

<table>
<thead>
<tr><th colspan="2">主要内容</th><th>考核要求及评分标准</th><th>配分</th><th>自评</th><th>互评</th><th>师评</th></tr>
</thead>
<tbody>
<tr><td rowspan="2">任务准备</td><td>任务书编写</td><td>高压隔离开关的拆卸作业工艺卡编制</td><td>10</td><td></td><td></td><td></td></tr>
<tr><td>作业前准备</td><td>个人防护用品穿戴齐备，错漏一处扣 2 分
防护措施到位，错漏一处扣 2 分
工具准备到位，错漏一处扣 2 分</td><td>5</td><td></td><td></td><td></td></tr>
<tr><td rowspan="4">操作过程</td><td>高压隔离开关部件认知</td><td>高压隔离开关部件认知、功能分析正确，错漏一处扣 2 分</td><td>10</td><td></td><td></td><td></td></tr>
<tr><td>高压隔离开关拆装</td><td>作业顺序出现差错扣 5 分
弹簧或卡簧飞出扣 5 分
拆卸时伤及铜件扣 5 分
分解时损伤密封件扣 5 分
工具选择不合理扣 5 分</td><td>25</td><td></td><td></td><td></td></tr>
<tr><td>高压隔离开关工作过程分析</td><td>高压隔离开关工作过程原理分析正确，错漏一处扣 2 分</td><td>10</td><td></td><td></td><td></td></tr>
<tr><td>高压隔离开关调试</td><td>高压隔离开关试验正确，错漏一处扣 2 分</td><td>25</td><td></td><td></td><td></td></tr>
<tr><td rowspan="2">职业素养</td><td>作业质量</td><td>零部件齐全，每遗漏一个零部件扣 2 分
分解各零部件未分类放至各配件盒扣 2 分
按规定程序进行作业，程序混乱扣 2 分</td><td>5</td><td></td><td></td><td></td></tr>
<tr><td>基本要求及安全防护</td><td>操作过程中及作业完成后，工具、仪表、设备等摆放不整齐扣 1 分
作业完成后未整理工具、清洁现场扣 2 分
没有穿戴个人防护用品，作业防护项目不齐全，每缺一处扣 2 分</td><td>10</td><td></td><td></td><td></td></tr>
<tr><td colspan="2">总分</td><td></td><td>100</td><td></td><td></td><td></td></tr>
</tbody>
</table>

⭐ 相关知识

1. THG2B 型高压隔离开关

高压隔离开关（见图 2-4-3）属于车顶保护电器，它的主要作用是优化配置 25 kV 电路内高压设备的运行工况，并当受电弓发生故障时，能将故障部分隔离，维持机车运行，或在机车车顶检查维护时，隔离受电弓电路，保证人员安全。根据驱动方式不同，高压隔离开关可分为手动高压隔离开关和气动高压隔离开关。HXD_{1C} 型电力机车使用的是手动 THG2B 型高压隔离开关。

1）高压隔离开关的结构

如图 2-4-4 所示，高压隔离开关通过底板安装于机车车顶上。它装有一个闸刀和两个簧片，闸刀装于转动绝缘子上方，转动绝缘子下方与转轴组装连接，簧片装于固定的绝缘子上方，固定绝缘子焊接于底板上。闸刀和簧片分别为隔离开关的动、静触头，它们之间的分离或闭合动作会断开或接通机车车顶高压电路。底板下方是隔离开关的手动控制机构，凸轮、固位盘和手轮装于转轴组装上。当锁转到打开位时，锁上的传动件带动锁块平移，锁块和与其相交的固位盘分离。锁打开后，转动手轮，带动转轴组装旋转，固定于转轴组装上的凸轮跟随它转动，凸轮的转动改变右侧辅助联锁的开闭状态，并通过电连接器反馈给电路系统。底板上焊接了两个 M10 接地座，用于将高压隔离开关与机车接地系统连接。

图 2-4-3　高压隔离开关外形

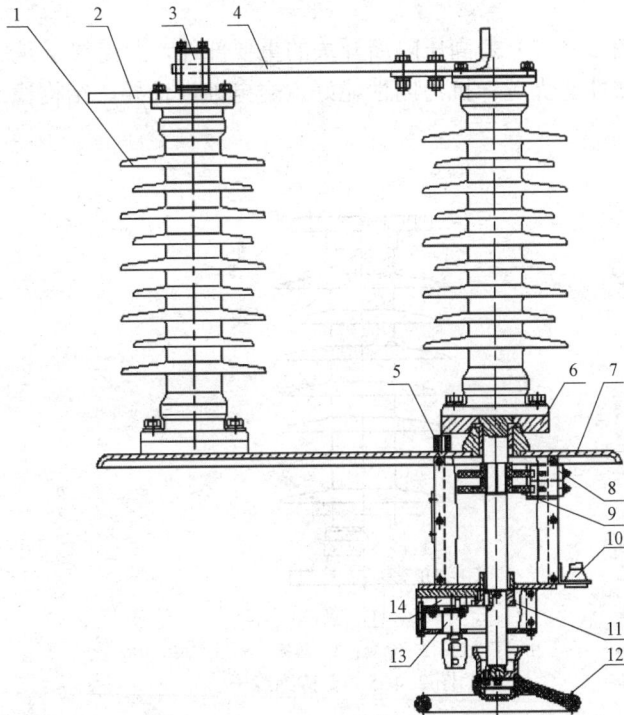

1—绝缘子；2—连接板；3—簧片；4—闸刀；5—接地座；6—转轴组装；7—底板；8—辅助联锁；
9—凸轮；10—电连接器；11—固位盘；12—手轮；13—KABA锁；14—锁块。

图 2-4-4　高压隔离开关结构

THG2B 型高压隔离开关的技术参数如表 2-4-5 所示。

表 2-4-5　THG2B 型高压隔离开关技术参数

名　称	参　数
额定频率	50 Hz
额定电压	30 kV
额定电流	400 A
短时耐受电流	3.15 kA/2 s
切断闸刀旋转角	60°
闸刀转换角度	$98^{0°}_{-1.5°}$
底板接口	$6×\phi11$ mm
机械寿命	3 000 次
外形尺寸	636 mm×300 mm×804 mm
质量	44 kg

高压隔离开关包括以下主要部件。

（1）支持绝缘子

支持绝缘子（见图 2-4-5）是高压隔离开关的重要部件，此绝缘子是 400 mm 高的硅橡胶绝缘子，它具有机械性能优越、抗污闪性能好、耐电蚀性优异、结构稳定性好、重量轻等优点。

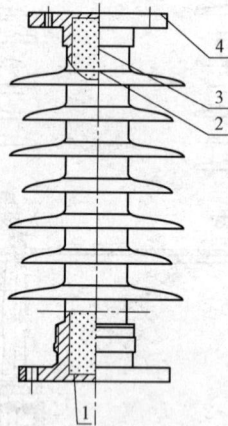

1—下法兰；2—伞套；3—芯棒；4—上法兰。
图 2-4-5　支持绝缘子

（2）连接板

连接板是高压隔离开关的高压连接端（HV1），它表面镀银，一般与自受电弓引出的导电母排连接。

（3）簧片

簧片是高压隔离开关高压导电部分的关键部件，它表面镀银，当它损坏时应及时更换。

（4）闸刀

闸刀是高压隔离开关高压连接端（HV2），它一般通过软连线与另一个高压电器连接。当它与簧片触指接触后，把来自受电弓的电流引至其他高压电器。它表面镀银，当它损坏时应及时更换。

（5）底板

高压隔离开关通过底板和 6 个 M10 紧固螺栓固定于车顶。

（6）接地座

高压隔离开关在底板上焊有 2 个接地座，用于底板部分接地连接。

（7）锁

高压隔离开关与高压接地开关上都使用 KABA 锁。用黄色钥匙打开锁后，转动手轮可以使高压隔离开关处于分闸位。当高压隔离开关处于合闸状态后，必须使用黄色钥匙锁好 KABA 锁。

2）高压隔离开关的工作过程

（1）分闸

当主断路器断开车顶高压电路、受电弓降弓后，使用黄色钥匙打开 KABA 锁，再转动手轮使轴组装及与其连接的转动绝缘子和闸刀旋转 60°，闸刀与簧片分离，隔离开关分断。转轴转动的同时，固定在主轴上的凸轮驱动低压联锁改变为分闸状态，并将信号传到司机室。

（2）合闸

当高压隔离开关处于分闸状态时，转动手轮使轴组装及与其连接的转动绝缘子和闸刀旋转 60°，闸刀与簧片接触，隔离开关闭合，同时使用黄色钥匙锁好 KABA 锁。转轴转动的同时，固定在主轴上的凸轮驱动低压联锁改变为合闸状态，并将信号传到司机室。

高压隔离开关不带灭弧装置，不具有开断电流的能力，因此，它的所有动作都必须在主断路器处于分断状态时进行。

3）THG2B 型高压隔离开关的组装与调试

THG2B 型高压隔离开关组装与调试的流程如图 2-4-6 所示。

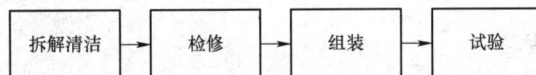

拆解清洁　→　检修　→　组装　→　试验

图 2-4-6　THG2B 型高压隔离开关组装与调试的流程

THG2B 型高压隔离开关组装与调试所需工具设备如表 2-4-6 所示。

表 2-4-6　THG2B 型高压隔离开关组装与调试所需工具设备

名称	工具设备
耗材	酒精、脱脂棉、无毛毛巾、毛刷、铜刷、钢丝球、钢刷、清洗剂、记号笔、砂纸、乐泰管螺纹密封剂、润滑脂、乐泰胶、乐泰润滑硅脂、胶合剂
零部件	绝缘子组装、平垫圈、弹簧垫圈、吊环螺栓
工具	高压隔离开关试验台、兆欧表、微欧计、耐压机

（1）拆解清洁

① 检查隔离开关状态。

② 闸刀解体：拆除 M10×35 的六角螺栓，M10 的螺母、垫圈，拆解闸刀。

③ 闸刀支架解体：拆除 M8 的垫圈和 M8×25 的六角螺栓，拆解闸刀支架。

④ 垫片、簧片、衬垫、垫板解体：拆除 M6×70 的六角螺栓、M6 的垫圈，拆解垫片、簧片、衬垫、垫板。

⑤ 拆除 M6×65、M12×30、M12×35 的六角螺栓，分解闸刀、簧片及异常绝缘子。

⑥ 左、右支撑板组装解体：拆除 M5×20 的六角螺栓、M5 的垫圈，拆解左、右支撑板组装。

⑦ 外支撑板组装解体：拆除 M8 的垫圈和 M8×25 的六角螺栓，拆解外支撑板组装。

⑧ 凸轮解体：拆除 M12 的垫圈、大外径垫圈和 M12×20 螺栓，拆解凸轮。

⑨ 拆解 10×8×36 棱键：取下拉杆与操纵杆组装、轴衬、转轴。

⑩ 用中性清洁液对拉杆、凸轮、左右支撑板、外支撑板、手轮进行清洗，并用清水进行冲洗，不得用强酸、强碱等腐蚀剂擦拭。

⑪ 提报检修配件：根据以上检测数据据实形成检修配件明细，并上报批准。

⑫ 部件镀银：包括衬垫、垫板、夹板端子、闸刀、簧片。

⑬ 部件酸洗及重新喷漆：底板组装。

（2）检修

① 规程必换件：绝缘子、各拆解的紧固件、闸刀绝缘热缩套管。

② 底板检修：各件无弯曲、变形，螺纹良好，油漆状态良好，外观无弯曲、变形。

③ 左、右支撑板检修：各件无弯曲、变形，螺纹良好。

④ 外支撑板检修：各件无弯曲、变形，螺纹良好。

⑤ 拉杆、凸轮、闸刀支架检修：各件无弯曲、变形，螺纹良好。

⑥ 闸刀检修：无变形、弯曲，闸刀接触部分厚度不小于 9 mm，镀层良好。

⑦ 调整垫片检修：若操纵杆机构与转轴连接的调整垫片状态不良，则需更换。

⑧ 簧片检修：无烧痕、裂纹、弯曲、变形，镀层良好。

（3）组装

按解体相反顺序组装。

（4）试验

① 外观检查：目测高压隔离开关零部件完整无缺失，外观良好，无污垢、断裂或破损现象；各紧固零部件无松动，防松标记规范。

② 标识检查：铭牌标识、接地标识及高压安全标识符合图纸和技术规范要求。

③ 外形尺寸检查：外形尺寸应为 680 mm×350 mm×668 mm。

④ 安装尺寸检查：安装尺寸应为 310 mm×620 mm。

⑤ 主触头检查：

高压隔离开关在 S 位时，闸刀与簧片接触长度应大于或等于 20 mm。

触头弹簧片的间距为 8～9 mm，允许偏差为 1～1.5 mm。

触头开关在自由状态时，触头滑轮与凸轮间隙应大于或等于 0.5 mm。

触头压缩分断时触头滚轮距触头盒底平面的间隙为 13 ～15 mm。

闸刀在闭合位和分断位时，闸刀与簧片内侧交点之间的最短距离范围（L，闸刀转动角度 60°±2°）：427 mm≤L≤449 mm。

操纵杆对转轴的力矩（力臂为 350 mm）应小于或等于 80 N·m。

簧片对闸刀夹紧力为（90 ±15）N。

⑥ 辅助联锁和接线检查：符合电器原理布线图的要求。

⑦ 电阻测量：

整个主电路（两个高压接线端之间）的电阻值≤600 μΩ。

动、静触头间（包括闸刀杆）的电阻值≤400 μΩ。

⑧ 气密性能，U_n=DC 77V，P_{max}=1 000 kPa，t=10 min，剩余气压应大于或等于 750 kPa。

E 位置：保压 10 min，剩余气压应大于或等于 750 kPa；

S 位置：保压 10 min，剩余气压应大于或等于 750 kPa。

⑨ 动作性能：

最小动作气压：350 kPa；

最小动作电压：≤77 V；

电磁阀最小工作电压：≥8 V。

⑩ 触头盒动作性能检查：动作灵活，接触良好。

⑪ 动作稳定性（U_n=DC 110 V）：

控制气压为 400 kPa：动作 20 个循环，无阻滞、分合不到位、漏风等现象；

控制气压为 600 kPa：动作 20 个循环，无阻滞、分合不到位、漏风等现象；

控制气压为 1 000 kPa：动作 20 个循环，无阻滞、分合不到位、漏风等现象。

⑫ 高压隔离开关电磁阀线圈得电至闸刀分合闸到最终位置的时间测量（U_n=DC 77 V，P=350 kPa）：合闸 5 次，合闸时间≤2 000 ms。

⑬ 绝缘电阻：两极之间电阻值≥100 MΩ，主电路对地电阻值≥100 MΩ，控制电路对地电阻值≥20 MΩ。

⑭ 工频耐压，f= 50 Hz，t= 1 min：两极之间 75 kV/min，无击穿、闪络现象；主电路对地 75 kV/min，无击穿、闪络现象；控制电路对地 1.5 kV/min，无击穿、闪络现象。

⑮ 将气管进风管路进行防护后，放入合格品区，交下道工序。

2. THG2–400/25 型高压隔离开关

1）概述

THG2-400/25 型高压隔离开关属于车顶保护电器，它的主要作用是优化配置 25 kV 电路内高压设备的运行工况，当车顶设备发生故障时，能将故障部分隔离，维持机车运行。因此，它的存在可大大减少因车顶设备故障而造成的机破事故，保证机车的安全运行。

THG2-400/25 型高压隔离开关的技术参数如下。

额定电压：25 kV。

额定电流：400 A。

额定频率：50 Hz。

机械寿命：3 000 次。

2）结构及动作原理

THG2-400/25 型高压隔离开关一般安装在机车车顶上，以底板为界，分成上、下两个部分。上部分为高压部分，主要包括绝缘子、闸刀、刀夹等；下部分为操作部分，主要包括机械联锁、电气联锁及操作手轮等。其结构如图 2-4-7 所示。

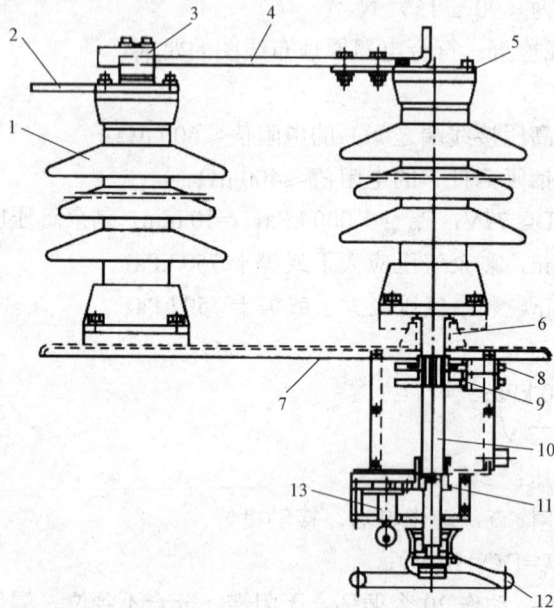

1—瓷瓶；2、5—连接板；3—刀夹；4—闸刀；6—轴套；7—底板；
8—联锁触头；9—凸轮；10—轴；11—回位盘；12—手轮；13—机械联锁。

图 2-4-7　THG2-400/25 型高压隔离开关的结构

THG2-400/25 型高压隔离开关的工作原理如下。

分闸：当高压隔离开关处于合闸状态时，如果要分闸，则须先用钥匙将机械联锁打开，然后按标牌指示的分闸方向转动操作手轮，当手轮转动到位后，再将机械联锁锁上。此时，隔离开关处于分闸状态。

合闸：当高压隔离开关处于分闸状态时，如果要合闸，其过程与分闸过程大致一样，也须先用钥匙将机械联锁打开，然后按标牌指示的合闸方向转动手轮，当手轮转动到位后，再将机械联锁锁上。此时，隔离开关处于合闸状态。

3）使用要求

① 高压隔离开关不带灭弧装置，不具有开断电流的能力，因此它的所有动作都必须确保是在主断路器处于分断状态时进行。

② 高压隔离开关为手动电器，操作时必须确保操作间内处于无电状态。

③ 在机车运行时，必须确保高压隔离开关的机械联锁处于锁闭状态，否则隔离闸刀会由于没有定位装置而摆动，可能造成严重后果。

4）维护保养

（1）小修（80 000～100 000 km）

① 高压部分。检查隔离闸刀与刀夹的接触性能是否良好。将隔离闸刀打开，刀夹在自由

状态下两弹簧片间的距离应小于或等于 7.5 mm，闸刀接触部分厚度应大于或等于 9 mm。

清洁瓷瓶，仔细观察瓷瓶表面，有裂纹者必须更换。

② 低压部分。润滑各滑动配合面及连杆销。

（2）中修（400 000～500 000 km）

① 高压部分。更换刀夹，并使两刀夹弹簧片间的距离为 6～7 mm，闸刀接触部分的厚度应大于或等于 8.5 mm。如果不满足限度要求，则必须更换闸刀。

清洁瓷瓶表面，检查瓷瓶表面是否有裂纹、瓷瓶与法兰胶注是否牢固。胶装松动或表面有裂纹者必须更换。

② 低压部分。

·用酒精清洗各联锁触头的触点，同时检查各联锁触头接触状况是否良好，接触不良者必须更换。

·润滑各滑动配合面及连杆销。

·整体检修完成后必须进行性能测试，各技术参数及动作性能都必须满足试验大纲的要求。

任务 2.5　互感器的装调

任务导入

前面我们已经学习了高压隔离开关，知道了高压隔离开关能优化配置 25 kV 电路内高压设备的运行工况，当受电弓发生故障时，能将故障部分隔离，维持机车运行，或在机车车顶检查维护时，隔离受电弓电路，保证人员安全。那么在电力机车上又是如何将 25 kV/50 Hz 的高压电转换成机车上各电器设备所需要的低压电的呢？具体又是如何控制的呢？接下来，就让我们带着这些疑问开始学习吧！

课程思政

安全意识——电工安全操作规程

任务目标

知识目标	（1）掌握高压电压互感器、高压电流互感器的结构
	（2）掌握高压电压互感器、高压电流互感器的工作过程
	（3）掌握高压电压互感器、高压电流互感器的检查规范与调试流程
能力目标	（1）能识别高压电压互感器、高压电流互感器的结构
	（2）能描述高压电压互感器、高压电流互感器的工作过程
	（3）能完成高压电压互感器、高压电流互感器的检查与调试操作
素质目标	（1）具备积极主动的学习态度
	（2）具备乐于奉献、协作创新的团队意识
	（3）具备精益求精、严谨认真的职业素养

微课视频

互感器的认知

任务实施

子任务 2.5.1 【识结构】TBY1-25 型高压电压互感器结构认知

（1）根据图 2-5-1，在表 2-5-1 中写出 TBY1-25 型高压电压互感器部件的名称。

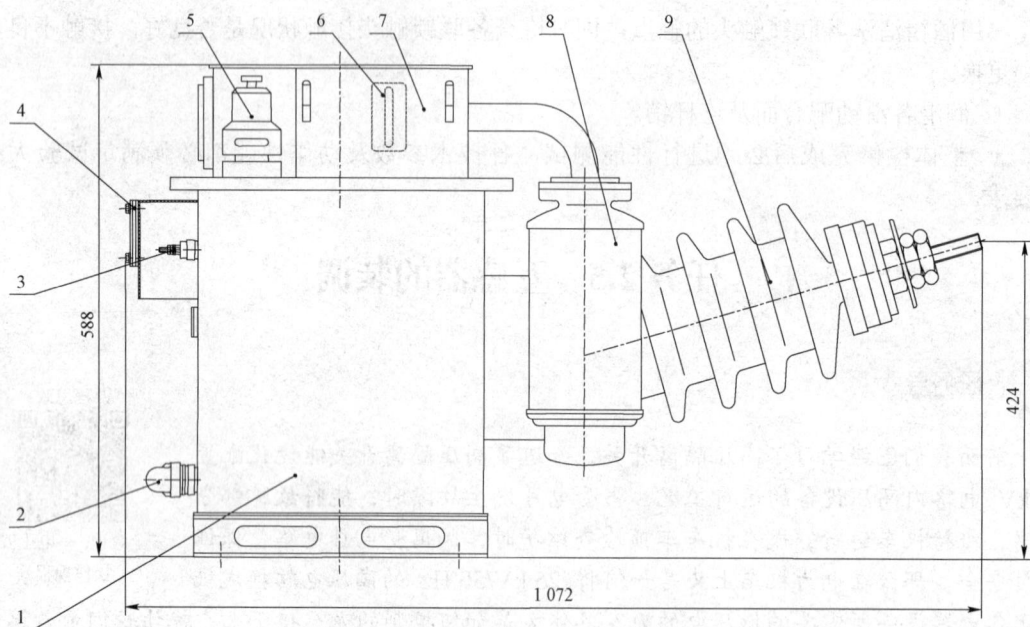

图 2-5-1　TBY1-25 型高压电压互感器结构

表 2-5-1　TBY1-25 型高压电压互感器部件名称

序号	部件名称	序号	部件名称
1		6	
2		7	
3		8	
4		9	
5			

（2）在表 2-5-2 中写出高压电压互感器的功能。

表 2-5-2　高压电压互感器部件功能

部件名称	功　能
一次线圈	
二次线圈	
铁芯	

（3）写出高压电压互感器的工作原理。

微课视频

互感器的工作过程

_____

_____

_____

_____

（4）根据表 2-5-3，制作 TBY1-25 型高压电压互感器检查作业工艺卡。

表 2-5-3　TBY1-25 型高压电压互感器检查作业工艺卡

完成人员		完成日期		
工具名称	工具数量	工具规格	工具要求	TBY1-25 型高压电压互感器检查作业工艺卡
安全要求			操作注意事项	
工序名称		作业过程		工种

子任务 2.5.2 【学知识】TBY1-25 型高压电压互感器知识学习

（1）TBY1-25 型高压电压互感器是一种电力机车专用高压电压互感器，装于车顶部，为户外式产品，是利用_____原理工作的。

（2）TBY1-25 型高压电压互感器的_____并联接在车顶 25 kV 高压线路上，X 端子接地（轨道电路），_____外部接有测量仪表、保护继电器等设备，为低压部分。

（3）TBY1-25 型高压电压互感器的主要部件有：_____、出线装置等。

（4）规程必换件包括_____、_____。

（5）绝缘电阻测试：用 2 500 V 兆欧表测量一次绕组对二次绕组及地绝缘电阻，绝缘电阻≥_____MΩ。

（6）变比及误差试验：通过试验台在互感器一次侧通入额定电压 25 000 V，测量次边两组电压，次边电压_____。

（7）感应耐压试验：在一次绕组 A、N 施加_____电压，试验时间_____s。

（8）耐压试验前准备：试验时互感器必须垂直安放于试验区内，试验品与外物距离_____m，互感器必须洁净、干燥。

子任务 2.5.3 【践调试】TBY1-25 型高压电压互感器调试操作

根据表 2-5-4，制作 TBY1-25 型高压电压互感器调试作业工艺卡。

表 2-5-4　TBY1-25 型高压电压互感器调试作业工艺卡

完成人员		完成日期		
工具名称	工具数量	工具规格	工具要求	**TBY1-25 型高压电压互感器调试作业工艺卡**
安全要求			操作注意事项	
工序名称		作业过程		工种

任务评价

TBY1–25 型高压电压互感器装调评价表

主要内容		考核要求及评分标准	配分	自评	互评	师评
任务准备	任务书编写	高压电压互感器的检查作业工艺卡编制	10			
	作业前准备	个人防护用品穿戴齐备,错漏一处扣 2 分 防护措施到位,错漏一处扣 2 分 工具准备到位,错漏一处扣 2 分	5			
操作过程	高压电压互感器部件认知	高压电压互感器部件认知、功能分析正确,错漏一处扣 2 分	10			
	高压电压互感器拆装	作业顺序出现差错扣 5 分 弹簧或卡簧飞出扣 5 分 拆卸时伤及铜件扣 5 分 分解时损伤密封件扣 5 分 工具选择不合理扣 5 分	25			
	高压电压互感器工作过程分析	高压电压互感器工作过程原理分析正确,错漏一处扣 2 分	10			
	高压电压互感器调试	高压电压互感器试验正确,错漏一处扣 2 分	25			
职业素养	作业质量	零部件齐全,每遗漏一个零部件扣 2 分 分解各零部件未分类放至各配件盒扣 2 分 按规定程序进行作业,程序混乱扣 2 分	5			
	基本要求及安全防护	操作过程中及作业完成后,工具、仪表、设备等摆放不整齐扣 1 分 作业完成后未整理工具、清洁现场扣 2 分 没有穿戴个人防护用品,作业防护项目不齐全,每缺一处扣 2 分	10			
总分			100			

相关知识

　　TBY1–25 型高压电压互感器是一种电力机车专用高压电压互感器,装于车顶部,为户外式产品(见图 2-5-2)。一次绕组的 A 端子接高压,X 端子接地,结构紧凑,并使用了绝缘性能优异的线圈和绝缘结构,在设计上充分考虑了耐振性。该互感器的保养、检修简单,能够常年发挥稳定的性能。

图 2-5-2　TBY1-25 型高压电压互感器外形

1. TBY1-25 型高压电压互感器的结构

TBY1-25 型高压电压互感器的结构如图 2-5-3 所示。

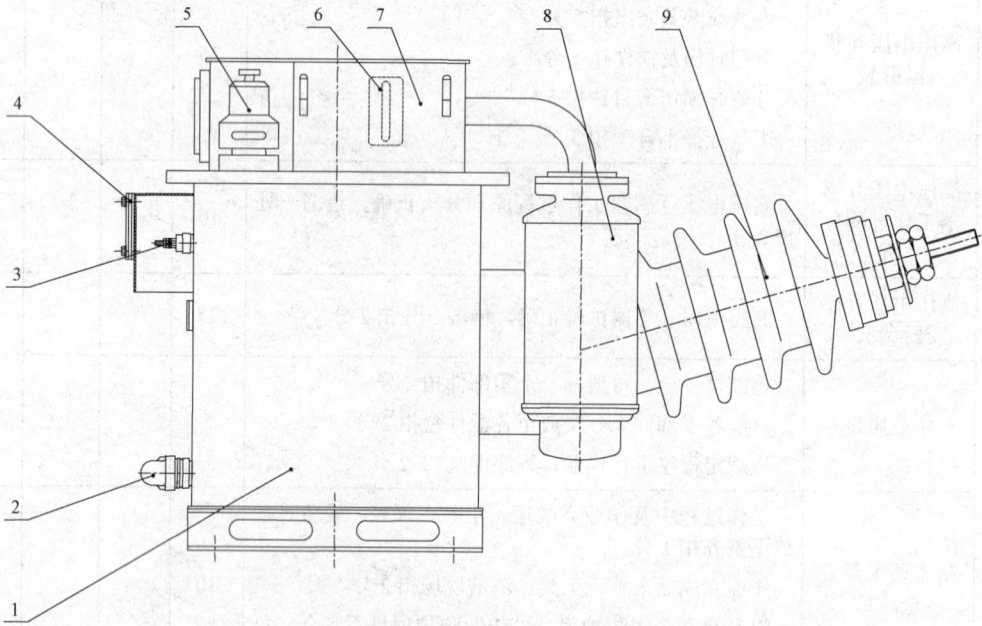

1—油箱；2—油样活门；3—观察窗；4—二次侧套管；5—压力释放阀；
6—油位表；7—箱盖；8—吸湿器；9—25 kV 套管。
图 2-5-3　TBY1-25 型高压电压互感器的结构

　　线圈在油箱内呈卧式放置，浸于 45 号或 25 号变压器油中。高压一次侧 A 端由高压瓷套引出，低压二次线圈出头 a1、x1 及高压一次线圈 X 端子、接地屏出线端子经 0.2 kV 套管引出。互感器油箱外部经接地螺栓可靠接地，避免由于悬浮电位造成放电。箱盖上有油位表，并用红色油漆在显著位置标明+40 ℃、+25 ℃、−25 ℃温度下油位。箱体上有注油装置，箱盖上有补油装置。互感器内装有一个呼吸器，以保证油箱内气压与外界大气压相等。同时，为了保证因环境温度及油温变化时吸入干燥空气或排出空气，呼吸器内装有硅胶（1.5 kg）。在箱盖上还装有一个压力释放阀，其打开压力为（35±5）kPa，关闭压力为 19 kPa，以防互感器内部短路或其他原因而引起互感器爆炸。

表 2-5-5 列示了 TBY1-25 型高压电压互感器技术参数。

表 2-5-5　TBY1-25 型高压电压互感器技术参数

名　称	参　数
额定一次电压	25 kV
额定二次电压	100 V
额定电压比	250
准确级次	0.5 级
额定输出（$\cos\varphi=0.8$）	20 VA
电压误差	±0.5%
相位差	±20′
相数	单相
频率	50 Hz
冷却方式	油浸自冷
绝缘等级	A 级

TBY1-25 型高压电压互感器主要包括以下部件。

1）一次线圈

TBY1-25 型高压电压互感器的线圈为多层圆筒式，呈宝塔状，一次线圈为高压线圈，A 端接高压，X 端接地。

2）二次线圈

由于高压线圈对低压线圈及地之间存在分布电容，在原边发生故障时二次线圈会产生很高的静电感应电压，造成一、二次线圈之间击穿，危及测量仪表或人员安全。为此，在高压一次线圈与低压二次线圈之间设置了静电屏。静电屏由一块 0.5 mm 厚的紫铜板围成，然后引出一根接地线，与接地端子相连，在油箱外部接地。

3）铁芯

铁芯为壳式结构，线圈套装于芯柱周围，芯柱为五级梯形结构，外接圆直径为 80 mm，有效截面积为 42.4 cm^2。整个铁芯通过夹件夹紧，铁芯与夹件之间安装有接地片。

2. TBY1-25 型高压电压互感器的工作过程

高压电压互感器是一种专门用作变换电压的特种变压器，是利用电磁感应原理工作的，主要用于把一次测的高电压变换为标准测量电压。TBY1-25 型高压电压互感器接线图如图 2-5-4 所示。

TBY1-25 型高压电压互感器的主要作用是：① 给测量仪器、仪表或继电保护、控制装置提供信息；② 使测量、保护和控制装置与高电压相隔离。

TBY1-25 型高压电压互感器的一次绕组并联接在车顶 25 kV 高压线路上，X 端子接地（轨道电路），二次绕组外部接有测量仪表、保护继电器等设备，为低压部分。电压互感器的一、二次绕组之间有足够的绝缘，从而保证所有低压回路与车顶高压线路的高电压相隔离。

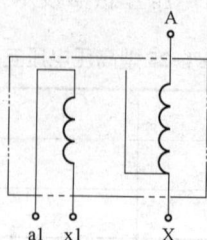

图 2-5-4　TBY1-25 型高压电压互感器接线图

3. TBY1-25 型高压电压互感器的接收检查与调试

TBY1-25 型高压电压互感器接收检查与调试所需工具设备如表 2-5-6 所示。

表 2-5-6　TBY1-25 型高压电压互感器接收检查与调试所需工具设备

名称	工具设备
耗材	酒精、脱脂棉
零部件	原边高压电压互感器、高压电压互感器接线盒
工具	兆欧表、避雷器专用测试仪、局部放电试验台、数字式万用表

1）接收检查

① 检查高压电压互感器有无缺件情况，如有，需进行记录。

② 检查高压电压互感器伞裙。伞裙外表面无破损，安装板安装紧固，无松动。

③ 检查一次高压端子。一次高压端子热缩套无损坏和磨损（老化、龟裂）。

④ 金属部件无裂纹、锈蚀，螺纹完好，与绝缘体浇铸牢固，无裂缝、掉块现象。

⑤ 用中性清洁液对互感器高压伞裙进行清洗，并用清水进行冲洗，不可用尖锐物体刮刺硅橡胶表面，也不得用强酸、强碱等腐蚀剂擦拭。

⑥ 用干净毛刷清扫互感器低压输出部分灰尘后用酒精进行擦洗，做到表面清洁、无积尘或污垢。

2）检查

① 规程必换件：引出线、SH1/SH2 塑壳式断路器。

② 工艺必换件：底板密封件。

③ 自动开关盒状态检查。开关盒及断路器安装底座状态良好，开关盒无变形、裂纹，油漆良好。

④ 安装法兰紧固螺栓状态检查。安装法兰紧固螺栓紧固到位，漆封规范。

⑤ 各接线柱连接状态检查。各接线柱连接可靠、紧固到位。

3）试验

① 测量一次绕组冷态直流电阻值（75 ℃）（换算系数=235+20/235+t ℃）；绕组冷态直流电阻值（75 ℃）与设计值（23 310 Ω）比较误差不超过±10%。

② 耐压试验前准备。试验时互感器必须垂直放于试验区内，试验品与外物距离不小于

1 m，互感器必须洁净、干燥。

③ 绝缘电阻测试 1。用 2 500 V 兆欧表测量一次绕组对二次绕组及地绝缘电阻，绝缘电阻≥200 MΩ。

④ 绝缘电阻测试 2。用 500 V 兆欧表测量二次绕组对地绝缘电阻，绝缘电阻≥100 MΩ。

⑤ 变比及误差试验。通过试验台在互感器一次侧通入额定电压 25 000 V，测量次边两组电压，次边电压为 150（1±1%）V。

⑥ 耐压试验 1。将次边两绕组 1a1n、2a2n 并接地，拆开一次绕组尾端 N 与地的电器连接片，用试验线将一次绕组 A、N 端短接后，对绕组 A、N 与地间施加工频电压 5 kV，试验时间 1 min，无击穿、闪络现象。

⑦ 耐压试验 2。用试验线将一次绕组 A、N 端短接并接地，短接次边绕组 2a2n 并接地，对次边绕组 1a1n 与地间施加工频电压 3 kV，试验时间 1 min，无击穿、闪络现象。

⑧ 耐压试验 3。用试验线将一次绕组 A、N 端短接并接地，短接次边绕组 1a1n 并接地，对次边绕组 2a2n 与地间施加工频电压 3 kV，试验时间 1 min，无击穿、闪络现象。

⑨ 感应耐压试验。在一次绕组 A、N 施加 150 Hz、68 kV 电压，试验时间 40 s，无击穿、闪络现象。

⑩ 试验合格后，填写试验记录，粘贴标签。

⑪ 放入合格品区，交下道工序。

4. TBY1–25 型高压电压互感器运输与储存

TBY1–25 型高压电压互感器运输和存放时，应将吸湿器底部的密封圈取下，避免因环境温度变化引起油箱内压力升高而发生意外。每 3 个月应检查吸湿器内的硅胶是否有三分之二变为红色，如有，则应对硅胶进行干燥处理或更换。

高压电压互感器整体运输，不需要拆卸任何零部件；运输过程中要求有防水和减振措施。

高压电压互感器应竖立储存在干燥、平整且无振动的地方，环境温度在 −40 ～50 ℃之间。最湿月的月平均最大相对湿度不超过 90%（该月月平均最低温度不高于 25 ℃），并用包装膜将高压电压互感器包装后储存。

设备应避免阳光直射，特别是含有高紫外线的光照。

臭氧特别具有危害性，储存区域不得有能产生臭氧的设备，如电动机或其他可以产生放电的设备。溶剂、燃料、润滑剂、化学物品、酸、消毒剂和类似材料都不能与设备储存在同一间储存室。

任务实施

子任务 2.5.4　【识结构】LMZ3–0.72 型高压电流互感器结构认知

（1）根据图 2–5–5，在表 2–5–7 中写出 LMZ3–0.72 型高压电流互感器部件的名称。

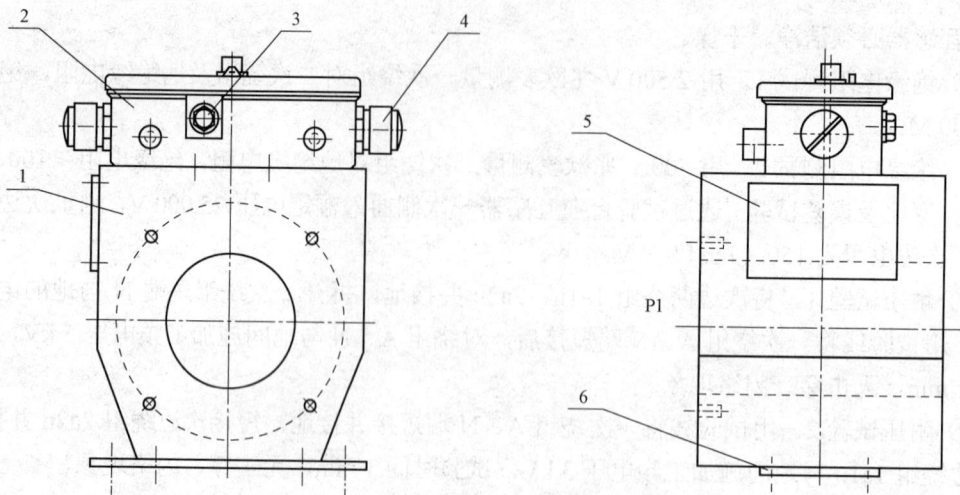

图 2-5-5　LMZ3-0.72 型高压电流互感器结构

表 2-5-7　LMZ3-0.72 型高压电流互感器部件名称

序号	部件名称	序号	部件名称
1		4	
2		5	
3		6	

（2）在表 2-5-8 中写出 LMZ3-0.72 型高压电流互感器的功能。

表 2-5-8　LMZ3-0.72 型高压电流互感器部件功能

部件名称	功　能
互感器浇铸体	
次出线铸铝接线盒	
安装底板	

（3）写出 LMZ3-0.72 型高压电流互感器的工作原理。

_____

_____

_____

_____

_____

_____

（4）根据表 2-5-9，制作 LMZ3-0.72 型高压电流互感器接收检查作业工艺卡。

表 2-5-9　LMZ3-0.72 型高压电流互感器接收检查作业工艺卡

完成人员			完成日期		
工具名称	工具数量	工具规格	工具要求	**LMZ3-0.72 型高压电流互感器接收检查作业工艺卡**	
安全要求			操作注意事项		
工序名称		作业过程			工种

子任务 2.5.5　【学知识】LMZ3-0.72 型高压电流互感器知识学习

（1）LMZ3-0.72 型高压电流互感器是电力机车电网专用母线式电流互感器，适用于户内_____、额定电压为_____的电力机车电网中作计量或继电保护使用。

（2）LMZ3-0.72 型高压电流互感器安装在变压器的原边首端，用于测量_____进线端的线路电流。

（3）LMZ3-0.72 型高压电流互感器是利用_____原理，通过_____的安匝平衡把大电流变换为标准测量电流。

（4）LMZ3-0.72 型高压电流互感器为_____电流互感器。互感器铁芯型式为卷铁芯，铁芯材料采用晶粒取向优质冷轧低损耗硅钢片，经_____而成。二次绕组采用聚酯漆包铜圆线绕制。

（5）用_____测量互感器二次线圈通断状态。

（6）用_____测量二次绕组间及对地绝缘电阻。

（7）误差要求：二次绕组 1S1-1S2 满足准确度 1 级要求，即二次绕组电流为_____A；二次绕组 2S1-2S2 满足准确度 0.5 级要求，即二次绕组电流为_____A。

（8）试验合格后，对电流互感器内部二次接线端子的 M6 接线螺栓进行紧固，扭力值要求为_____N·m。

子任务 2.5.6 【践调试】LMZ3-0.72 型高压电流互感器调试操作

根据表 2-5-10，制作 LMZ3-0.72 型高压电流互感器调试作业工艺卡。

表 2-5-10 LMZ3-0.72 型高压电流互感器调试作业工艺卡

完成人员			完成日期		
工具名称	工具数量	工具规格		工具要求	LMZ3-0.72 型高压电流互感器调试作业工艺卡
安全要求				操作注意事项	
工序名称		作业过程			工种

任务评价

LMZ3-0.72 型高压电流互感器装调评价表

主要内容		考核要求及评分标准	配分	自评	互评	师评
任务准备	任务书编写	高压电流互感器的接收检查作业工艺卡编制	10			
	作业前准备	个人防护用品穿戴齐备，错漏一处扣 2 分 防护措施到位，错漏一处扣 2 分 工具准备到位，错漏一处扣 2 分	5			
操作过程	高压电流互感器部件认知	高压电流互感器部件认知、功能分析正确，错漏一处扣 2 分	10			
	高压电流互感器拆装	作业顺序出现差错扣 5 分 弹簧或卡簧飞出扣 5 分 拆卸时伤及铜件扣 5 分 分解时损伤密封件扣 5 分 工具选择不合理扣 5 分	25			

续表

	主要内容	考核要求及评分标准	配分	自评	互评	师评
操作过程	高压电流互感器工作过程分析	高压电流互感器工作原理分析正确，错漏一处扣 2 分	10			
	高压电流互感器调试	高压电流互感器试验正确，错漏一处扣 2 分	25			
职业素养	作业质量	零部件齐全，每遗漏一个零部件扣 2 分 分解各零部件未分类放至各配件盒扣 2 分 按规定程序进行作业，程序混乱扣 2 分	5			
	基本要求及安全防护	操作过程中及作业完成后，工具、仪表、设备等摆放不整齐扣 1 分 作业完成后未整理工具、清洁现场扣 2 分 没有穿戴个人防护用品，作业防护项目不齐全，每缺一处扣 2 分	10			
	总分		100			

相关知识

LMZ3-0.72 型高压电流互感器（见图 2-5-6）是电力机车电网专用母线式电流互感器，适用于户内交流 50 Hz 或 60 Hz，在额定电压为 25 kV 的电力机车电网中作计量或继电保护使用。高压电流互感器安装在变压器的原边首端，用于测量牵引变压器高压绕组进线端的线路电流。

图 2-5-6　LMZ3-0.72 型高压电流互感器外形

1. LMZ3-0.72 型高压电流互感器的结构

LMZ3-0.72 型高压电流互感器为浇铸式电流互感器。互感器铁芯型式为卷铁芯，铁芯材料采用晶粒取向优质冷轧低损耗硅钢片，经卷制、退火而成。二次绕组采用聚酯漆包铜圆线绕制。该互感器底板上有 4 个 $\phi 10$ 的孔用于安装固定,主变压器的高压电缆穿过其中心。该互感器二次侧有两个绕组,其中一个绕组用于机车保护,另一个绕组用于机车能耗测量。LMZ3-0.72 型高压电流互感器的结构如图 2-5-7 所示。

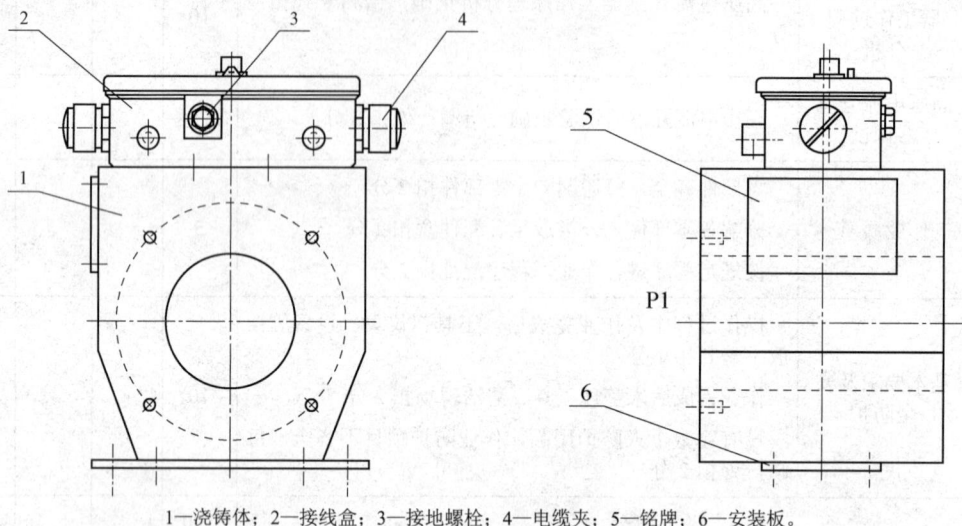

1—浇铸体;2—接线盒;3—接地螺栓;4—电缆夹;5—铭牌;6—安装板。

图 2-5-7　LMZ3-0.72 型高压电流互感器的结构

LMZ3-0.72 型高压电流互感器技术参数如表 2-5-11 所示。

表 2-5-11　LMZ3-0.72 型高压电流互感器技术参数

名　称	参　数
频率	50 Hz
额定电流比	600/1/1
二次组合	1 级/0.5 级
准确级次	0.5 级
二次额定负荷及准确级	20VA 1 级/5VA0.5 级（$\cos\varphi=0.8$）
绝缘等级	E 级
二次对地工频耐压	3 kV
质量	6.5 kg

2. LMZ3-0.72 型高压电流互感器的工作过程

高压电流互感器是利用电磁感应原理,通过一次绕组与二次绕组的安匝平衡把大电流变换为标准测量电流。它起到了变流和电气隔离的作用,避免了直接测量线路的危险。电流互感器是测量仪表、继电保护等二次设备获取电气一次回路电流信息的传感器。电流互感器将高电流按比例转换成低电流,其一次侧接在一次系统,二次侧接测量仪表、继电保护等。

3. LMZ3-0.72 型高压电流互感器的接收检查与调试

LMZ3-0.72 型高压电流互感器接收检查与调试所需工具设备如表 2-5-12 所示。

表 2–5–12　LMZ3–0.72 型高压电流互感器接收检查与调试所需工具设备

名称	工具设备
耗材	酒精、脱脂棉、无毛毛巾、毛刷
零部件	原边高压电流互感器、高压电流互感器接线盒
工具	互感器变比试验台、兆欧表

1）接收检查

① 检查电流互感器有无缺件，如有，需进行记录。

② 清洁电流互感器表面。

③ 清洗互感器壳体、底座及接线端子：用干净毛刷、中性清洗剂、无毛毛巾对电流互感器外表面、接线端子进行清扫，不可用尖锐物体刮刺浇铸体表面，也不得用强酸、强碱等腐蚀剂擦拭。密封件为规程必换件。

2）检查

① 外观检查。电流互感器浇铸体无破损，表面清洁无损伤，否则应更换。

② 用万用表测量互感器二次线圈通断状态。二次绕组线圈短路或断路者应更换。

③ 互感器安装牢固状态检查。电流互感器与安装底板连接无松动。

④ 二次引线紧固件状态检查。二次接线端子及连接器（如有）连接无松动。

⑤ 接线端子标志状态检查。接线端标志清晰、无缺损。

3）试验

① 绝缘性能试验。用 500 V 兆欧表测量二次绕组间及对地绝缘电阻，绝缘电阻值不小于 100 MΩ。

② 互感器误差试验。根据被测的电流互感器的电流比选择适当的电流，将电流互感器试验台上的交流输出试验一次导线穿过被测电流互感器。通电启动电流互感器试验台，缓慢上升一次电流最终至 600 A 后立即将一次电流降至 0，检查试验台此时记录的被测电流互感器的检测数据。一次导线连接必须牢固，二次导线连接必须牢固，试验过程中不允许开路。误差要求：二次绕组 1S1–1S2 满足准确度 1 级要求，即二次绕组电流为 0.99～1.01 A，二次绕组 2S1–2S2 满足准确度 0.5 级要求，即二次绕组电流为 0.995～1.005 A。

③ 完成各点测试后，整理现场，关闭试验台后方可拆卸被测电流互感器。

④ 试验合格后，对电流互感器内部二次接线端子的 M6 接线螺栓进行紧固，扭力值要求为 4.9 N·m。

⑤ 螺栓紧固后，须打防松线。

⑥ 试验合格后，填写试验记录，粘贴标签，放入合格品区，待交下道工序。

任务 2.6 避雷器的装调

任务导入

前面我们已经学习了高压互感器，明确了互感器是将 25 kV/50 Hz 的高压电转换成机车上各电器设备所需要的低压电的装置。那么在雷电等恶劣天气影响下电力机车又是如何安全平稳运行的呢？具体又是如何控制和实现列车的精准避雷的呢？接下来，就让我们带着这些疑问开始学习吧！

课程思政

安全意识——避雷器的安全保护原理

任务目标

知识目标	（1）掌握避雷器的结构
	（2）掌握避雷器的工作过程
	（3）掌握避雷器的检查规范与调试流程
能力目标	（1）能识别避雷器的结构
	（2）能描述避雷器的工作过程
	（3）能完成避雷器的检查与调试操作
素质目标	（1）具备积极主动的学习态度
	（2）具备乐于奉献、协作创新的团队意识
	（3）具备精益求精、严谨认真的职业素养

任务实施

微课视频

子任务 2.6.1 【识结构】Y10W–42/105Th 型避雷器结构认知

（1）根据图 2-6-1，在表 2-6-1 中写出 Y10W–42/105Th 型避雷器部件的名称。

避雷器的认知

表 2-6-1 Y10W–42/105Th 型避雷器部件名称

序号	部件名称	序号	部件名称
1		3	
2		4	

（2）在表 2-6-2 中写出 Y10W-42/105 Th 型避雷器部件的功能。

表 2-6-2　Y10W-42/105 Th 型避雷器部件功能

部件名称	功　能
上盖	
避雷器元件	
法兰	
硅橡胶外套	

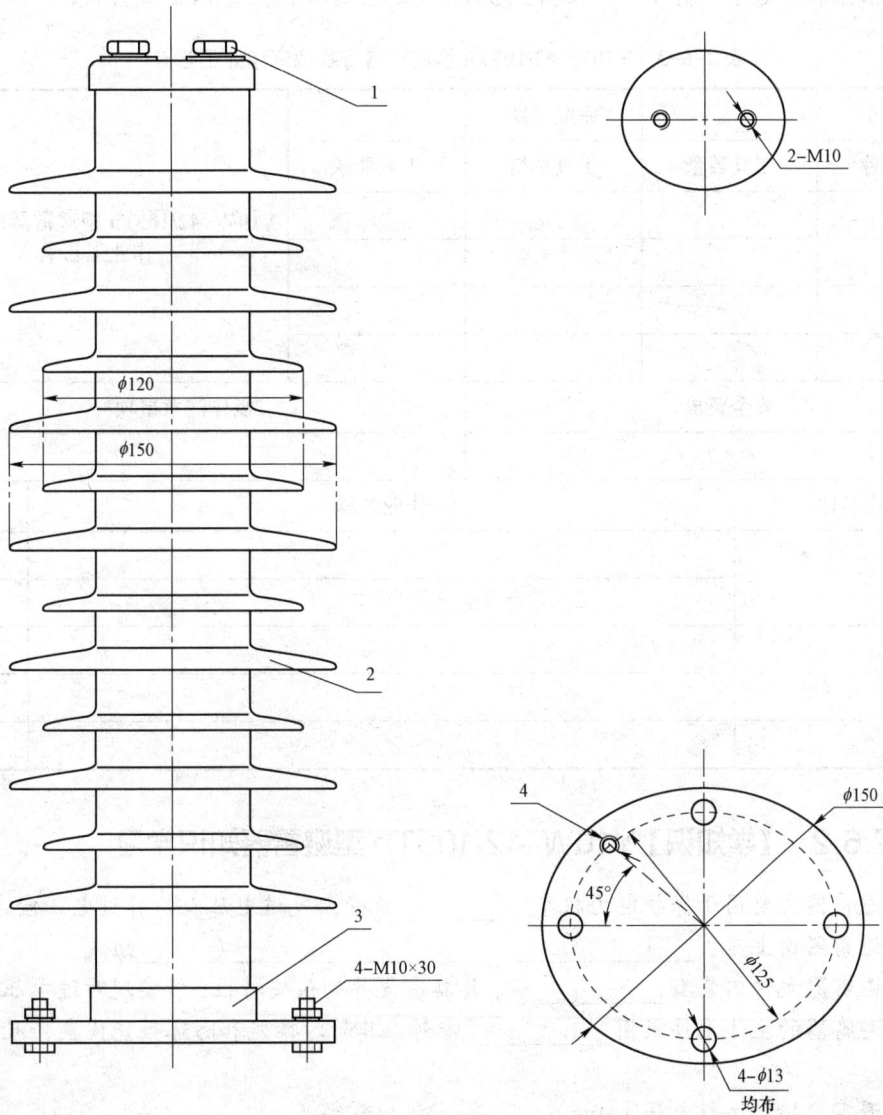

图 2-6-1　Y10W-42/105 Th 型避雷器部件图

（3）写出避雷器的工作原理。

_____

_____

_____

_____

_____

_____

（4）根据表 2-6-3，制作 Y10W-42/105Th 型避雷器接收检查作业工艺卡。

表 2-6-3　Y10W-42/105Th 型避雷器接收检查作业工艺卡

完成人员		完成日期		
工具名称	工具数量	工具规格	工具要求	**Y10W-42/105Th** 型避雷器接收检查作业工艺卡
安全要求			操作注意事项	
工序名称		作业过程		工种

子任务 2.6.2　【学知识】Y10W-42/105Th 型避雷器知识学习

（1）避雷器主要用于保护电力机车_____免受大气过电压及操作过电压侵害。

（2）避雷器由上盖、_____、_____、_____组成。

（3）避雷器元件内装有_____，其具有优异的伏安特性，能实现对过电压的限制。

（4）避雷器的主体元件采用_____密封，其耐污性能和防爆性能优良，且体积小、重量轻。

（5）避雷器持续运行电压（rms）：_____ kV。

（6）当系统出现过电压时，氧化锌电阻片呈现_____，吸收一定的过电压能量，过电压被限制在允许值以下，从而对电器设备提供可靠的保护。

（7）在避雷器额定电压和系统正常工作电压下，氧化锌电阻片呈现为_____，使避雷器仅流过很小的泄漏电流，起到与系统绝缘的作用。

（8）直流参考电压试验：当流过避雷器的电流达到规定的 1 mA 时，读取避雷器两端的电压，此时避雷器两端的电压_____。

子任务2.6.3 【践调试】Y10W–42/105Th 型避雷器调试操作

根据表 2-6-4，制作 Y10W–42/105 Th 型避雷器调试作业工艺卡。

表 2-6-4　Y10W–42/105 Th 型避雷器调试作业工艺卡

完成人员		完成日期		Y10W–42/105 Th 型避雷器调试作业工艺卡
工具名称	工具数量	工具规格	工具要求	
安全要求			操作注意事项	
工序名称		作业过程		工种

任务评价

避雷器装调评价表

主要内容		考核要求及评分标准	配分	自评	互评	师评
任务准备	任务书编写	避雷器的接收检查作业工艺卡编制	10			
	作业前准备	个人防护用品穿戴齐备，错漏一处扣2分 防护措施到位，错漏一处扣2分 工具准备到位，错漏一处扣2分	5			

续表

主要内容		考核要求及评分标准	配分	自评	互评	师评
操作过程	避雷器部件认知	避雷器部件认知、功能分析正确，错漏一处扣 2 分	10			
	避雷器拆装	作业顺序出现差错扣 5 分 弹簧或卡簧飞出扣 5 分 拆卸时伤及铜件扣 5 分 分解时损伤密封件扣 5 分 工具选择不合理扣 5 分	25			
	避雷器工作分析	避雷器工作原理分析正确，错漏一处扣 2 分	10			
	避雷器调试	避雷器送出前测试正确，错漏一处扣 5 分	25			
职业素养	作业质量	零部件齐全，每遗漏一个零部件扣 2 分 分解各零部件未分类放至各配件盒扣 2 分 按规定程序进行作业，程序混乱扣 2 分	5			
	基本要求及安全防护	操作过程中及作业完成后，工具、仪表、设备等摆放不整齐扣 1 分 作业完成后未整理工具、清洁现场扣 2 分 没有穿戴个人防护用品，作业防护项目不齐全，每缺一处扣 2 分	10			
总分			100			

📚 **相关知识**

避雷器是一种限制过电压的保护装置，通常由火花间隙和非线性电阻组成，它与被保护物并联，安装于机车顶部，主要用于机车一次侧高压电器设备的绝缘，使之免受大气过电压和操作过电压侵害。

1. Y10W–42/105 型避雷器

HXD$_{1C}$ 型电力机车采用 Y10W–42/105 型硅橡胶氧化锌避雷器（又称无间隙金属氧化物避雷器，外形见图 2-6-2），主要用于保护电力机车主变压器免受大气过电压及操作过电压侵害。避雷器的主体元件采用硅橡胶外套密封，具有优良的耐污性能和防爆性能，且体积小、质量轻。

1）Y10W–42/105 型避雷器的结构

Y10W–42/105 型避雷器由上盖、避雷器元件、硅橡胶外套及底部安装法兰构成。上盖上方有两个 M10 的螺栓，作为避雷器的高压接线端。底板安装法兰上有均布的 4 个 ϕ13 孔，以便于用 M12 螺栓与车顶安装座连接（紧固力矩为 30 N·m）。

图 2-6-2　Y10W–42/105 型避雷器外形

Y10W–42/105 型避雷器元件内装有非线性电阻片（氧化锌阀片），其具有优良的伏安特性，能实现对过电压的限制。当系统出现过电压时，氧化锌电阻片呈现低电阻状态，吸收一定的过电压能量，过电压被限制在允许值以下，从而对电器设备提供可靠的保护。而在避雷器额定电压和系统正常工作电压下，氧化锌电阻片呈现高电阻状态，使避雷器仅流过很小的泄漏电流，从而起到与系统绝缘的作用。

Y10W–42/105 型避雷器的技术参数如表 2-6-5 所示。

表 2-6-5 Y10W–42/105 型避雷器的技术参数

名　　称	参　　数
外形尺寸	ϕ150 mm×538 mm
质量	13 kg
系统额定电压（rms）	27.5 kV
避雷器额定电压（rms）	42 kV
避雷器持续运行电压（rms）	31.5 kV
额定频率	50 Hz
标称放电电流	5 kA
谐波冲击电流下残压	≥118 kV
雷电冲击电流下残压	≥105 kV
操作冲击电流下残压	≥89 kV
通流容量 2 ms 方波	18 次（400 A）
通流容量 4/10 大电流	2 次（65 kA）
局部放电量（在 1.05 Uc 下）	≥10 pC（Uc=31.5 kV）
爬电比距	≤25 mm/kV

Y10W–42/105 型避雷器分为上盖、避雷器元件、硅橡胶外套及底部安装法兰 4 个部分，如图 2-6-3 所示。

Y10W–42/105 型避雷器的特点如下。

① 氧化锌避雷器是理想的全天候避雷器。

② 防污性能好，使用范围广。

③ 防振性能好。

④ 防爆性能好。

⑤ 非线性系数好，保护性能强，不但能抑制雷电过电压，而且对操作过电压也有良好的抑制作用。

⑥ 无续流，不存在灭弧问题，使地面变电站因机车引起的不明跳闸故障大为减小。

⑦ 体积小、质量轻，通流容量大，抗老化能力强，运行寿命长。

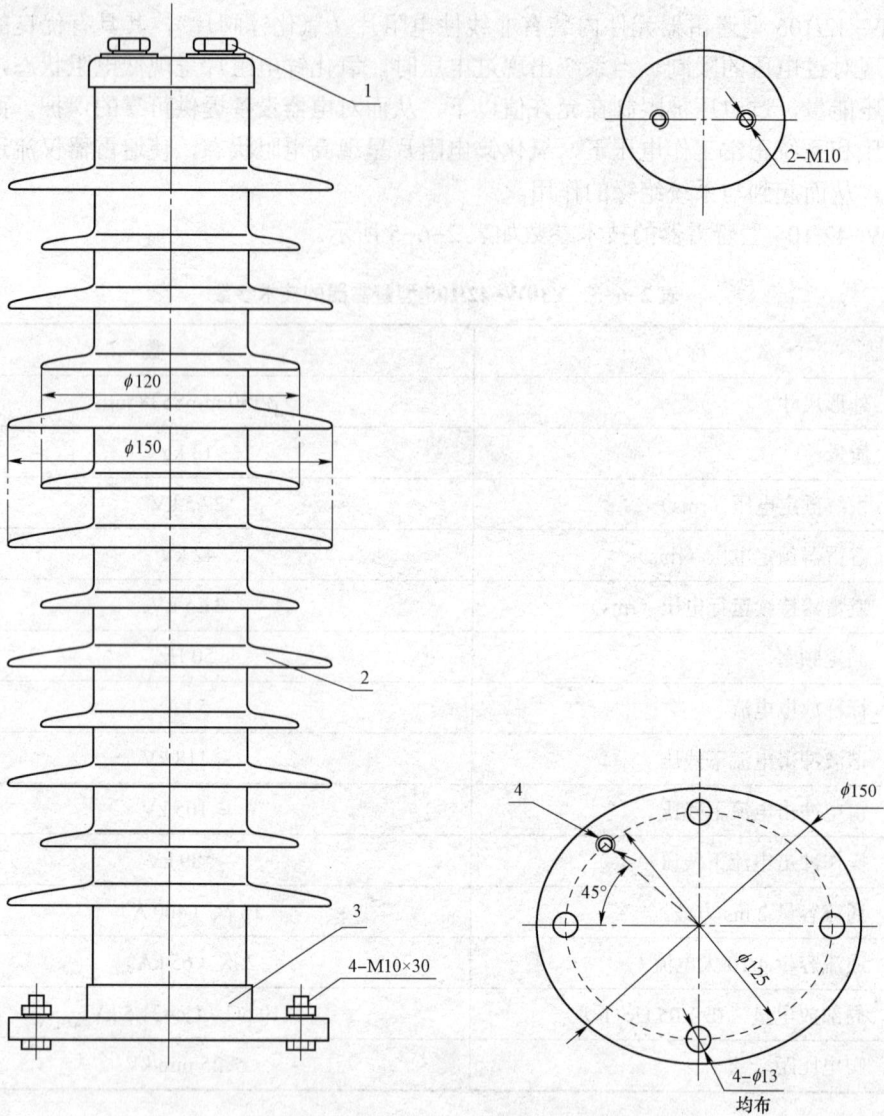

1—上盖；2—避雷器元件；3—硅橡胶外套；4—法兰。

图 2-6-3　Y10W-42/105 型避雷器的结构

2）Y10W-42/105 型避雷器的工作过程

当系统出现超过某一电压动作值的电压时，阀片呈低电阻状态，使流过阀片的电流急剧增加，此时电流的增加抑制了电流的上升，使避雷器的残压被限制在允许值之下，并将冲击电流迅速泄入大地，从而保护了与其并联的电力机车电气设备。当电压恢复到正常工作范围时，电流又非常小，避雷器呈绝缘状态。因此，Y10W-42/105 型避雷器不存在工频续流，也不影响系统的正常工作。

3）避雷器的检查与调试

Y10W-42/105 型避雷器检查与调试所需工具设备如表 2-6-6 所示。

表 2-6-6　Y10W-42/105 型避雷器检查与调试所需工具设备

名　称	工具设备
工具	兆欧表、避雷器专用测试仪

（1）接收检查

① 接收避雷器。

② 检查避雷器状态。

③ 硅橡胶避雷器为规程必换件。

④ 检查避雷器硅橡胶伞裙表面有无缺损。

⑤ 检查金属部件有无裂纹、锈蚀，螺纹是否完好，与绝缘体浇铸是否牢固。

（2）试验

① 试验前准备：试验时避雷器必须垂直放于试验区内。试验品与外物距离不小于 1 m，且必须洁净、干燥。

② 绝缘电阻测试：用 2 500 V 兆欧表测量带电部分对地绝缘电阻，绝缘电阻不小于 1000 MΩ。

③ 直流参考电压试验：当流过避雷器的电流达到规定的 1 mA 时，读取避雷器两端的电压，避雷器两端的电压≥58 kV。

④ 直流泄漏电流试验：在避雷器两端加 0.75 倍直流参考电压，读取流过避雷器的泄漏电流，泄漏电流≤50 μA。

⑤ 交流参考电压试验：对避雷器施加 50 Hz 工频电压，当流过避雷器的阻性电流为 1 mA 时，读取电压的峰值（注：此项试验超过（额定电压）数倍，试验时间必须<10 s）。由于在试验时阻性电流为 1 mA，电压的峰值远大于 40 kV，无法读取量化数据，故避雷器试验应优先试验直流参考电压试验。

⑥ 试验合格后，填写试验记录，粘贴标签。

⑦ 放入合格品区，交下道工序。

2. CR200J 动力集中型动车组避雷器

动力车安装有 3 台避雷器，其中有 2 台安装在动力车车顶（雷电冲击电流残压不大于 105 kV），1 台安装在机械间网侧柜内（雷电冲击电流残压不大于 108 kV），主要用于保护动力车网侧高压电器和牵引变压器免受大气过电压及操作过电压侵害。

动车组避雷器的结构如图 2-6-4 所示，主要包括高压接线端子、硅橡胶外套、安装法兰 3 个部分。

避雷器的主要技术参数如表 2-6-7 所示。

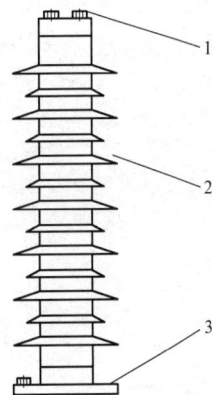

1—高压接线端子；2—硅橡胶外套；3—安装法兰。

图 2-6-4　动车组避雷器的结构

表 2-6-7　避雷器的主要技术参数

名　称	数　据
电网额定电压	25 kV
允许最高持续电压	31.5 kV
额定运行电压	42 kV
电网频率	50 Hz
标称放电电流	10 kA
最高残压	105 kV
方波通流容量（2 000 μs）	500 A
冲击电流（4/10 μs）	100 kA
线性放电等级	1

知识拓展

高压连接器的认知

知识拓展

高压连接器的认知
（微课视频）

知识拓展

高压连接器的工作过程

知识拓展

高压连接器的维检与调试

模块 3　机车低压电器的装调

案例引入

2011 年 7 月 23 日，温州南站沿线铁路牵引供电接触网遭受雷击，导致列控中心设备严重受损，后续时段实际有车占用时，列控中心设备仍按照熔断前无车占用状态进行控制输出，导致列车相撞，中断行车 32 小时 35 分，直接经济损失达 19 371.65 万元。

原因分析

① 通号集团所属通号设计院在 LKD2–T1 型列控中心设备研发中管理混乱，通号集团作为甬温线通信信号集成总承包商履行职责不力，致使为甬温线温州南站提供的 LKD2–T1 型列控中心设备存在严重设计缺陷和重大安全隐患。

② 原铁道部在 LKD2–T1 型列控中心设备招投标、技术审查、上道使用等方面违规操作、把关不严，致使其在温州南站上道使用。保险管 F2 遭雷击熔断后，采集数据不再更新，显示错误控制信号，使行车处于不安全状态。

③ 上海铁路局有关作业人员安全意识不强，在设备故障发生后，未认真正确地履行职责，故障处置不得力。

总结经验

电力机车的低压电器主要是指用于电力机车辅助电路及控制电路的电器，不仅包括一般工业企业的通用电器，也包括专门为电力机车设计的主令电器、蓄电池等，因此电力机车低压电器的操作和维护至关重要。

和谐型大功率交流传动电力机车上采用的低压电器包括转换开关、接触器、继电器、司机控制器、扳键开关、电空阀等。本模块介绍了电力机车低压电器设备的结构、原理、组装、调试等相关内容。

模块任务

任务 3.1 司机控制器的装调	（1）司机控制器的结构认知
	（2）司机控制器的组装操作
	（3）司机控制器的调试操作
任务 3.2 扳键开关的装调	（1）扳键开关的结构认知
	（2）扳键开关的组装操作
	（3）扳键开关的调试操作
任务 3.3 转换开关的装调	（1）万能转换开关的结构认知
	（2）万能转换开关的组装操作
	（3）万能转换开关的调试操作
任务 3.4 接触器的装调	（1）接触器的结构认知
	（2）接触器的组装操作
	（3）接触器的调试操作
任务 3.5 继电器的装调	（1）继电器的结构认知
	（2）继电器的功能分析
	（3）继电器的维检调试

任务 3.1   司机控制器的装调

课程思政

安全意识——司机
超速事故案例警示

任务导入

电力机车低压电器主要包括司机控制器、扳键开关、转换开关、接触器、继电器、电空阀等。

首先，我们一起来学习机车低压电器设备——司机控制器。那么，司机控制器有什么作用？在机车的哪个位置？它由什么结构组成？其工作特点是什么？接下来，就让我们带着这些疑问开始学习吧！

任务目标

知识目标	（1）掌握司机控制器的结构
	（2）掌握司机控制器的工作过程
	（3）掌握司机控制器的组装规范与调试流程

续表

能力目标	（1）能识别司机控制器的结构	
	（2）能描述司机控制器的工作过程	
	（3）能完成司机控制器的组装与调试操作	
素质目标	（1）具备积极主动的学习态度	
	（2）具备乐于奉献、协作创新的团队意识	
	（3）具备精益求精、严谨认真的职业素养	

微课视频

任务实施

子任务 3.1.1　【识结构】M3919B 型司机控制器结构认知

司机控制器的认知

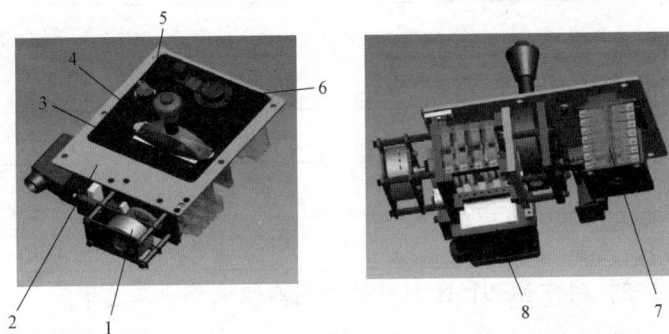

（1）根据图 3-1-1，在表 3-1-1 中写出 M3919B 型司机控制器部件的名称。

图 3-1-1　M3919B 型司机控制器部件

表 3-1-1　M3919B 型司机控制器部件名称

序号	部件名称	序号	部件名称
1		5	
2		6	
3		7	
4		8	

（2）写出机械联锁装置工作原理。

_____

_____

_____

_____

_____

_____

（3）写出牵引制动单元工作原理。

_____

_____

_____

_____

_____

（4）写出方向转换开关工作原理。

_____

_____

_____

_____

_____

_____

（5）根据表3-1-2，制作M3919B型司机控制器组装作业工艺卡。

表3-1-2　M3919B型司机控制器组装作业工艺卡

完成人员		完成日期		M3919B型司机控制器组装作业工艺卡
工具名称	工具数量	工具规格	工具要求	
安全要求			操作注意事项	
工序名称		作业过程		工种

续表

工序名称	作业过程	工种

子任务 3.1.2　【学知识】M3919B 型司机控制器知识学习

（1）从司机控制器面板上看，有两个控制器：＿＿＿＿＿＿＿＿和＿＿＿＿＿＿＿＿。

（2）推拉式的牵引制动单元手柄，用于机车＿＿＿＿＿＿，它分为 3 个区域，分别是＿＿＿＿＿＿＿＿、＿＿＿＿＿＿＿＿和＿＿＿＿＿＿＿＿。

（3）方向转换开关手柄，用于机车＿＿＿＿＿，有＿＿＿＿、＿＿＿＿和＿＿＿＿3 个位置。

（4）M3919B 型司机控制器采用 S847W2A2B 辅助触头盒，其特点是＿＿＿＿＿＿＿、＿＿＿＿＿、＿＿＿＿＿＿＿＿＿＿＿＿。

（5）M3919B 型司机控制器触头的额定电压是＿＿＿＿＿＿＿＿＿＿。

（6）M3919B 型司机控制器触头的约定发热电流是＿＿＿＿＿＿＿＿＿。

（7）M3919B 型司机控制器触头的额定电流是＿＿＿＿＿＿＿＿＿。

（8）M3919B 型司机控制器电位器的电阻值是＿＿＿＿＿＿＿＿＿。

（9）M3919B 型司机控制器电位器的线性度是＿＿＿＿＿＿＿＿＿。

（10）M3919B 型司机控制器电位器的功率是＿＿＿＿＿＿＿＿＿。

（11）M3919B 型司机控制器电位器的使用环境温度是＿＿＿＿＿＿＿＿。

（12）M3919B 型司机控制器电位器的绝缘电压是＿＿＿＿＿＿＿＿。

（13）M3919B 型司机控制器电位器的使用寿命是＿＿＿＿＿＿＿＿。

（14）M3919B 型司机控制器手柄的操作力是＿＿＿＿＿＿＿＿＿。

（15）M3919B 型司机控制器牵引制动单元处于制动最大位时，手柄的角度是_____，电位器的数值是_____。

（16）M3919B 型司机控制器牵引制动单元处于制动小零位时，手柄的角度是_____，电位器的数值是_____。

（17）M3919B 型司机控制器牵引制动单元处于零位时，手柄的角度是_____，电位器的数值是_____。

（18）M3919B 型司机控制器牵引制动单元处于牵引最大位时，手柄的角度是_____，电位器的数值是_____。

（19）M3919B 型司机控制器牵引制动单元处于牵引小零位时，手柄的角度是_____，电位器的数值是_____。

子任务 3.1.3 【践调试】M3919B 型司机控制器性能测试

根据表 3-1-3，制作 M3919B 型司机控制器性能测试作业工艺卡。

表 3-1-3 M3919B 型司机控制器性能测试作业工艺卡

完成人员		完成日期		M3919B 型司机控制器性能测试作业工艺卡
工具名称	工具数量	工具规格	工具要求	
安全要求			操作注意事项	
工序名称	作业过程			工种

任务评价

司机控制器装调评价表

主要内容		考核要求及评分标准	配分	自评	互评	师评
任务准备	任务书编写	司机控制器的组装作业工艺卡编制	10			
	作业前准备	个人防护用品穿戴齐备，错漏一处扣 2 分 防护措施到位，错漏一处扣 2 分 工具准备到位，错漏一处扣 2 分	5			
操作过程	司机控制器部件认知	司机控制器部件认知、功能分析正确，错漏一处扣 2 分	10			
	司机控制器组装	作业顺序出现差错扣 5 分 弹簧或卡簧飞出扣 5 分 组装时伤及铜件扣 5 分 组装时损伤密封件扣 5 分 工具选择不合理扣 5 分	25			
	司机控制器工作原理分析	机械连锁装置 5 分 牵引制动单元 5 分 方向转换开关 5 分	15			
	司机控制器性能测试	机械性能测试 10 分 电气性能测试 10 分	20			
职业素养	作业质量	零部件齐全，每遗漏一个零部件扣 2 分 分解各零部件未分类放至各配件盒扣 2 分 按规定程序进行作业，程序混乱扣 2 分	5			
	基本要求及安全防护	操作过程中及作业完成后，工具、仪表、设备等摆放不整齐扣 1 分 作业完成后未整理工具、清洁现场扣 2 分 没有穿戴个人防护用品，作业防护项目不齐全，每缺一处扣 2 分	10			
总分			100			

相关知识

司机控制器是机车的主令控制电器，用来转换机车的牵引与制动工况，改变机车的运行方向，设定机车运行速度，实现机车的起动和调速等。

1. M3919B 型司机控制器

1）M3919B 型司机控制器的结构

M3919B 型司机控制器作为电力机车的主控装置，主要用于改变机车的牵引力和制动条件，改变机车的行驶方向，确定机车的行驶时速，完成机车的起动与调速等一系列功能。

M3919B 型司机控制器的技术参数如表 3-1-4 所示。

表 3-1-4　M3919B 型司机控制器的技术参数

触头	额定电压（U_e）	DC 110 V
	约定发热电流（I_{th}）	DC 10 A
	额定电流（I_e）	DC 1.0 A
电位器	电阻值	$R=2\times1043\ \Omega$
	线性度	1%
	功率	4 W（20 ℃）
	使用环境温度	$-50\sim+80$ ℃
	绝缘电压	AC 550V，50 Hz
	机械寿命	1×10^9 次
手柄	牵引制动单元手柄操作力	$\leqslant$20 N
	方向转换开关手柄操作力	$\leqslant$20 N
逆变器	输入电压	DC 110 V
防护等级（污染等级 3）	整机	IP00
	触头 S847W2A2B	IP00（接线部分）
		IP60（触电部分）
寿命	机械寿命	大于 10^6 次
	电寿命	大于 10^5 次

M3919B 型司机控制器主要由油浸电位器、面板、有机玻璃标牌、牵引制动单元、钥匙开关、方向转换开关、S847W2A2B 辅助触头盒、电连接器和连接电缆等组成，如图 3-1-2 所示。

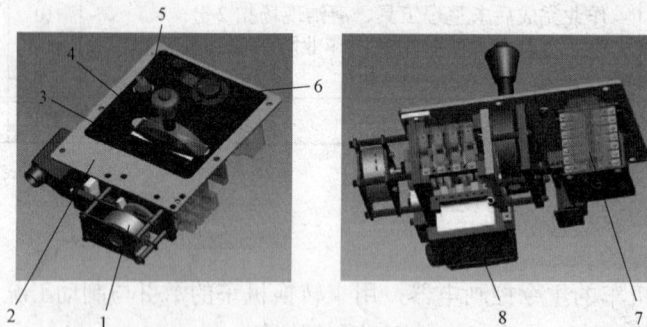

1—油浸电位器；2—面板；3—有机玻璃标牌；4—牵引制动单元；5—钥匙开关；
6—方向转换开关；7—S847W2A2B 辅助触头盒；8—电连接器和连接电缆。
图 3-1-2　M3919B 型司机控制器的结构

从司机控制器面板上看，有两个控制器，一个为推拉式的牵引制动单元手柄，是机车调速用控制推杆，它分为"牵引"区域、"0"位区域、"制动"区域；另一个为方向转换开关手柄，用于机车换向操纵，有"后""0""前"3个位置。

司机控制器中的推杆经机械传动与六方轴连接，方轴转动带动每层凸轮转动。凸轮选用硬度高且耐磨的陶瓷材料，压入方轴上，各层凸轮根据闭合表要求，顶压速动开关的滚轮，使得滚轮绕固定轴转动并压下开关使触头闭合或者断开，完成机车操纵程序。

司机控制器牵引制动单元手柄的挡位调节方式为无级调节，通过改变其内部电位器调节阻值改变触发角度，使输出的电压同步改变，从而实现平滑的调节。而方向转换开关手柄在每个挡位均设有定位，在需要实现牵引功能时应将牵引制动单元手柄往前推，在需要实现制动功能时则需将其往后拉。利用其内部齿轮的旋转带动相应的驱动电位器调节司机控制器提供至电子柜的电流指令，并以此实现控制机车牵引力与电阻制动功能的目的。同时，方向转换开关手柄也必须保持在正确挡位中，以配合牵引制动单元手柄实现相应功能。

M3919B 型司机控制器采用 S847W2A2B 辅助触头盒，其具有以下特点：接点为速动型、封闭式结构；接点具有自净功能，可提高用作计算机信号时的可靠性。S847W2A2B 辅助触头盒如图 3-1-3 所示。

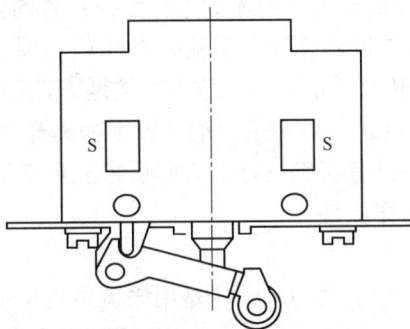

图 3-1-3　S847W2A2B 辅助触头盒

（1）M3919B 型司机控制器正常使用的环境条件

在使用时，设备所处的海拔高度不超过 2 500 m，环境温度通常在-25 ～40 ℃之间。当海拔高度达到 1 400 m 或以下时，空气温度最高为 40 ℃；当海拔高度达到 1 400～2 500 m 时，最高空气温度就从 40 ℃起，海拔高度每升高 100 m，降低 0.5 ℃。

当温度保持 40 ℃不变时，相对湿度为 95%；当温度在-25～30 ℃范围内迅速变化时，相对湿度为 95%。

（2）M3919B 型司机控制器正常使用的条件

司机控制器在使用时还必须配备正常的维护、合理的储存方式。正确的使用方式还要求整机系统与司机控制器之间保持良好的技术配合，整机系统需要提供良好的运行条件，运行条件必须符合有关技术规范规定的要求。

司机控制器对耐火特性有一定要求，整机系统内各电器室（屏、柜、箱）都需要采取相应的防火保护措施。放置位置不得产生能干扰灭弧或正常运行的磁场。司机控制器不应由于接线、安装位置不当给设备的维护保养、拆装带来不便，更不得出现减小电气间隙，减小爬电距离，容易飞弧的不良现象。

使用电器的额定电压和额定电流应符合司机控制器相应的额定参数要求。使用时在电网内形成的过电压不得超出产品规定的耐受电压，如果司机控制器使用工作要求或者安装点环境条件与技术条件要求不相符，则应与制造商协商解决（注意：在装配或拆除司机控制器之前，应当给司机控制器断电）。

2）M3919B 型司机控制器的工作原理

（1）机械联锁装置工作原理

司机控制器牵引制动装置手柄和方向转换开关手柄之间互相设有机械联锁，牵引制动装置手柄在处于"0"位时将进行自联锁。

牵引制动装置手柄采用的安装方式为固定式，方向转换开关手柄采用的安装方式为钥匙式（可取式），且方向转换开关手柄只能在面板上的"0"位时才可以从司机控制器上插入或取出，这就保证了在取下方向转换开关手柄后，牵引制动装置手柄只能保持在"0"的位置，不能再移动到其他的位置。方向转换开关手柄同时也作为机车辅助司机控制器的钥匙手柄，这样整台机车就可以合用一个钥匙手柄控制所有司机控制器，进而保证机车在运行过程中一次只能操作一台司机控制器，而其余控制器则被锁定在"0"位置，从而不会产生电路指令错乱的问题。

为了确保司机控制器内各项工作的完成和机车正常行驶时的运转稳定，只有在牵引制动装置手柄处于"0"位时方向转换开关手柄才能进行变换位置的操作，这一设计避免了带电改变机车运行方向情况的出现。方向转换开关手柄处于"0"位时，牵引制动装置手柄将被锁在"0"挡位。只有移动方向转换开关手柄到中立位以外的地方，牵引制动装置手柄才能脱离"0"位转向"牵引"区或"制动"区。一旦牵引制动装置手柄离开"0"位，方向转换开关手柄就会被锁住，这一设置也使机车只有在确认行驶方向后才能正常带载。

（2）司机控制器各部件工作原理

① 牵引制动单元工作原理。

司机控制器面板左侧设有牵引制动单元，是用来调整机车牵引和制动工况的单元，其设有"牵引""0""制动"3 个大区域。牵引制动单元手柄在垂直时为"0"位，将其向前推进"牵引"区后，推动 55°可以达到"牵引"最高位；向后拉使其进入"制动"区后，拉动 55°才可达到"制动"最大位，调速手柄摆动的总角度是 110°。

② 方向转换开关工作原理。

方向转换开关单元包括了"向前""0""向后"3 种方位，在各个方位中开关位置的旋转角度为 30°，方向转换开关手柄可摆动的最大角度为 60°。司机控制器的方向转换开关手柄与牵引制动单元手柄具有互锁功能。

当方向转换开关被调到"0"位时，通过旋转手柄可将其插入或拔出。当方向转换开关在"0"位时，牵引制动单元手柄被锁在"0"挡位的位置。当方向转换开关在"向前"位或"向后"位时则具有多种情形：牵引制动单元手柄从"0"位进入牵引区域时，必须按下牵引制动单元手柄头部的按键，手柄才可以向前拉动。

如果将牵引制动单元手柄从牵引最大位拉回到制动最大位，则不需要按下牵引制动单元手柄头部的按键。牵引制动单元手柄从"0"位被拉向制动区域时，也不需要按下牵引制动单元手柄头部的按钮。牵引制动单元手柄在"0"位时，可在"向前""0""向后"位范围内随意切换方向转换开关。牵引制动单元手柄在"牵引"或"制动"区域时，方向转换开关手柄被锁在"向前"位或"向后"位。

3）M3919B 型司机控制器的组装与调试

M3919B 型司机控制器组装与调试的流程如图 3-1-4 所示。

接件检查 → 解体 → 部件检修 → 整体组装 → 性能测试 → 交出

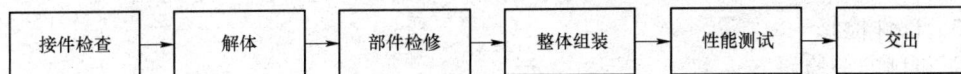

图 3-1-4　M3919B 型司机控制器组装与调试的流程

M3919B 型司机控制器组装与调试所需工具设备如表 3-1-5 所示。

表 3-1-5　M3919B 型司机控制器组装与调试所需工具设备

名　　称	工具设备
装备	台钻、司机控制器试验台
工具	冲头、小铁锤、橡胶锤、木锤、手锤、尖嘴钳、开口扳手、1~5 N·m 扭力扳手、内六角扳手、套筒扳手、1~5 N·m 扭力螺丝刀、十字槽螺丝刀、一字槽螺丝刀、内六角套筒、扭力枪、手用 ϕ8 铰刀、ϕ2 钻头、小排刷、毛刷、电吹风
量具	兆欧表、刀口尺、塞尺、测力计、游标卡尺

（1）接件检查

① 检查司机控制器零部件是否齐全，包括油浸电位器、面板、有机玻璃标牌、牵引制动单元、钥匙开关、方向转换开关等。

② 用毛刷对司机控制器上的灰尘进行擦拭，使用酒精对司机控制器表面进行清洁。

③ 对司机控制器进行预检测，其牵引制动单元手柄位置与电位器的输出值应符合表 3-1-6 的要求。

表 3-1-6　牵引制动单元手柄角度与电位器的输出值

牵引制动单元手柄位置	手柄角度	电位器输出值
制动最大位	+55°	8.8~9 V
制动小零位	+7.5°	<0.15 V
零位	0°	0
牵引小零位	−7.5°	<0.15 V
牵引最大位	−55°	8.8~9 V

（2）解体

① 对司机控制器面板进行拆解，用十字槽螺丝刀先将侧板上沉头螺钉 M5×6（共 4 个）拆除，再将面板上的沉头螺钉 M5×10（共 10 个）拆除，将司机控制器线路进行测绘后拆除。将司机控制器拆为位置转换开关部分、电钥匙部分、牵引制动单元部分、线路部分。

② 拆沉头螺钉 M5×16（共 4 个）、侧板、主轴组装，拆弹性圆柱销 4×20、内六角锥端紧定螺钉 M4×5（共 2 个）、扇形齿轮。拆电位器一侧弹性圆柱销 4×20、内六角锥端紧定螺钉 M4×5（共 2 个）、扇形齿轮，拧松六角薄螺母 M16、定位销，拆侧板、沉头螺钉 M5×16（共 6 个）、鼓轮组装、限位滑块、限位弹簧。

③ 拆警惕限位柱、牵引制动手柄头、警惕按钮、弹性圆柱销 M4×18、警惕止挡、牵引制动手柄杆，拆轴、警惕弹簧、沉头螺钉 M4×30（共 4 个）。

④ 用白色无纺布、755 清洁剂清洁各配件。

（3）部件检修

① 机械部分检修。

● 机械结构各部件无裂损、松旷及异常磨耗，各穿销配合良好，有断裂者应更新；轴承状态不良者应更新；定位机构无松动、变形。

● 弹簧属于规程必换件，须更新。

● 司机控制器属于机车重要电器部件，按照规程要求对司机控制器的二维码进行新增或检修、识别。

② 电气部分检修。

● 电连接器、导线、辅助联锁属于规程必换件，须更新，并对更新的速动开关进行接触电阻值检测，触头的接触电阻值大于规定值（无规定值的按 200 mΩ 执行）者，按照不合格品进行退库处理（更换触头盒时对触头盒上防弧磁块不做强制安装要求，原设计无防弧磁块）。

● 司机控制器的电位器也属于规程必换件，检修时必须更新。

● 对司机控制器进行重新布线，并对新布的线路状态进行检查，各线号齐全、清晰，各接线紧固，插头、插座、接线排须清洁完整，无烧痕、破损、老化，插接良好，插针无缩针现象。

（4）整体组装

① 方向手柄组装。

● 配制环氧树脂胶：将 H-4650 型环氧固化剂与 6101 型环氧树脂按照 1:1 混合，并搅拌均匀。

● 跳销粘胶：将 $\phi 5$ 跳销涂覆环氧树脂胶，再将跳销装入方向手柄杆孔中，胶干固 24 h。

● 装方向转换手柄头：将方向转换手柄与手柄头用沉头螺钉 M6×16 紧固，扭力值为 2.5 N·m。

② 联锁杠杆组装。

将滚轮插入杠杆体槽中，将销轴穿过滚轮、杠杆体，用冲头、手锤铆销轴一端，要求滚轮转动灵活。

③ 方向转换开关组装。

● 方向转换开关轴组装。在主轴上依次装好开口挡圈组和凸轮组，装 0.1 调整垫片、0.2 调整垫片和开口挡圈，调整 0.1 调整垫片、0.2 调整垫片的数量使凸轮安装紧密无松动，无径向和轴向窜动，检查观察孔在一条线上。

● 装上连杆、下连杆、联锁杠杆。装上连杆、联锁杠杆、下连杆，用两个开口扳手紧固，扭力值为 4.0 N·m。

● 装深沟球轴承。在下底板和上盖板上分别装好深沟球轴承，在上盖板上装内六角螺钉 M4×10。

● 装方向单元轴组装、下底板、上盖板。在下底板和上盖板之间装好六方支柱，装 0.5 mm 调整垫片，用沉头螺钉 M5×10（2 件）紧固；低压联锁安装柱（2 件），用十字槽沉头螺钉 M5×6（4 件）紧固；装上连杆、下连杆、联锁杠杆组装件，用沉头螺钉 M5×10（2 件）紧固，要求轴灵活转动，且无轴向窜动，可用 0.1 mm 调整垫片进行调节；用刀口尺、塞尺检查低压联锁安装柱的平面度，其值应小于 0.2 mm。

● 装手柄罩。在上盖板上组装垫块和手柄罩，用沉头螺钉 M4×20（4 件）紧固。插入方向手柄操作，检查"向前""向后"是否到位。

● 装辅助触头。在低压联锁安装柱上组装 S847W2A2B 辅助触头（6 件），用十字槽盘头螺钉 M3×10、弹垫、垫圈（各 12 件）紧固，安装时注意方向手柄在"0"位，并且将触头盒的滚轮朝向"向前"位。

④ 牵引制动鼓轮组装。

● 鼓轮粘胶。在铜套外圈涂 0.1～0.2 mm 厚环氧树脂胶，再装入牵引制动手柄杆套内，可用木锤轻轻敲入。要求铜套装到位，铜套轴肩与手柄杆套端面紧贴；在牵引制动手柄杆套与牵引制动鼓轮接触部分涂环氧树脂胶，圆弧槽中涂满，将牵引制动手柄杆套装入牵引制动鼓轮中，插到位。粘贴过程中应避免手柄杆套滑出，溢出的胶应用白布蘸酒精擦掉；将以上粘胶配件在室温下放置 24 h，使其充分干燥、干固。待干燥后用适当的力拔取手柄杆套，手柄杆套应不可拔出。试装牵引制动手柄杆，应能穿过轴，且转动灵活。牵引手柄内孔可用 ϕ8 铰刀进行绞孔清理。

● 装轴、警惕弹簧。将轴开口向上与警惕弹簧一起装入牵引制动鼓轮中，用沉头螺钉 M4×30 紧固。

● 装牵引制动手柄杆。将牵引制动手柄杆涂 SCH100 美孚润滑油脂，以便牵引制动手柄杆在铜套中能灵活转动。牵引制动手柄杆从鼓轮底部装入，牵引手柄小头朝上，并拧入警惕限位柱。警惕限位柱与鼓轮端面平行。

● 装弹性圆柱销 M4×20。将弹性圆柱销 M4×20 开口向轴敲入手柄杆内，敲入深度以稍低于鼓轮内面深度为准。按下警惕按钮，应能灵活移动。

● 装警惕按钮、牵引制动手柄头。将牵引制动手柄杆最上端拧入警惕按钮，且拧到位，拧入牵引制动手柄头，按压警惕按钮，应无阻碍，动作行程不小于 5.5 mm，按压力为 10～20 N。

● 装内六角圆柱头螺钉 M5×12。装内六角圆柱头螺钉 M5×12（1 个）、28 垫圈（1 个）。

● 装联锁定位板。装联锁定位板、十字槽沉头螺钉 M4×10（2 个）。

⑤ 牵引制动主轴组装。

将牵引制动主轴的齿轮朝下，依次装好垫圈组、凸轮组和 65 Mn 开口挡圈；调整 0.1 调整垫片的数量使凸轮安装紧密无松动、无径向和轴向窜动，检查观察孔在一条直线上。

⑥ 侧板 2 组装。

● 装支板。装支板，用六角螺栓 M5×20（2 个）、垫圈（2 个）、弹垫（2 个）紧固。

● 装联锁支柱。装联锁支柱（3 个），用十字槽沉头螺钉 M5×14（3 个）紧固；试装面板，拧紧联锁支柱与侧板 2 的十字槽沉头螺钉 M5×14；装辅助触头时，用刀口尺、塞尺检查联锁支柱 2 的平面度，其值应小于 0.2 mm。

⑦ 侧板 3 组装。

● 装定位座。装定位座，用不锈钢螺栓 M4×20（2 个）、弹垫 4（2 个）紧固；在定位座上装六角螺栓 M4×12（1 个）。

● 装六角销轴。拧入六角销轴，扭力值为 4.0 N·m。

● 装插座安装块。装插座安装块，用螺栓 M5×25（2 个）紧固。

⑧ 装油浸电位器。

将 PW70 油浸电位器装到侧板 4 上，用内六角圆柱头螺钉 M4×10、平垫圈和弹垫紧固。

⑨ 电阻安装板组装。

● 铆铭牌。将铭牌放在侧板 4 上，在台钻上钻 ϕ2 孔，用手锤将铆钉 2×6 轻轻敲入；要求铭牌铆接平整。

● 装电位器。用电位器自带螺母 M6，将电位器装在侧板 4 上，要求电位器安装牢固、无松动。

⑩ 牵引制动单元组装。

● 装鼓轮及两侧板。在侧板 2 组装、侧板 1 之间装牵引制动鼓轮组装、支板，用六角螺栓 M5×20（6 个）、弹垫（6 个）、垫圈（6 个）紧固，要求鼓轮转动灵活，侧板 1 圆弧槽中涂美孚润滑油脂。

● 装联锁杆套。装联锁杆套，用六角螺栓 M4×12（2 个）、平垫圈 4（2 个）、弹垫 4（2 个）紧固。

● 装夹板、小鼓轮。在侧板 1 上装支柱 2（2 个），装 4×4×12 圆头普通平键（A 型）、小鼓轮、夹板，装弹簧 3（2 个）、垫圈 5、六角螺母 M5（4 个）。小鼓轮与轴、平键为紧配合，应用橡胶锤敲入。夹板、小鼓轮处用少量润滑脂润滑。封漆注意：只封双螺母、支柱 2 螺杆，垫圈 5 不封漆。

● 装扇形齿轮 1、牵引制动主轴组装、侧板 3。装扇形齿轮 1、牵引制动主轴组装、侧板 3，用十字槽沉头螺钉 M5×14 紧固；扇形齿轮 1 用 M4 盘头螺钉（2 个）预紧。

● 装定位凸轮、定位杠杆。将定位凸轮装到主轴四方轴上（紧配合），将滚轮装到定位杠杆中，将定位杠杆装到六方销轴上，装定位弹簧，此时滚轮应能落入定位凸轮凹槽中。

● 装辅助触头。装 S847W2A2B 辅助触头，用十字槽盘头螺钉 M3×10（16 个）、弹垫 3（16 个）、垫圈 3（16 个）紧固。当牵引手柄在大零位时，检查凸轮与辅助触头的相应位置应符合图纸要求。

● 鼓轮定位、打销。将鼓轮置于大零位，将联锁杆通过联锁杆套 $\phi 8$ 孔插入鼓轮孔中，转动鼓轮回到大零位，检查联锁杆是否还能插入鼓轮中，重复操作几次，应都能插入鼓轮中。转动鼓轮使扇形齿轮 $\phi 4$ 定位销孔竖直，在台钻上配钻 $\phi 4$，将弹性圆柱销 M4×20 敲入。取出预紧扇形齿轮 1 用的 M4 盘头螺钉（2 个），装内六角锥端紧定螺钉 M4×5（2 个）。

● 装十字滑块、联轴器、电位器安装板组装。装 30 立方支柱（4 个），装十字滑块（十字滑块与定位凸轮槽为滑动配合），装联轴器（联轴器与十字滑块为滑动配合）；将电位器安装板组装的电位器轴对准联轴器孔，装 30 立方支柱（4 个）紧固，扭力为 5 N·m。

● 装电阻安装板组装。装电阻安装板组装，用六角螺栓 M5×12（4 个）、弹垫 5（4 个）、垫圈 5（4 个）紧固。

● 调节手柄操作力。调节夹板、小鼓轮旁边的螺母 M5，压缩弹簧 3 来调节操作力。弹簧 3 的压缩量应不大于 5 mm，用测力计在警惕按钮下部测量，牵引制动手柄在牵引和制动平滑区域操作力应为 7~13 N。

⑪ 电钥匙、面板组装。

● 装定位块、钥匙开关、U 形块。将钥匙开关方形固定块（3~6 mm）朝上，放到定位块上，用十字槽螺丝刀将直齿螺钉按逆时针方向拧到头，插入钥匙开关锁芯，然后顺时针方向将直齿螺钉拧到头，拧紧钥匙开关方形固定块上的自带螺钉，使电钥匙与定位块连接紧固。将钥匙开关直齿螺钉封漆（注意：组装过程中，锁芯上的圆圈与钥匙槽应对准）。装 U 形块，用内六角圆柱头螺钉 M5×14（2 个）、弹垫 5（2 个）、平垫 5（2 个）紧固。

● 装定位块。电钥匙的钥匙取下，将定位块装在面板下，用十字槽沉头螺钉 M5×14（2

个）紧固，插入钥匙应转动灵活。装钥匙开关支架、钥匙开关双触点块。

● 装挡板。将阻燃热缩套管套在挡板上，用电吹风加热紧固。将挡板装到定位块上，用内六角圆柱头螺钉 M4×10（2 个）、弹垫 4（2 个）紧固。

● 装接地螺钉。装十字槽沉头螺钉 M5×16（2 个）、平垫圈（2 个）、弹垫（2 个）、六角螺母 M5（2 个）、铜垫（2 个）以及接地线，贴接地标识。

● 装联锁支柱。装联锁支柱，用十字槽沉头螺钉 M5×14（2 个）紧固。

（5）性能测试

性能测试的要求是：机械联锁锁闭正确，作用可靠，操作灵活，无旷动、过位、卡滞，联锁关系符合设计技术要求。

① 机械性能测试。

● 当方向转换开关在"0"位时，转换手柄才能插入或取出。

● 当方向转换开关在"0"位时，牵引制动手柄被锁在"0"位。

● 当方向转换开关在"向前"位或"向后"位时，牵引制动手柄从"0"位向前推动进入牵引区域时需按下该手柄头部红色按钮。牵引制动手柄从"0"位向后拉动进入制动区域时无须按下该手柄头部红色按钮。

● 当牵引制动手柄在"0"位时，方向转换开关可在"向前""0""向后"之间转换。

● 当牵引制动手柄在"牵引"或"制动"区域时，方向转换开关被锁在"向前"位或"向后"位。

② 电气性能测试。

● 调节电位器电压。在试验台上接相应 M3919B 试验插头，点选电位器电压测量测试台，牵引制动手柄位置与电位器的输出值应符合表 3-1-6 的要求。

● 检查辅助触头的输出逻辑。按照计算机提示操作方向手柄和牵引制动手柄，逐一检测各对点位逻辑，无报红为合格。

● 用 500 V 兆欧表测量各导电部分对地地阻及导电部分间绝缘电阻，其值应不小于 10 MΩ。

（6）交出

填写记录，粘贴标签，漆封，放入合格品区，待交。合格品不得与待检品等混放。

2. TKS14B 型主司机控制器

TKS14B 型主司机控制器的结构如图 3-1-5 所示。

1）主要技术参数

TKS14B 型主司机控制器的主要技术参数如表 3-1-7 所示。

表 3-1-7　TKS14B 型主司机控制器的主要技术参数

额定电压	DC 110 V
额定电流	5 A
触头开距	两断点之和≥4 mm
触头超程	0.5～1 mm
触头终压力	2×1.0 N
手柄操作力	≥50 N

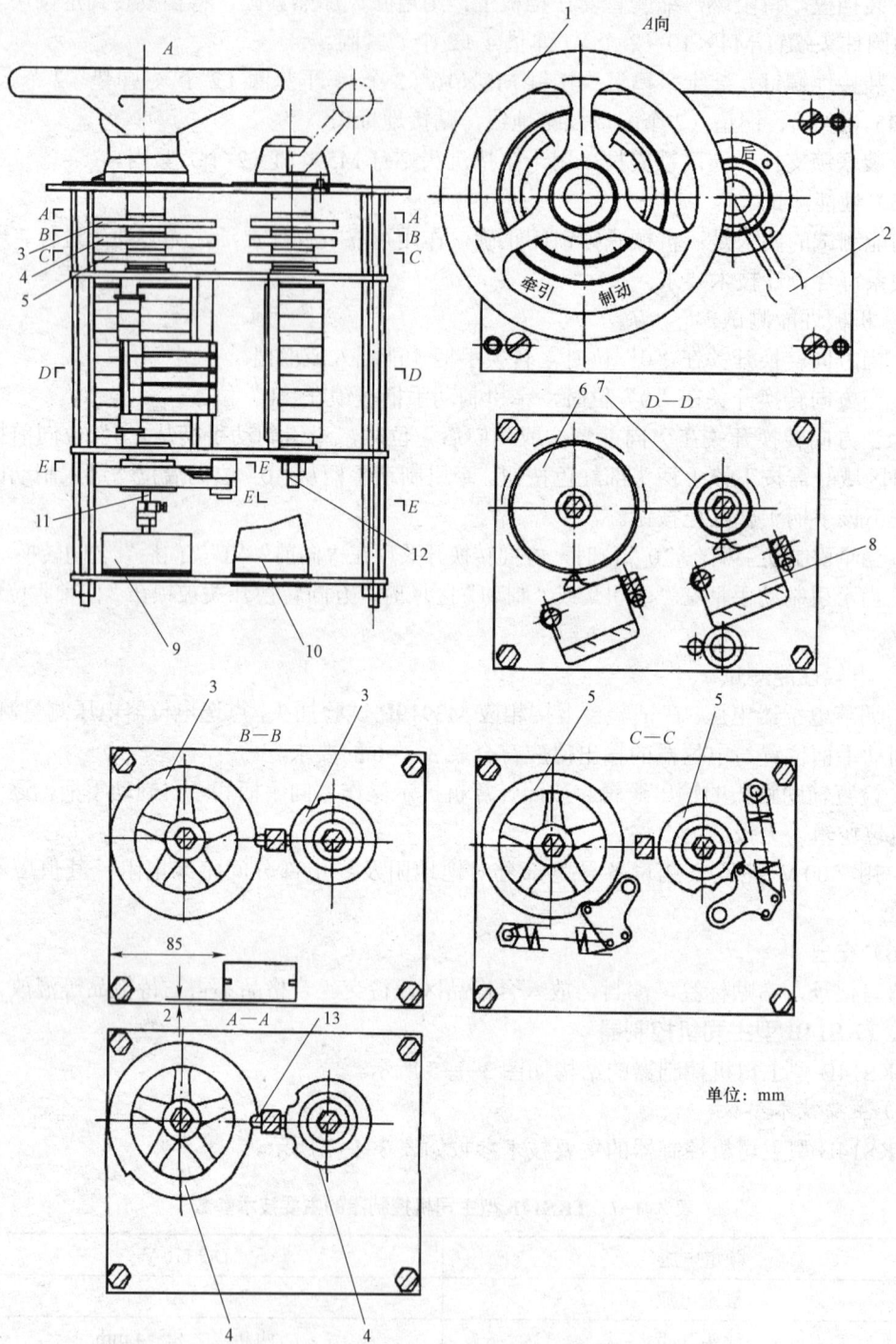

单位：mm

1—手轮；2—手柄；3、4—凸轮；5—定位凸轮；6—凸轮架；7—凸轮块；8—辅助触头盒；9—电位器；
10—插座；11—主轴；12—转换轴；13—锁柱。

图 3-1-5　TKS14B 型主司机控制器的结构

2）结构及主要部件作用

主司机控制器和调车控制器从结构来看都属于凸轮控制器，与鼓形控制器不同，它的凸轮是由凸轮架和凸轮块拼装而成的，因而每个凸轮的凸凹形状可根据控制需要而改变。

TKS14B 型主司机控制器由上层、中上层、中下层和下层 4 部分构成，各层之间由钢板隔开，并由六方支柱支撑；左右两侧装有主轴和转换轴（也称换向轴），主轴用于调节机车的速度，换向轴用于控制机车的运行状态及方向。

该控制器的上层为主司机控制器的面板，如图 3-1-5 的 A 向图，其上有手轮、手柄；中上层主要为机械联锁装置，包括作为联锁用的凸轮组（B—B 剖面、A—A 剖面），定位用的凸轮组（C—C 剖面）及锁柱；中下层包括作为控制、用于实现电逻辑要求的凸轮架和安装在其上的凸轮块，以及辅助触头盒（见图 3-1-5 的 D—D 剖面）；下层主要有电位器及接线插座。

电位器固定在主轴上，是塑料导电膜电位器。辅助触头盒由两根挡棍固定，其接触组件为双断点桥式常闭型结构，具有自润滑功能。

根据触头闭合表的需要，手轮可在"牵引"区域或"制动"区域内操纵主轴转动，与此同时，带动电位器随主轴一起转动，电位器"1""2"端输出电压的大小随之改变，该电压被作为机车电路的指令来决定电机的转速，最终达到调节机车速度的目的。当主轴转动时，自"0"位开始可顺时针方向或逆时针方向各转动 150°。顺时针方向 0°～15° 区域为"0"位区，在此区域内，司机控制器无输出（即电位器 1、2 端电压约为 0 V），15°～150° 区域为"牵引"区域；同理，逆时针方向 0°～15° 区域为"0"位区，司机控制器无输出，15°～150° 区域为"制动"区域（见图 3-1-6、图 3-1-7）。

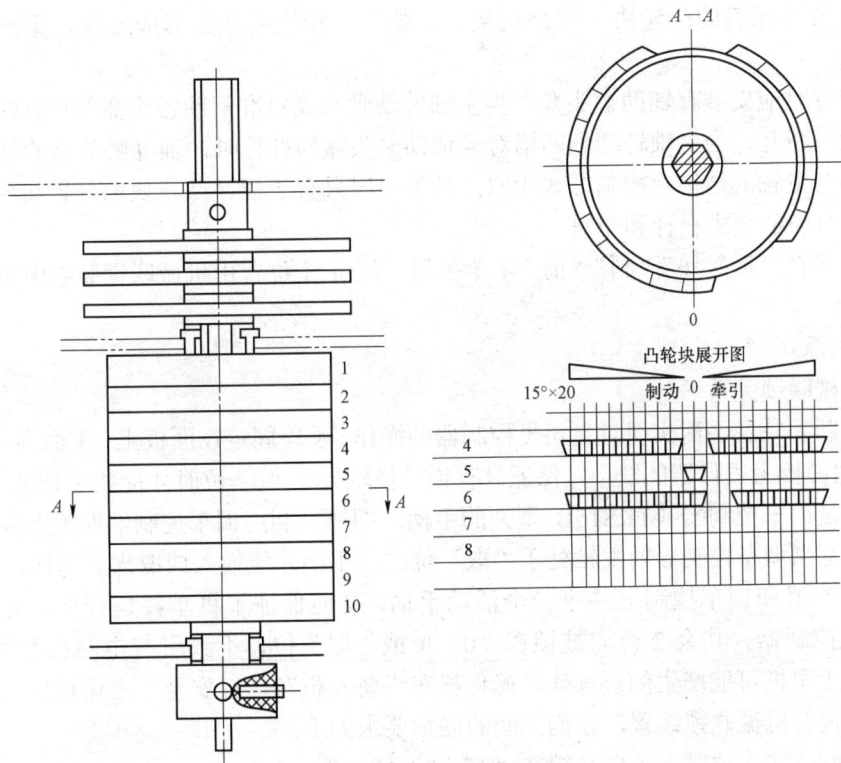

图 3-1-6　主轴组装

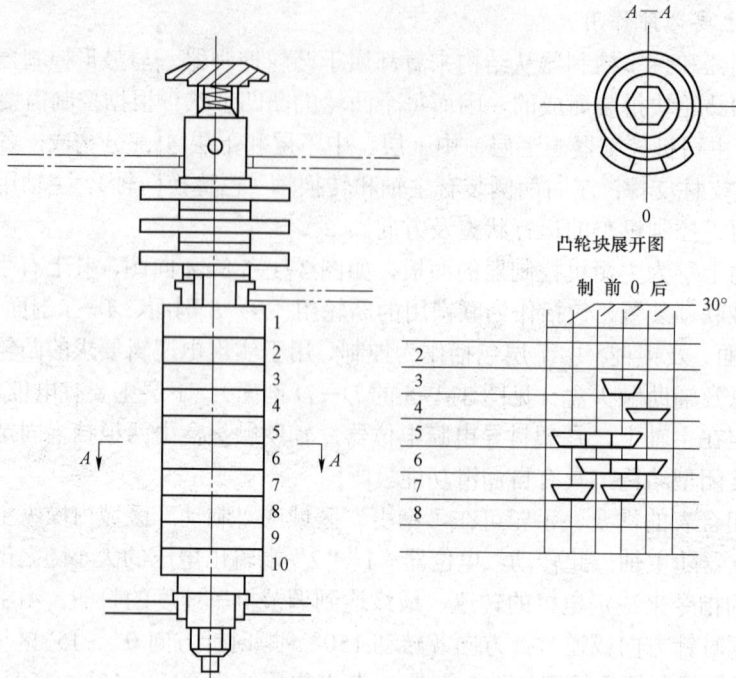

图 3-1-7　转换轴组装

主轴上装有 10 层凸轮架,其中 7 层为备用层,另外 3 层根据主轴触头闭合表的要求,在凸轮架上安装相应的凸轮块。在凸轮架上,装有凸轮块的地方形成凸缘,无凸轮块的地方形成凹槽。

主轴下方对应安装有辅助触头盒,当主轴转动到凸缘对准辅助触头盒的杠杆时,该辅助触头盒的触点断开,当主轴转动到凹槽对准辅助触头盒的杠杆时,辅助触头盒的触点闭合。

转换轴与主轴的结构及控制方式相似,其备用层只有 5 层,凸轮块的位置和形状根据转换轴触头闭合表的要求设计和布置。

转换轴共有"后""0""制""前"4 个位置,这 4 个位置由机械联锁装置中定位凸轮来定位。

3)控制原理

(1)机械联锁关系

司机借助手轮及手柄实现对主司机控制器的操作。手轮固定在面板上,手柄为可取式(钥匙式),利用面板上限位器的缺口,保证只有当转换轴处于"0"位时才能将手柄插入或取出。手柄同时又是调车控制器(TKS15B 型)的手柄。同样,利用调车控制器面板上限位器的缺口,保证只有当调车控制器的主轴处于"取"位时,手柄才能插入或取出。这样,整台机车的主司机控制器和调车控制器共享一个活动手柄,从而保证了机车在运行中,司机只能操作 1 台司机控制器,其余 3 台均被锁在"0"位或"取"位,不致引起电路指令发生混乱。

为了防止司机可能产生的误操作,确保机车设备及机车运行安全,主司机控制器的手轮与手柄之间设有机械联锁装置,它们之间的联锁要求如下:

① 手柄在"0"位时,手轮被锁在"0"位不能动作;

② 手柄在"前"或"后"位时，手轮可在"牵引"区域转动；

③ 手柄在"制"位时，手轮可在"制动"区域转动；

④ 手轮在"0"位时，手柄可在"0""前""后""制"各位间任意转动；

⑤ 手轮在"牵引"区域时，手柄被锁在"前"位或"后"位；

⑥ 手轮在"制动"区域时，手柄被锁在"制"位。

上述机械联锁要求是由机械联锁装置来实现的。机械联锁装置主要由凸轮及锁柱构成。

（2）触头闭合表要求的实现

电逻辑（即闭合表）的要求是由主轴、转换轴、辅助触头盒及电连接来实现的，主轴、转换轴和辅助触头盒的结构分别如图 3-1-6、图 3-1-7 和图 3-1-8 所示。

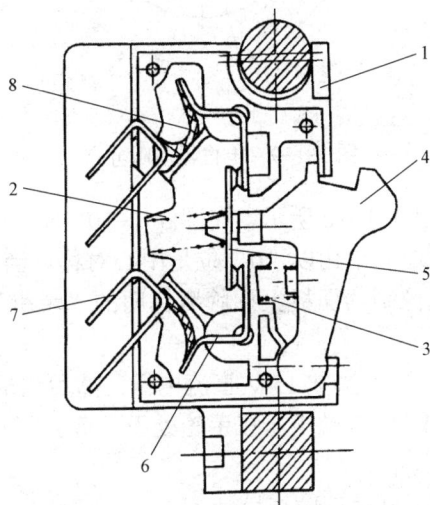

1—触头盒体和盖；2—触头弹簧；3—恢复弹簧；4—杠杆；5—动触头；
6—静触头；7—接线片；8—软连接。

图 3-1-8　辅助触头盒结构

在图 3-1-5 的 D-D 视图中，凸轮架上装有凸轮块，当转动手轮时，主轴、凸轮架随之转动，当凸轮块的位置转动到辅助触头盒的杠杆位置时，杠杆受到凸轮块的挤压而将与其连动的动触头顶开，此时与该辅助触头盒相连的控制线失电；当主轴转动到辅助触头盒杠杆处的凸轮架上无凸轮块时，由于辅助触头盒恢复弹簧的作用，辅助触头盒的触点闭合，这样与该辅助触头盒相连的控制线得电。利用此原理，可根据电路原理图上主司机控制器各控制线得、失电情况，在主轴、转换轴的凸轮架上布置相应的凸轮块（见图 3-1-6 中主轴凸轮块展开图、图 3-1-7 中转换轴凸轮块展开图）以满足要求。

对于不同型号的机车，可能有不同的闭合表要求，但使用这种主司机控制器，不需要重新设计新的凸轮来满足不同闭合表的要求，只需要将凸轮块的位置按照各种闭合表的要求重新拼装即可。所以，这种结构是司机控制器系列化、通用化较理想的结构。

（3）电位器的调节

手轮调速主要是通过调节电位器输出电阻的大小来实现的。

该型主司机控制器采用塑料导电膜，其电阻分配如图 3-1-9 所示。图中，135°区域为有效电气角度，30°区域的出线端子为"3"端，60°区域的出线端子为"1"端，135°区域为"2"端。在 135°区域内有 1 个固定电阻与 1 个均匀分布的同样大小的可调电阻。

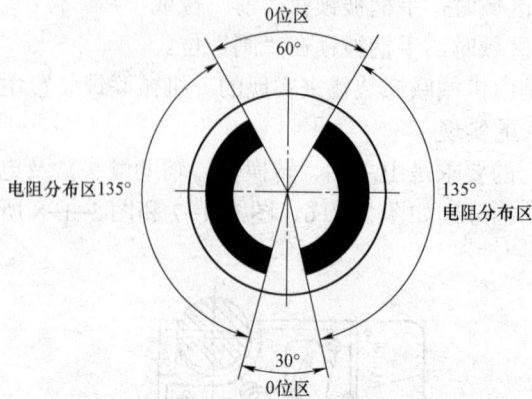

图 3-1-9 电位器电阻分布

电位器的电气原理图如图 3-1-10 所示。在图 3-1-10 中，电阻代表的是"牵引"区域或"制动"区域的单边电阻，两边的结构以"0"位呈中心对称。当电位器安装到主轴上时，应保证其 30°"0"位区与司机控制器面板上标牌所标明的"牵引""制动"之间的"0"位区一致。调节步骤如下：

① 电位器"3"端接地，"1"端加 15 V 直流电压，然后测量"1""2"端电压。

② 调整电位器轴，使"1""2"端电压在手轮处于"牵引""0"位和"制动""18"位时，均不超过 0.1 V。

③ 拧紧紧固螺钉，并涂上红油漆防止松动。

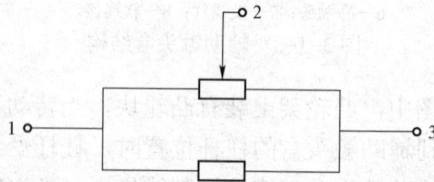

图 3-1-10 电位器的电气原理图

3. SS₉ 型电力机车司机控制器

司机控制器是司机用来操纵机车运行的主令控制电器，司机通过它来控制电路中的低压电器，从而控制主电路中的电气设备。SS₉ 型电力机车上每端司机室都安装有 1 台主司机控制器（位于操纵台台面主司机的右侧）、1 台辅助司机控制器（位于靠近主司机的侧墙上的辅助司机控制器组装盒上）、1 台电空制动控制器（位于操纵台台面主司机的左侧）。

SS₉ 型电力机车在 0001～0042 号机车上采用的司机控制器是通过旋转手轮方式实现调速的主司机控制器（见图 3-1-11）。从 0043 号机车开始，采用的是推拉式手柄方式实现调速的主司机控制器，其结构型式与 0001～0042 号机车不同，采用推拉式手柄方式的主司机控制器在其结构型式和安装方式上都是按照标准化司机室的要求执行的，具体如下。

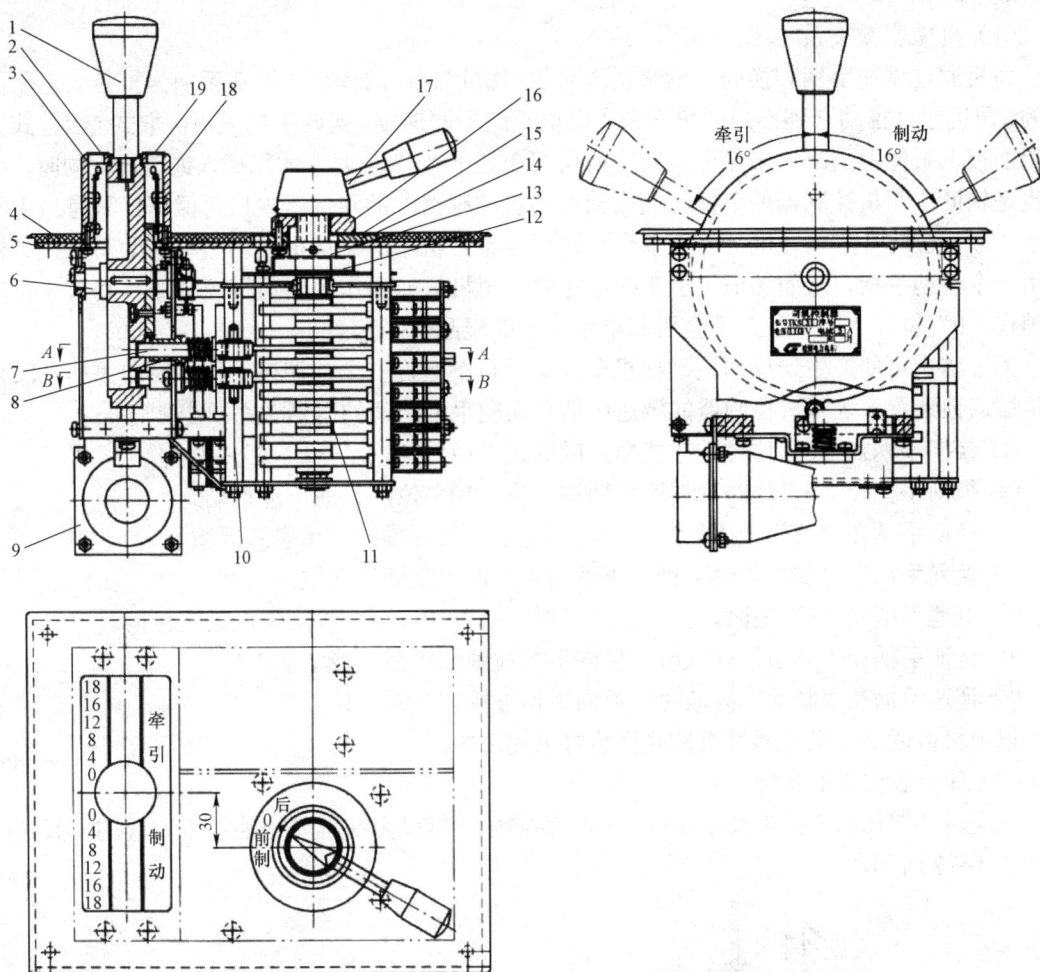

1—调速手柄；2—左标牌；3—左上罩；4—上面板组成；5—面板；6—轴；7—连锁杆；8—连锁座；9—插座板；
10—定位杠杆组装；11—换向轴组装；12—遮光罩；13—轴套；14—限位器座；
15—换向标牌；16—限位器；17—换向手柄；18—右上罩；19—右标牌。

图 3-1-11　主司机控制器的结构

1）结构特点

主司机控制器由上、中、下 3 层组成（见图 3-1-11），上层（面板上）由推拉式调速手柄、换向手柄、限位器、左上罩、右上罩、左标牌、右标牌、换向标牌组成。中层由上面板和面板组成。下层主要为机械传动联锁装置、调速部分和换向部分的辅助触头组、调速电位器和接线插座等。

该控制器左侧为调速手柄，通过传动齿轮连接调速主轴，再通过连轴器连接调速电位器。调速手柄有牵引、0 位、制动 3 个区域，用于调节机车的速度。右侧为换向手柄，连接换向轴，用于控制机车的运行状态及方向，共有后、0、前、制 4 个位置，这 4 个位置由机械联锁装置定位。

2）控制原理

（1）机械联锁关系

司机通过调速手柄和换向手柄来实现对主司机控制器的操作。调速手柄为推拉式，是固定的，司机通过推动它到不同的角度来实现机车的不同速度。换向手柄采用可取式（钥匙式），利用面板上限位器的缺口来保证换向手柄只有在处于"0"位时，才能插入或取出。同时，手柄也是辅助主司机控制器的手柄，利用辅助司机控制器上的限位器缺口可保证：只有当主轴处于"取"位时，手柄才能插入或取出。这样，整台机车的主司机控制器和辅助司机控制器共用一个活动手柄，从而保证了机车在运行中，司机只能操作 1 台司机控制器，其余 3 台均被锁在"0"位或"取"位，不会引起电路指令的混乱。

为了防止可能产生误操作，确保机车设备及机车运行安全，调速手柄和换向手柄之间设有机械联锁装置，主司机控制器的调速手柄和换向手柄之间的联锁关系要求如下：

① 换向手柄在"0"位时，才能插入或取出手柄。

② 换向手柄在"0"位时，调速手柄被锁住（"0"位区）而不能推动。

③ 换向手柄在"前"或"后"位时，调速手柄只可推向"牵引"区域。

④ 换向手柄在"制"位时，调速手柄只可推向"制动"区域。

⑤ 调速手柄在"0"位时，换向手柄可在"后""0""前""制"位之间转换。

⑥ 调速手柄在"牵引"区域时，换向手柄被锁在"前"或"后"位。

⑦ 调速手柄在"制动"区域时，换向手柄被锁在"制"位。

以上机械联锁要求是通过机械联锁装置来实现的。

（2）闭合表要求的实现

电逻辑（即闭合表）的要求是由主轴、换向轴、辅助触头盒及电连接来实现的，其结构如图 3-1-12 所示。

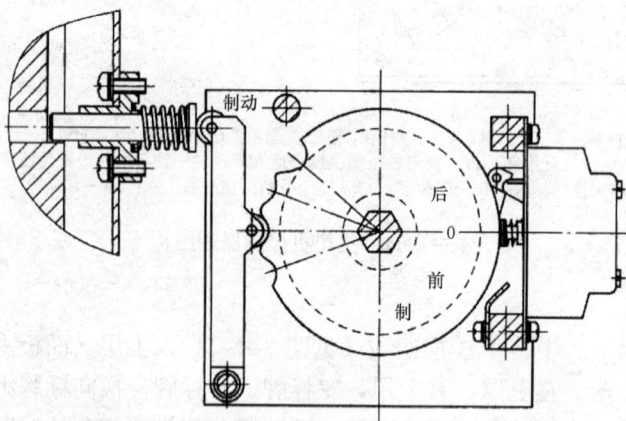

图 3-1-12　辅助触头盒实现闭合的结构示意图

当推动调速手柄时，通过齿轮传动带动调速轴转动，轴上的凸轮随之转动，当凸轮的凸起位置转动到辅助触头盒的杠杆位置时，杠杆受到凸轮块的挤压而将与其连接的动触头顶开，此时使该触头盒的常开或常闭状态发生变化，从而使与该辅助触头盒相连接的控制线路得失电的状态发生变化；反之，当凸轮块转到无凸起的地方时，由于触头盒自身恢复弹簧的作用，辅助触头盒的触点复原，从而使与该辅助触头盒相连接的控制线路得失电的状态恢复原样。

基于此原理，可根据电路原理图上司机控制器各控制线路得失电情况，在调速轴和换向轴上布置相应的凸轮块，这种结构非常灵活、方便。对应不同的机车，可能有不同的闭合表要求，但使用这种系列司机控制器，只需改变凸轮块方位或凸轮即可满足要求，因此这种结构是司机控制器系列化、简统化的理想结构。

为了保证夜间行车时司机也能看清标牌，主司机控制器带有夜光照明功能，在夜间行车时，当打开扳键开关中的仪表灯开关，调速手柄和换向手柄的指示标牌会发出柔和的绿光，以便司机看清手柄级位和换向手柄的位置等。夜间照明采用 DC24 V 电源作为工作电源。

主司机控制器是通过一个 20 芯接插件实现与机车控制电路布线的连接的。图 3-1-13 为主司机控制器的电气接口图，其中括号内为 II 端司机室的线号。

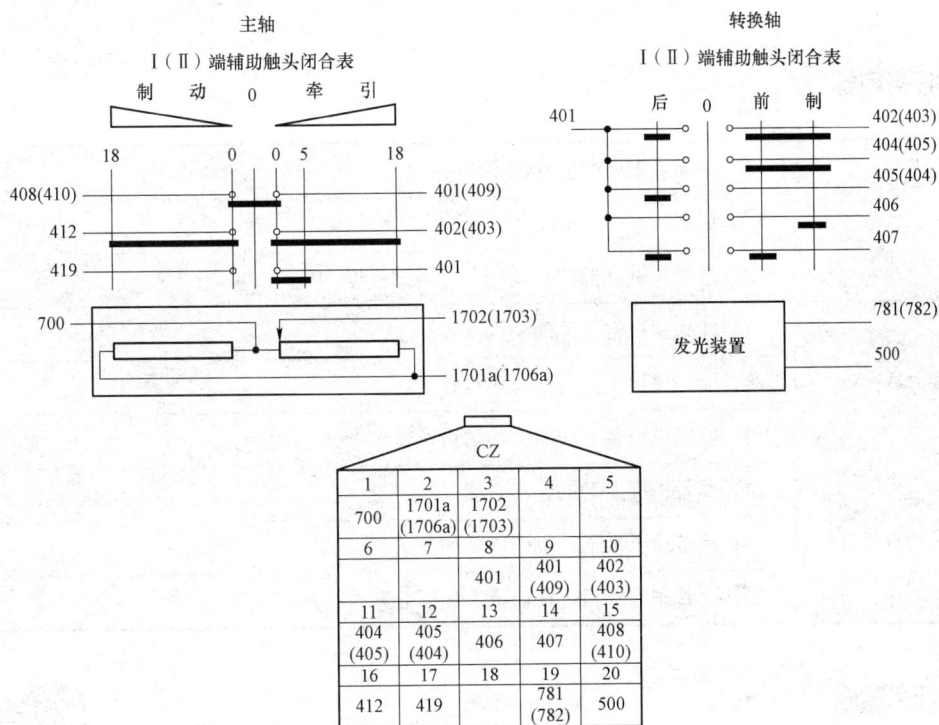

图 3-1-13　主司机控制器的电气接口图

（3）电位器的调节

调速手柄的调速主要是通过调节电位器的电阻大小来实现的。其工作原理与前述主司机控制器相同，见图 3-1-9，其中的电阻代表的是"牵引"区域或"制动"区域的单边电阻，两边的结构以"0"位呈中心对称。电位器安装在调速轴上时，应保证其 30°"0"位区与主司机控制器面板上的标牌所标明的"牵引""制动"之间的"0"位区域一致。调节步骤如下：

① 电位器 3 端接地，1 端加 15 V 直流电压，然后测量 2、3 端之间的电压 U_{23}。

② 调速手柄在"牵引"0 位和"制动"0 位时，U_{23} 的电压不大于 0.2 V。

③ 调速手柄在"牵引"和"制动"最大位时，U_{23} 的电压不小于 14.6 V。

④ 拧紧紧定螺钉，并涂上红油漆防止松动。

131

任务 3.2 扳键开关的装调

课程思政

安全意识——制动
系统事故案例警示

任务导入

电力机车低压电器主要包括司机控制器、扳键开关、转换开关、接触器、继电器、电空阀等。

本节我们一起来学习机车低压电器设备——扳键开关。那么，扳键开关有什么作用？在机车的哪个位置？它由什么结构组成？其工作特点是什么？接下来，就让我们带着这些疑问开始学习吧！

任务目标

知识目标	（1）掌握扳键开关的结构
	（2）掌握扳键开关的工作过程
	（3）掌握扳键开关的组装规范与调试流程
能力目标	（1）能识别扳键开关的结构
	（2）能描述扳键开关的工作过程
	（3）能完成扳键开关的组装与调试操作
素质目标	（1）具备积极主动的学习态度
	（2）具备乐于奉献、协作创新的团队意识
	（3）具备精益求精、严谨认真的职业素养

任务实施

微课视频

扳键开关的认知

子任务 3.2.1 【识结构】HXD_{1C} 型电力机车扳键开关结构认知

（1）根据图 3-2-1，在表 3-2-1 中写出 HXD_{1C} 型电力机车扳键开关部件的名称。

表 3-2-1 HXD_{1C} 型电力机车扳键开关部件名称

序号	部件名称	序号	部件名称
1		5	
2		6	
3		7	
4			

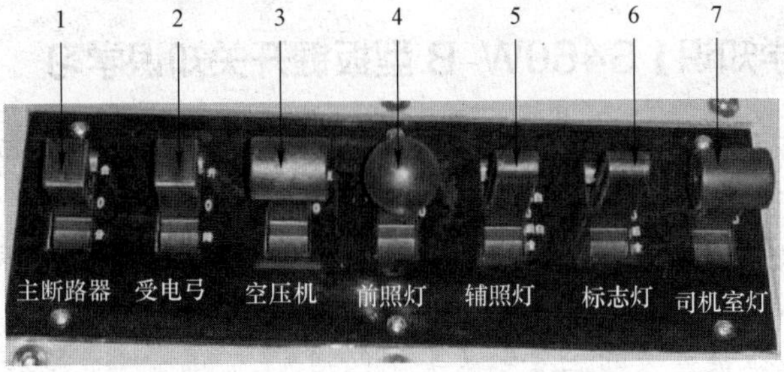

图 3-2-1　HXD$_{1C}$ 型电力机车扳键开关部件

（2）根据表 3-2-2，制作 S460W-B 型扳键开关组装作业工艺卡。

表 3-2-2　S460W-B 型扳键开关组装作业工艺卡

完成人员		完成日期		S460W-B 型扳键开关组装作业工艺卡
工具名称	工具数量	工具规格	工具要求	
安全要求			操作注意事项	

工序名称	作业过程	工种

子任务 3.2.2 【学知识】S460W-B 型扳键开关知识学习

（1）当钥匙转换开关处于_____时，扳键开关均被锁定，不能进行操作。

（2）当钥匙转换开关处于_____时，扳键开关能够正常操作。

（3）操作完毕后必须将扳键开关打至_____，才能将钥匙转换开关"司机钥匙"锁闭。

（4）S460W-B 型扳键开关的主要触头类型包括_____和_____。

（5）触头 S847W2A2B 的额定电压是_____。

（6）触头 S847W2A2B 的约定发热电流是_____。

（7）触头 S847W2A2B 的额定电流是_____。

（8）触头 S800A/SB 的额定电压是_____。

（9）触头 S800A/SB 的约定发热电流是_____。

（10）触头 S800A/SB 的额定电流是_____。

（11）速动开关 S847W2A2B（接线部分）的防护等级是_____。

（12）速动开关 S847W2A2B（触点部分）的防护等级是_____。

（13）速动开关 S800A/SB（接线部分）的防护等级是_____。

（14）速动开关 S800A/SB（触点部分）的防护等级是_____。

（15）扳键开关的机械寿命是_____。

（16）扳键开关的电寿命是_____。

子任务 3.2.3 【践调试】S460W-B 型扳键开关性能测试操作

根据表 3-2-3，制作 S460W-B 型扳键开关性能测试作业工艺卡。

表 3-2-3　S460W-B 型扳键开关性能测试作业工艺卡

完成人员		完成日期		
工具名称	工具数量	工具规格	工具要求	S460W-B 型扳键开关性能测试作业工艺卡
安全要求			操作注意事项	
工序名称		作业过程		工种

续表

工序名称	作业过程	工种

任务评价

扳键开关装调评价表

主要内容		考核要求及评分标准	配分	自评	互评	师评
任务准备	任务书编写	扳键开关的组装作业工艺卡编制	10			
	作业前准备	个人防护用品穿戴齐备，错漏一处扣2分 防护措施到位，错漏一处扣2分 工具准备到位，错漏一处扣2分	5			
操作过程	扳键开关部件认知	扳键开关部件认知、功能分析正确，错漏一处扣2分	15			
	扳键开关组装	作业顺序出现差错扣5分 弹簧或卡簧飞出扣5分 组装时伤及铜件扣5分 组装时损伤密封件扣5分 工具选择不合理扣5分	25			
	扳键开关性能测试	绝缘性能测试15分 触头性能测试15分	30			

135

主要内容		考核要求及评分标准	配分	自评	互评	师评
职业素养	作业质量	零部件齐全，每遗漏一个零部件扣 2 分 分解各零部件，未分类放至各配件盒扣 2 分 按规定程序进行作业，程序混乱扣 2 分	5			
	基本要求及安全防护	操作过程中及作业完成后，工具、仪表、设备等摆放不整齐扣 1 分 作业完成后未整理工具、清洁现场扣 2 分 没有穿戴个人防护用品，作业防护项目不齐全，每缺一处扣 2 分	10			
总分			100			

相关知识

1. HXD$_{1C}$型电力机车扳键开关

扳键开关是司机操纵、控制机车的重要部件。按照机车的控制需要，由若干个扳键开关组成扳键开关组，安装在司机操纵台面上。

1）扳键开关的结构

扳键开关作为电力机车的重要控制装置，是司机驾驶时重要并频繁操作的部件。机车司机室扳键开关主要用于受电弓升降、主断路器分合、空气压缩机启停以及司机室灯、走廊灯、仪表灯、记点灯等照明设备的控制。

扳键开关具有结构简单、性能稳定可靠、故障率低、体积小等优点，且微动开关采用全密封结构，防护等级高，具有防风沙、免维护的特点。扳键开关手柄采用耐油、耐高温、阻燃的尼龙材料压制而成，具有小巧精致等特点，可有效解决铁路内燃机车、电力机车、城轨地铁及各种工矿机车上的扳键开关组存在的接触不良及易犯卡等问题。

HXD$_3$型电力机车操纵台上安装的 S460W-B 型扳键开关的技术参数如表 3-2-4 所示。

表 3-2-4 S460W-B 型扳键开关的技术参数

触头 S847W2A2b	额定电压（U_e）	DC 110 V
	约定发热电流（I_{th}）	DC 10 A
	额定电流（I_e）	DC 1.0 A
触头 S800A/SB	额定电压（U_e）	DC 110 V
	约定发热电流（I_{th}）	DC 20 A
	额定电流（I_e）	DC 10 A
防护等级（污染等级 3）	速动开关 S847W2A2b（接线部分）	IP00
	速动开关 S847W2A2b（触点部分）	IP60
	速动开关 S800A/SB（接线部分）	IP00
	速动开关 S800A/SB（触点部分）	IP40
寿命	机械寿命	>10^6 次
	电寿命	>10^5 次

HXD$_{1C}$型主司机侧扳键开关主要由主断路器控制开关、受电弓控制开关、空气压缩机控制开关、前照灯控制开关、辅照灯控制开关、标志灯控制开关和司机室灯控制开关等组成，如图 3-2-2 所示。

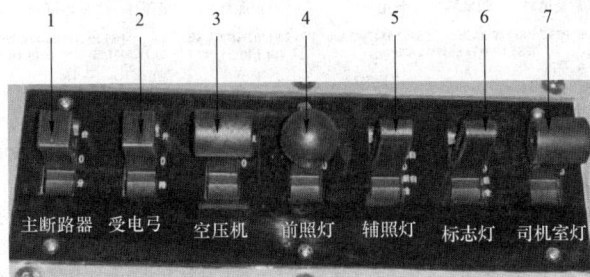

1—主断路器控制开关；2—受电弓控制开关；3—空气压缩机控制开关；
4—前照灯控制开关；5—辅照灯控制开关；6—标志灯控制开关；7—司机室灯控制开关。

图 3-2-2 HXD$_{1C}$型主司机侧扳键开关

HXD$_3$型电力机车的 S460W-B 型扳键开关组的外形和结构如图 3-2-3 所示。

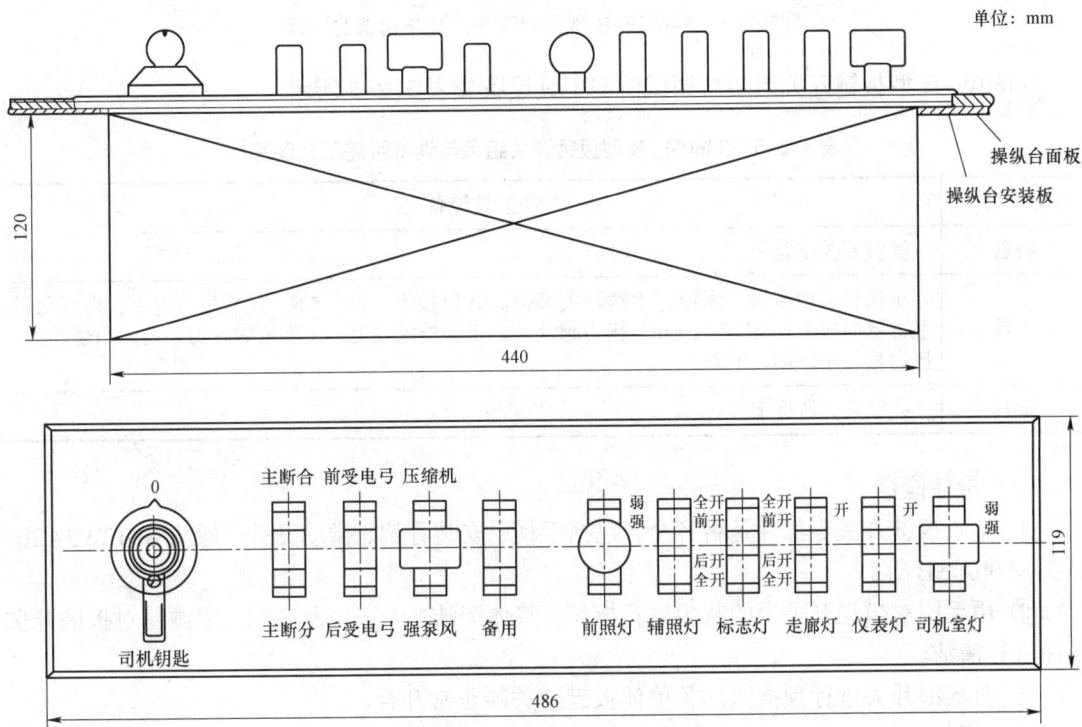

图 3-2-3 S460W-B 型扳键开关组的外形和结构

2）扳键开关的工作原理

HXD$_3$型电力机车的 S460W-B 型扳键开关组的闭合表如图 3-2-4 所示。

为了防止误操作，S460W-B 型扳键开关组设有机械连锁装置，具体连锁如下。

① 当钥匙转换开关处于"0"位时，扳键开关均被锁定，不能进行操作。

② 当钥匙转换开关处于"合"位时，扳键开关能正常操作。

扳位	0台	主断合	前受电弓	压缩机								
上扳55° 上扳176° 0 下扳176° 下扳55°												
代号	司机钥匙	主断分	后受电弓	强泵风	备用	前照灯	辅照灯	标志灯	走廊灯	仪表灯	司机室灯
扳扭类型	SMY4 B1/B1 PT3 T/9	S647W8A2b	PS3 7/9 PST3 7/9(T) S647W2A2b	S847W2A2b	PS303 5847W2A2b	PS6 20/13(O)S800A/SB PS3 19/20(1)S5001/SB	PS5 19/20(1)S647W2A2b	PS3 0/3(1)SB47W2A2b PS3 0/3(1)S8001/SB			PS6 14/13(1)S847W2A2b(向上锁定)
额定电流	1A	1A	1A	1A	1A	800W	200WX3	1A	10A	1A	1A
标牌	49SA/50SA	43SB/44SB	41SB/42SB	45SB/46SB		55SB/56SB	53SB/54SB	51SB/52SB	49SB/50SB	57SB/58SB	47SB/48SB

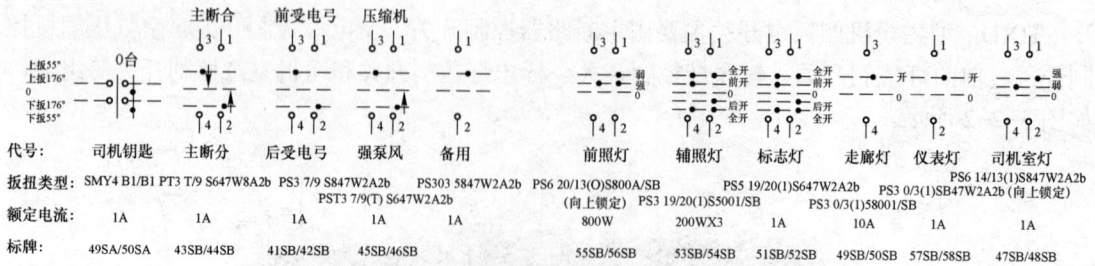

图 3-2-4　HXD₃ 型电力机车 S460W-B 型扳键开关组的闭合表

③ 操作完毕后必须将扳键开关打到中立位，这样才能将钥匙转换开关"司机钥匙"锁闭。

3）S460W-B 型扳键开关的组装与调试

S460W-B 型扳键开关组装与调试的流程如图 3-2-5 所示。

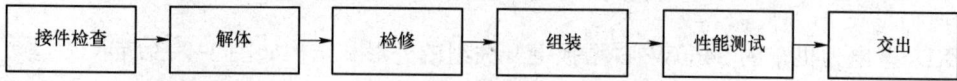

接件检查 → 解体 → 检修 → 组装 → 性能测试 → 交出

图 3-2-5　S460W-B 型扳键开关组装与调试的流程

S460W-B 型扳键开关组装与调试所需工具设备如表 3-2-5 所示。

表 3-2-5　S460W-B 型扳键开关组装与调试所需工具设备

名　称	工具设备
装备	扳键开关试验台
工具	小铁锤、橡胶锤、木锤、手锤、尖嘴钳、开口扳手、（1～5 N·m）扭力扳手、内六角扳手、套筒扳手、（1～5 N·m）扭力螺丝刀、十字槽螺丝刀、一字槽螺丝刀、内六角螺丝刀、扭力枪、小排刷、毛刷
量具	兆欧表、游标卡尺

（1）接件检查

① 检查扳键开关零部件是否齐全，包括手柄、安装骨架、微动开关、触头 S847W2A2b、触头 S800A/SB 等。

② 用毛刷对扳键开关上的灰尘进行擦拭，整体清洁，无灰尘及杂物；用酒精对扳键开关表面进行清洁。

③ 对扳键开关进行预检测，各单体扳键开关能正常开合。

（2）解体

① 将扳键开关组中的"前照灯"（球形手柄）、"司机室"（T 形手柄）和"空压机"（T 形手柄）扳键开关的形状编码手柄拆下。

② 将扳键开关组面板拆下（注意：要先将安装面板背面安装柱上的 M5 螺母拆下）。

③ 用白色无纺布、755 清洁剂清洁各配件。

（3）检修

扳键开关应保持干净，绝缘性能良好，安装牢固，零部件完整。

① 检查各紧固件是否齐全，紧固状态是否良好。

② 扳键开关的按键头等运动器件是否动作灵活、无卡滞现象。

（4）组装

组装工艺与解体工艺的工序相反。

① 组装时要均匀地拧紧顶紧螺钉。

② 若组装时扳键开关组面板由于某种原因不平，可以用垫圈及螺母将扳键开关组面板背面的安装柱拉紧。

③ 扳键开关凸轮是按照闭合表要求组装的，仅需定期清扫，不需要随意拆卸。

（5）性能测试

组装后，把扳键开关放到扳键开关试验台上进行性能测试。

① 扳键开关按键的绝缘测试。

● 相互绝缘的带电部分之间及对地的绝缘电阻阻值不小于 10 MΩ（用 500 V 兆欧表测量）。

● 检查后应进行绝缘电强度试验。扳键开关按键的带电部分对地及相互间加 1 100 V（有效值）工频试验电压 1 min，应无击穿、闪络现象。

② 扳键开关触头的测试。

● 触头动作时，触头的超距要大于或等于 0.5 mm。

● 触头未动作时，触头的蘑菇头与扳键顶帽的间隙要大于或等于 0.3 mm。

（6）交出

填写记录，粘贴标签，漆封，放入合格品区，待交；不得与待检品等混放。

2. SS₄G型电力机车扳键开关

随着电力机车制造业的发展，机车采用标准化司机室的制作，采用了符合标准化司机室要求的扳键开关组，进而取代按键开关（也称琴键开关）。

在机车每端司机室的操纵台上安装有两组扳键开关组，分别是扳键开关组 1（位于主司机的前方）和扳键开关组 2（位于主司机的右前方）。

1）扳键开关组 1

扳键开关组 1 由 12 个单体扳键开关组成，包括的开关有启动类和照明类两大类（参见图 3-2-6），其中启动类由 7 种开关组成，分别是：主断开关、受电弓开关、劈相机开关、压缩机开关、通风机开关、制动风机开关和备用压缩机开关；照明类由 5 种开关组成，分别是：前照灯开关、辅照灯开关、标志灯开关、仪表灯开关和司机室灯开关。另外，还有一个司机钥匙开关，该开关是司机选择操纵端的依据，同时为启动类控制线路提供电源的总开关，司机钥匙与启动类开关还具有机械联锁的功能，能将开关组中的启动类开关的操作手柄锁住，这样在没有操纵权时，这些开关就不能任意地进行开关动作，能有效地防止因误操作带来的安全隐患。

各开关的位数根据需要设置，有两位置（如仪表灯开关、劈相机开关、通风机开关、制动风机开关和备用压缩机开关）、三位置（前照灯开关、司机室灯开关、主断开关、受电弓开关和压缩机开关）和五位置（辅照灯开关、标志灯开关）3 种。开关的形式有自复式（主断和压缩机的强泵位开关）和自锁式（其余各开关）两种。

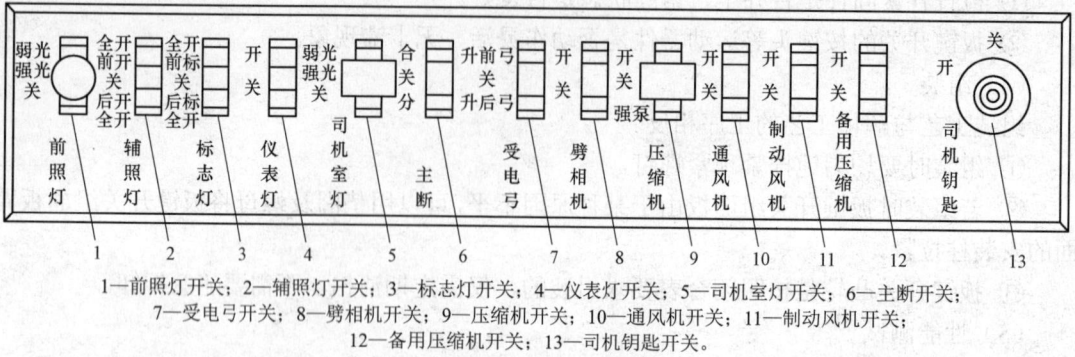

1—前照灯开关；2—辅照灯开关；3—标志灯开关；4—仪表灯开关；5—司机室灯开关；6—主断开关；
7—受电弓开关；8—劈相机开关；9—压缩机开关；10—通风机开关；11—制动风机开关；
12—备用压缩机开关；13—司机钥匙开关。

图 3-2-6　扳键开关组 1

2）扳键开关组 2

扳键开关组 2 由 3 个照明类单体扳键开关组成（见图 3-2-7），分别是：各室灯开关、走廊灯开关和备用开关。这 3 种开关均为两位置的，且均为自锁式的。

3）单体扳键开关

组成扳键开关组的各单体扳键开关的结构见图 3-2-8，其位数设置有 3 种，分别是两位置、三位置和五位置。其中两位置的在扳键开关组 1 中有仪表灯开关、劈相机开关、通风机开关、制动风机开关和备用压缩机开关，在扳键开关组 2 中有备用开关、各室灯开关和走廊灯开关；三位置的在扳键开关组 1 中有前照灯开关、司机室灯开关、主断开关、受电弓开关和压缩机开关；五位置的在扳键开关组 1 中有辅照灯开关、标志灯开关。

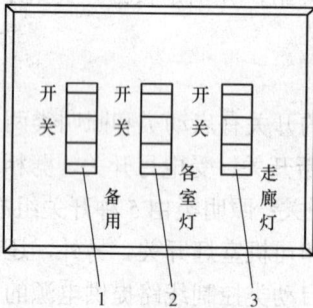

1—备用开关；2—各室灯开关；3—走廊灯开关。
图 3-2-7　扳键开关组 2

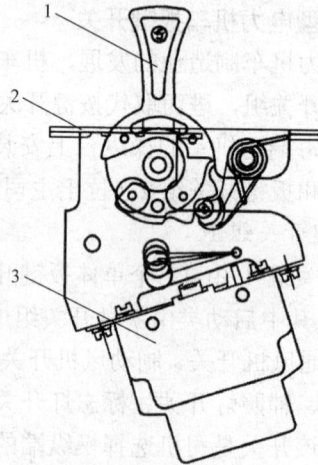

1—手柄；2—安装骨架；3—微动开关。
图 3-2-8　单体扳键开关结构

各单体扳键开关的形式分为自复式和自锁式两种，其中自复式的有主断开关和压缩机的强泵位开关；扳键开关组 1 中其余单体开关及扳键开关组 2 中的均为自锁式的。

单体扳键开关分别由手柄、安装骨架和微动开关组成。其中，手柄有 4 种形成，分别是 T 形手柄、球手柄、直手柄和标准手柄。前照灯开关的手柄为球手柄，司机室灯和压缩机开关的手柄为 T 形手柄，标志灯、辅照灯和仪表灯开关的手柄为直手柄，其余开关手柄为标准手柄。

任务 3.3　转换开关的装调

课程思政

安全意识——铁路
电气安全警示教育

任务导入

　　转换开关是机车车辆中应用非常广泛的低压电器。转换开关与普通开关有什么区别？它有什么作用？它由什么结构组成？其工作特点是什么？接下来，让我们带着这些疑问开始学习吧！

任务目标

知识目标	（1）掌握转换开关的结构
	（2）掌握转换开关的工作过程
	（3）掌握转换开关的组装规范与调试流程
能力目标	（1）能识别转换开关的结构
	（2）能描述转换开关的工作过程
	（3）能完成转换开关的组装与调试操作
素质目标	（1）具备积极主动的学习态度
	（2）具备乐于奉献、协作创新的团队意识
	（3）具备精益求精、严谨认真的职业素养

任务实施

微课视频

万能转换开关的认知

子任务 3.3.1　【识结构】LW5 型转换开关结构认知

　　（1）在图 3-3-1 中写出 LW5 型转换开关部件的名称。

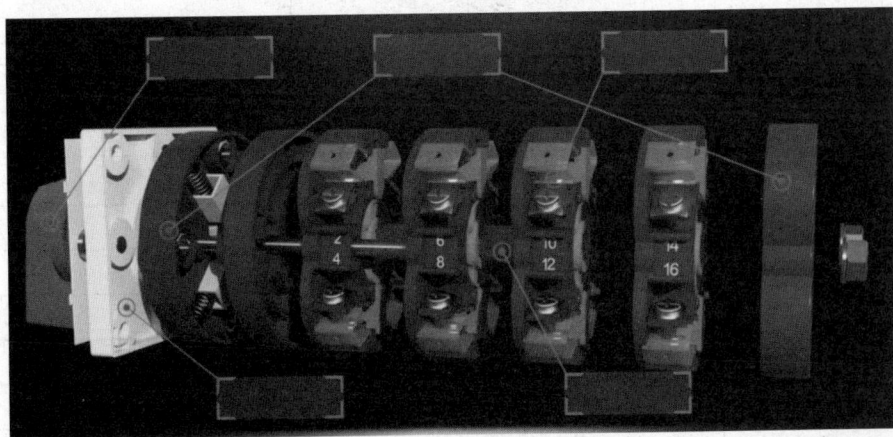

图 3-3-1　LW5 型转换开关的部件

（2）在表 3-3-1 中写出转换开关部件的功能。

微课视频

万能转换开关的动画

表 3-3-1　转换开关部件功能

部件名称	功　能
手柄	
底座	
触头系统	
面板	
转轴	

（3）写出转换开关工作原理。

_____

_____

_____

_____

（4）根据表 3-3-2，制作 LW5 型转换开关拆卸作业工艺卡（注：组装过程参照拆卸反顺序进行）。

表 3-3-2　LW5 型转换开关拆卸作业工艺卡

完成人员		完成日期		
工具名称	工具数量	工具规格	工具要求	**LW5 型转换开关** **拆卸作业工艺卡**
安全要求			操作注意事项	
工序名称	作业过程			工种

续表

工序名称	作业过程	工种

子任务 3.3.2　【学知识】LW5 型转换开关知识学习

（1）万能转换开关（SA）用于不频繁接通与断开的电路，是一种＿＿＿＿＿、＿＿＿＿＿＿、＿＿＿＿＿＿的主令电器。

（2）转换开关有多种，有＿＿＿＿＿转换开关、＿＿＿＿＿转换开关、＿＿＿＿＿转换开关等。

（3）万能转换开关是由多组相同结构的触点组件叠装而成的＿＿＿＿＿控制电器。

（4）万能转换开关是用＿＿＿＿带动＿＿＿＿和＿＿＿＿推动触头接通或断开。由于凸轮的形状不同，当手柄处在不同位置时，触头的分合情况也不同，从而达到转换电路的目的。

（5）万能转换开关主要用于各种控制线路的转换，电压表、电流表的＿＿＿＿＿控制，配电装置线路的转换和遥控等。

（6）LW5 系列万能转换开关可控制＿＿＿＿＿kW 及以下的小容量电动机；LW6 系列万能转换开关只能控制＿＿＿＿kW 及以下的小容量电动机。

（7）转换开关用于可逆运行控制时，只有在电动机＿＿＿＿后才允许反向起动，但每小时的转换次数不宜超过＿＿＿＿～＿＿＿＿。

（8）LW5 系列万能转换开关按手柄的操作方式不同，可分为＿＿＿＿＿式和＿＿＿＿＿式两种。

子任务 3.3.3　【践调试】LW5 型转换开关调试

根据表 3-3-3，制作 LW5 型转换开关调试作业工艺卡。

表 3-3-3　LW5 型转换开关调试作业工艺卡

完成人员		完成日期		
工具名称	工具数量	工具规格	工具要求	**LW5 型转换开关** **调试作业工艺卡**
安全要求			操作注意事项	

工序名称	作业过程	工种

任务评价

转换开关装调评价表

主要内容		考核要求及评分标准	配分	自评	互评	师评
任务准备	任务书编写	转换开关的拆卸作业工艺卡编制	10			
	作业前准备	个人防护用品穿戴齐备，错漏一处扣2分 防护措施到位，错漏一处扣2分 工具准备到位，错漏一处扣2分	5			
操作过程	转换开关部件认知	转换开关部件认知、功能分析正确，错漏一处扣2分	10			
	转换开关拆装	作业顺序出现差错扣5分 弹簧飞出扣5分 分解时损伤底座扣5分 工具选择不合理扣5分	25			
	转换开关工作过程分析	转换开关工作过程原理分析是否正确，错漏一处扣2分	10			
	转换开关调试	转换开关无电检测10分 转换开关检测线路安装10分 转换开关通电测试5分	25			
职业素养	作业质量	零部件齐全，每遗漏一个零部件扣2分 分解各零部件未分类放至各配件盒扣2分 按规定程序进行作业，程序混乱扣2分	5			
	基本要求及安全防护	操作过程中及作业完成后，工具、仪表、设备等摆放不整齐扣1分 作业完成后未整理工具、清洁现场扣2分 没有穿戴个人防护用品，作业防护项目不齐全，每缺一处扣2分	10			
总分			**100**			

相关知识

　　万能转换开关（SA）用于不频繁接通与断开的电路，是一种多挡位、多段式、控制多回路的主令电器。当操作手柄转动时，带动开关内部的凸轮转动，从而使触点按规定顺序闭合或断开，实现换接电源和负载。万能转换开关有电流转换开关、电压转换开关、电容转换开关等类型。

1. 结构组成

　　万能转换开关是由多组相同结构的触点组件叠装而成的多回路控制电器，如图 3-3-2 所示。万能转换开关由转轴、触头系统、底座、手柄和面板等组成。当将手柄转动到不同的挡位时，转轴带着凸轮随之转动，使一些触头接通，另一些触头断开。万能转换开关具有寿命长、使用可靠、结构简单等优点。

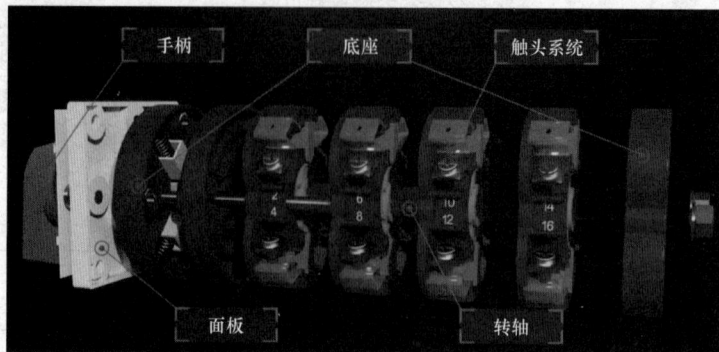

图 3-3-2　万能转换开关的结构

2. 操作过程

万能转换开关是用手柄带动转轴和凸轮推动触头接通或断开的。由于凸轮的形状不同，当手柄处在不同位置时，触头的分合情况也不同，从而达到转换电路的目的。

LW5 系列万能转换开关的符号表示如图 3-3-3 所示。

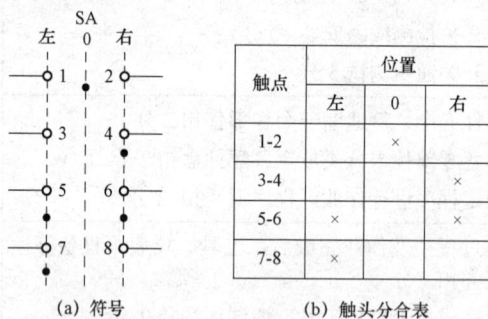

触点	位置		
	左	0	右
1-2		×	
3-4			×
5-6	×		×
7-8	×		

(a) 符号　　　　(b) 触头分合表

图 3-3-3　LW5 系列万能转换开关的符号表示

图 3-3-3 显示了开关的挡位、触头数目及接通状态，其中"×"表示触点接通，否则为断开。由接线表可画出其图形符号，具体画法是：用虚线表示操作手柄的位置，用有无"·"表示触点的闭合或打开状态。比如，在触点图形符号下方的虚线位置上画"·"，表示当操作手柄处于该位置时，该触点处于闭合状态；若在虚线位置上未画"·"，则表示该触点处于打开状态。

万能转换开关的手柄操作位置是以角度表示的。不同型号的万能转换开关的手柄有不同万能转换开关的触点，电路图中的图形符号如图 3-3-3（a）所示。但由于其触点的分合状态与操作手柄的位置有关，所以除在电路图中画出触点图形符号外，还应画出操作手柄与触点分合状态的关系。在图 3-3-3 中，当万能转换开关打向左 45°时，触点 1-2、3-4 打开，触点 5-6、7-8 闭合；打向 0°时，只有触点 1-2 闭合；打向右 45°时，触点 3-4、5-6 闭合，其余打开。

注意：此接点图不是固定的，各厂家都有样本，甚至可以定制，这里是最常用的。

3. 主要用途

万能转换开关主要用于各种控制线路的转换、电压表、电流表的换相测量控制、配电装置线路的转换和遥控等，常用产品有 LW5 系列和 LW6 系列，如图 3-3-4 所示。LW5 系列可控制 5.5 kW 及以下的小容量电动机，LW6 系列只能控制 2.2 kW 及以下的小容量电动机。用于可逆运行控制时，只有在电动机停止后才允许反向起动，但每小时的转换次数不宜超过 15～20 次。LW5 系列按手柄操作方式，可分为自复式和自定位式两种。自复式是指用手拨动手柄到某一挡位松开后，手柄自动返回原位；自定位式则是指手柄被置于某挡位时，不能自动返回原位而停在该挡位。

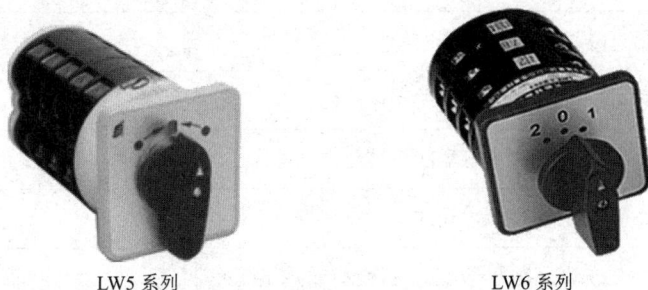

LW5 系列　　　　　　　　　　　LW6 系列

图 3-3-4　万能转换开关的常用产品

4. 实际应用

手动控制和远程控制之间的转换原理如图 3-3-5 所示。这里看"实心点"的位置，有两种控制方式：一种是手动控制，即箱体上的按钮控制；另一种是远程 DDC 控制。

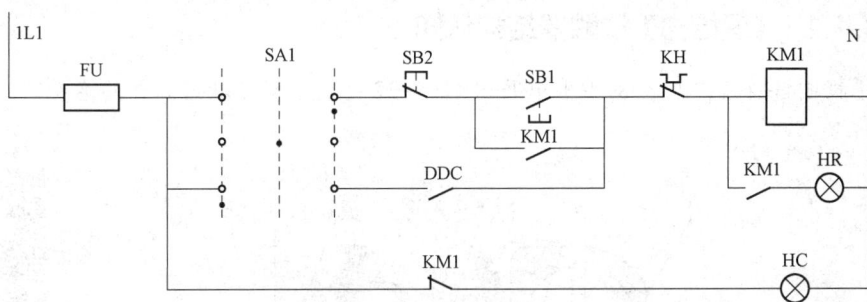

图 3-3-5　手动控制和远程控制的转换原理

当开关打到盘面控制时，DDC 控制失效；当开关打到远程控制时，手动控制失效；当开关打到中间挡位时，手动控制和远程控制均失效，因为其不接通任何点。

任务 3.4　接触器的装调

课程思政

创新意识——低压
电器制造业的发展

任务导入

接触器在电力机车中的应用非常广泛，其种类也很多。在电力机车中常采用电磁式接触器与真空式接触器来控制辅助电路中的三相异步电动机以及大容量的控制电路和功率因数补偿装置。那么，接触器是由什么组成的？其工作特点是什么？如何对其进行装调？接下来，就让我们带着这些疑问开始学习吧！

任务目标

知识目标	（1）掌握接触器的结构
	（2）掌握接触器的工作过程
	（3）掌握接触器的组装规范与调试流程
能力目标	（1）能识别接触器的结构
	（2）能描述接触器的工作过程
	（3）能完成接触器的组装与调试操作
素质目标	（1）具备积极主动的学习态度
	（2）具备乐于奉献、协作创新的团队意识
	（3）具备精益求精、严谨认真的职业素养

任务实施

子任务 3.4.1 【识结构】接触器结构认知

（1）根据图 3-4-1，在表 3-4-1 中写出 CZ5-22-10/22 型接触器部件的名称。

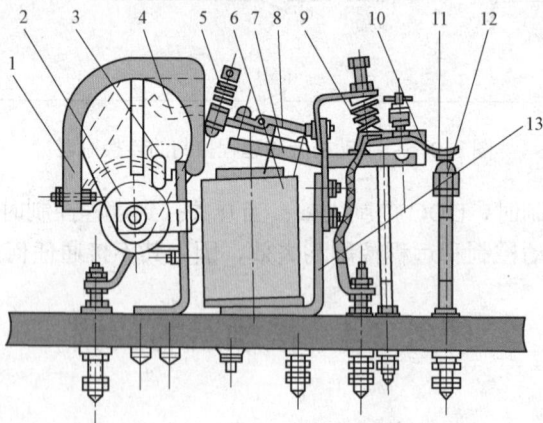

图 3-4-1　CZ5-22-10/22 型接触器部件

微课视频

接触器的认知

微课视频

接触器的动画

表 3-4-1　CZ5-22-10/22 型接触器部件名称

序号	部件名称	序号	部件名称
1		8	
2		9	
3		10	
4		11	
5		12	
6		13	
7			

（2）根据图 3-4-2，在表 3-4-2 中写出 CJ20 型接触器部件的名称。

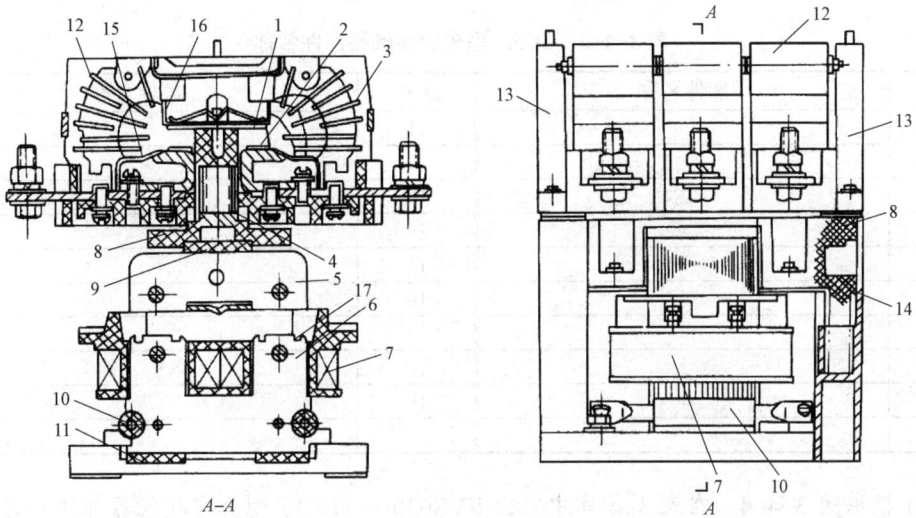

图 3-4-2　CJ20 型接触器部件

表 3-4-2　CJ20 型接触器部件名称

序号	部件名称	序号	部件名称
1		10	
2		11	
3		12	
4		13	
5		14	
6		15	
7		16	
8		17	
9			

（3）根据图 3-4-3，在表 3-4-3 中写出 TCK1 型电空接触器部件的名称。

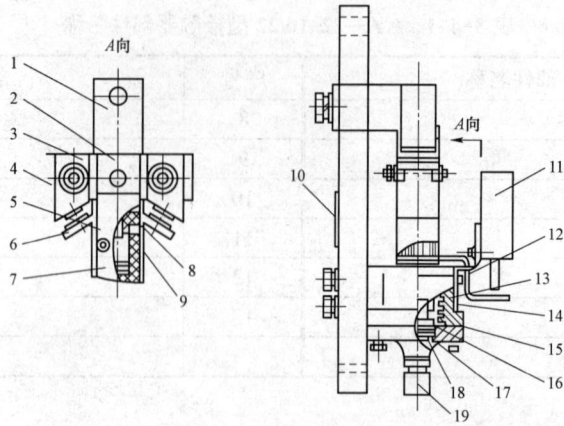

图 3-4-3　TCK1 型电空接触器部件

表 3-4-3　TCK1 型电空接触器部件名称

序号	部件名称	序号	部件名称
1		11	
2		12	
3		13	
4		14	
5		15	
6		16	
7		17	
8		18	
9		19	
10			

（4）根据图 3-4-4，在表 3-4-4 中写出 EVS630/1-110DC 型真空接触器部件的名称。

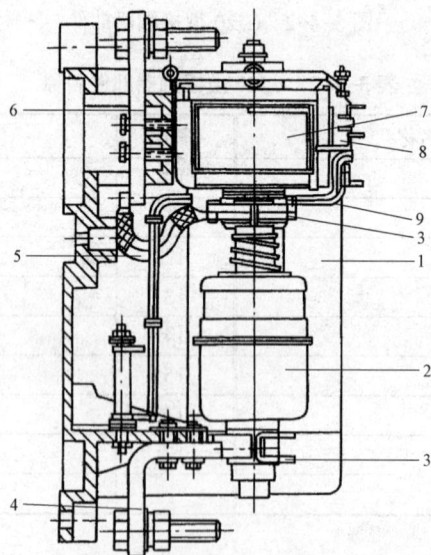

图 3-4-4　EVS630/1-110DC 型真空接触器部件

表 3-4-4　EVS630/1-110DC 型真空接触器部件名称

序号	部件名称
1	
2	
3	
4	
5	
6	
7	
8	
9	

（5）写出电磁接触器的工作原理。

（6）写出电空接触器的工作原理。

（7）写出真空接触器的工作原理。

（8）根据表 3-4-5，制作 CJ20 型接触器的拆卸作业工艺卡（注：组装过程参照拆卸反顺序进行）。

表 3-4-5　CJ20 型接触器拆卸作业工艺卡

完成人员		完成日期		
工具名称	工具数量	工具规格	工具要求	**CJ20 型接触器** 拆卸作业工艺卡
安全要求			操作注意事项	

工序名称	作业过程	工种

子任务 3.4.2　【学知识】接触器知识学习

（1）接触器在工业控制中应用非常广泛，是用来接通或切断带有负载的主电路或大容量控制电路的_____电器。

（2）接触器的种类很多，但对于任何一种接触器来说，一般均由_____、_____、_____和_____组成。

（3）接触器的用途很广，按传动方式分，主要有_____和_____之分，按通断电流的种类分，有_____和_____之分。

（4）_____（又称闭合时间）是指从电磁铁吸引线圈通电瞬时起到衔铁完全吸合所需要的时间；_____（又称开断时间）是指从电磁铁吸引线圈断电瞬时起到衔铁完全打开所需要的时间。

（5）电磁接触器采用的是电磁传动装置，通常又分为_____、_____、_____3 种类型。

（6）交流接触器的工作原理是：当吸引线圈未通电时，_____在反力弹簧作用下打开，使常开触头打开，常闭触头闭合；当吸引线圈得电时，铁芯与衔铁间产生的吸力将衔铁吸合，使_____触头闭合，_____触头打开。

（7）TCK1–400/1500 型电空接触器传动装置：采用的是_____传动装置，它主要由_____、_____、_____和_____等组成，本身不带电空阀，由 4 个外接电空阀控制。

（8）TCK1–400/1500 型电空接触器外接电空阀线圈得电时，压缩空气通过管接头进入_____，鼓动皮碗推动_____克服复原弹簧的反作用力，使活塞杆、绝缘杆上移，动静触头闭合，联锁触头相应动作。

（9）真空接触器由于其灭弧原理的特点，比较适用于_____电路（若熄灭直流电弧，需采取适当的措施）。

（10）真空接触器的电磁铁设计为带节能电阻的_____电磁铁。接通控制电源时，电磁铁对压力弹簧做功，释放_____，动触头支杆借助外部作用力使动静触头闭合。

（11）真空接触器具有接通、分断能力大、电气和机械寿命长等特点，可在重任务条件下供重要场合使用，但也易出现电弧电流过零前_____，出现截流，故在电感电路中产生_____。

（12）在接触器的选用中，原则上要以_____为前提。

（13）触头的检修就是要注意触头开距、_____、研距、_____、终压力等参数的测定及调试。

（14）组装过程是_____过程的反过程，组装时在气缸内注入适量的蓖麻油，各联锁片与联锁触头接触组件滚子之间相对偏移应不大于_____mm,动静触头与座的齿纹啮合应良好，各螺栓紧固。

子任务 3.4.3　【践调试】CJ20 型接触器调试

根据表 3–4–6，制作 CJ20 型接触器调试作业工艺卡。

表 3–4–6　CJ20 型接触器调试作业工艺卡

完成人员		完成日期		
工具名称	工具数量	工具规格	工具要求	**CJ20 型接触器** 调试作业工艺卡
安全要求			操作注意事项	

续表

工序名称	作业过程	工种

任务评价

接触器装调评价表

主要内容		考核要求及评分标准	配分	自评	互评	师评
任务准备	任务书编写	接触器的拆卸作业工艺卡编制	10			
	作业前准备	个人防护用品穿戴齐备，错漏一处扣2分 防护措施到位，错漏一处扣2分 工具准备到位，错漏一处扣2分	5			

主要内容		考核要求及评分标准	配分	自评	互评	师评
操作过程	接触器部件认知	接触器部件认知、功能分析正确，错漏一处扣 2 分	10			
	接触器拆装	作业顺序出现差错扣 5 分 弹簧飞出扣 5 分 分解时损伤部件扣 5 分 工具选择不合理扣 5 分	25			
	接触器工作过程分析	接触器工作过程原理分析正确，错漏一处扣 2 分	10			
	接触器调试	接触器无电检测 10 分 接触器检测线路安装 10 分 接触器通电测试 5 分	25			
职业素养	作业质量	零部件齐全，每遗漏一个零部件扣 2 分 分解各零部件未分类放至各配件盒扣 2 分 按规定程序进行作业，程序混乱扣 2 分	5			
	基本要求及安全防护	操作过程中及作业完成后，工具、仪表、设备等摆放不整齐扣 1 分 作业完成后未整理工具、清洁现场扣 2 分 没有穿戴个人防护用品，作业防护项目不齐全，每缺一处扣 2 分	10			
总分			100			

⭐ 相关知识

1. 接触器的用途和基本特点

接触器在工业控制领域应用非常广泛，是用来接通或切断带有负载的主电路或大容量控制电路的自动切换电器。与其他开关电器相比，它的特点如下。

① 动作次数频繁，每小时开闭次数可达 150～1 500 次。

② 能通、断较大电流。一般情况下只开断正常额定电流，而不能开断短路或故障电流。

③ 可以实现一定距离的控制。

2. 接触器的组成

接触器一般均由以下几部分组成。

（1）传动装置

传动装置包括驱使触头闭合的装置和开断触头的弹簧机构及缓冲装置。传动装置主要用来驱使触头按规定要求动作，完成接触器本身的职能。

（2）触头装置

触头装置由主触头和联锁触头两部分组成。

主触头由动、静主触头和触头弹簧支持件等组成。它是接触器的执行部分，用于直接实现电路的通、断。主触头接通或断开的是主电路，额定电流比较大，通常为数安到数百安，甚至可能高达数千安。

联锁触头（又称辅助触头），通常由两对以上常开联锁触头和两对以上常闭联锁触头组成，用于控制其他电器、信号或电气联锁等。联锁触头接通或分断的是控制电路，额定电流只有5~10 A。常开联锁触头指的是接触器的吸引线圈失电时处于断开状态的触头；常闭联锁触头指的是接触器吸引线圈失电时处于闭合状态的触头。

联锁触头与主触头是联动的，在接触顺序上要求主触头闭合前常开，联锁触头应提前闭合，常闭联锁触头应滞后分断；主触头分断时常开联锁触头应同时或提前分断，常闭联锁触头应同时或稍滞后闭合。

联锁触头与灭弧系统通常在产品上要分开安装，以防电弧弧焰的危害。

（3）灭弧装置

灭弧装置一般与主触头配合使用，主要用于熄灭触头开断电路时产生的电弧，减少电弧对触头的破坏，保证触头可靠地工作。根据电流的性质、灭弧方法和原理，可以制成各种灭弧装置。

（4）支架和固定装置

支架和固定装置属于非工作部分，用于合理地安装和布置电器各部件，使接触器构成一个整体。支架和固定装置应有足够的机械强度，并能对内部部件起到保护作用，保证接触器达到一定的寿命。

3. 接触器的分类

接触器的用途很广，种类繁多，一般有以下几种分类方法。

（1）按传动方式

按传动方式分类，接触器可分为电磁接触器和电空接触器。电磁接触器采用电磁传动装置，电空接触器采用电空传动装置。电磁接触器一般用于机车的辅助电路中，电空接触器用于主电路中。

（2）按通断电流的种类

按通断电流的种类分类，接触器可分为交流接触器和直流接触器。这里指的是主触头通、断电流的种类，它与传动方式无关，如主触头通、断的是交流电，则不论它采用的是直流电磁机构传动、交流电磁机构传动还是电空传动，都称交流接触器。

（3）按主触头所处的介质

按主触头所处的介质不同，接触器可分为空气式接触器、真空式接触器和油浸式接触器。空气式接触器的主触头敞在大气中，采用的是一般的、常用的灭弧装置。而真空式接触器的主触头却密封在真空装置中，它利用的是真空灭弧原理，具有很高的切换能力。

（4）按接触器同一传动机构所传动的主触头数目

按接触器同一传动机构所传动的主触头数目不同，接触器可分为单极接触器和多极接触器。单极接触器只有一对主触头，多极接触器有两对以上的主触头，它们分别用于控制单相电路和多相电路。

4. 接触器的基本要求

根据接触器的用途和工作特点，对接触器有以下基本要求。

（1）切换能力

切换能力又称开闭能力、通断能力，是指接触器的主触头在规定条件下能可靠地接通或分断的电流值。在此电流值下接通或分断负载时，不应发生熔焊、飞弧和过分磨损等现象，从而保证接触器能在较坏的条件下可靠工作。

接触器的主触头虽然不要求开断短路电流，但它还是有可能在大于额定电流的情况下接通或切断负载电路的，此时触头可能引起严重烧损，甚至发生熔焊等故障。因此，必须规定接触器在一定的条件下接通或切断高于额定电流和电压的具体指标，也就是说必须规定它的切换能力。

（2）动作值和释放值

动作值和释放值是指接触器的动作电压（或电流、气压等）和释放电压（或电流、气压等）。电磁式接触器的动作电压应不低于 80% 的线圈额定电压；释放电压要有较低的上限值（不高于 70% 的线圈额定电压）和较高的下限值（交流接触器不低于 20% 的线圈额定电压，直流接触器不低于 5% 的线圈额定电压）。

（3）操作频率

操作频率是指接触器在每小时内允许操作的次数。接触器的操作频率越高，每小时开闭的次数就越多，触头及灭弧室的工作任务也就越重，对交流接触器来说，线圈受到的冲击电流及衔铁铁芯受到的冲击次数也就越多。

操作频率直接影响接触器的电气寿命和灭弧室的工作条件，对于交流接触器还影响到线圈的温升，所以是一个重要的技术指标。目前，常用的接触器操作频率有每小时 150 次、300 次、600 次和 1 200 次等规格。

（4）机械寿命和电气寿命

机械寿命指的是接触器在无负载操作下无零部件损坏的极限动作次数。电气寿命指的是接触器在规定的操作条件下（带负载操作），且无零部件损坏的极限动作次数。由于接触器的操作频率较高，为了保证一定的使用年限，应有较长的机械寿命和电气寿命。目前，接触器的机械寿命一般可达数百万次甚至 1 000 万次以上，而电气寿命则按不同的使用类别和不同的机械寿命级别有一定的百分比，一般为机械寿命的 5%～20%。

（5）动作时间、释放时间

动作时间（又称闭合时间）是指从电磁铁吸引线圈通电瞬时起到衔铁完全吸合所需要的时间；释放时间（又称开断时间）是指从电磁铁吸引线圈断电瞬时起到衔铁完全打开所需要的时间。为了对有关电路进行准确可靠的控制，对接触器的动作时间也有一定的要求，例如直流接触器的闭合时间一般为 0.04～0.11 s，开断时间为 0.07～0.12 s，交流接触器的闭合时间一般为 0.05～0.1 s，而开断时间为 0.1～0.4 s。

接触器除应满足以上基本参数的要求外，电磁接触器还应满足在 85% 额定控制电压下能保证接触器正常工作。

另外，在选择接触器时还应考虑工作制的要求。

电磁接触器采用的是电磁传动装置，通常又分为直流、交流、交直流 3 种类型。

5. 直流接触器

1）CZ5–22–10/22 型直流接触器

（1）型号及含义

CZ5–22–10/22 型直流接触器的符号含义如下。

C——接触器；

Z——直流；

5——设计序号；

22——派生代号；

10/22——分子第一位和第二位分别表示常开和常闭主触头数，分母第一、二位分别表示常开和常闭联锁触头数。

（2）作用

该型接触器主要用于控制调压开关伺服电动机电源和机车前照灯。

（3）组成

该型接触器主要由触头装置、灭弧装置和传动装置等组成。该型接触器结构如图3-4-5所示。

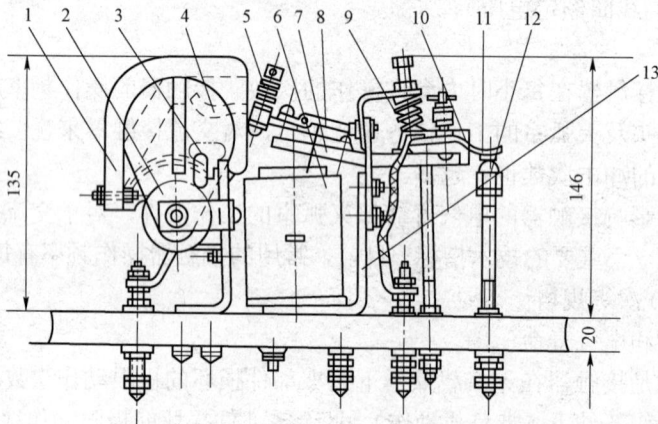

1—灭弧罩；2—吹弧线圈；3—主静触头；4—主动触头；5—触头弹簧；6—吸引线圈；7—衔铁；8—软连接；
9—反力弹簧；10—绝缘基座；11—动联锁触头；12—静联锁触头；13—磁轭。

图3-4-5　CZ5-22-10/22型直流接触器的结构

① 触头装置。由单相主触头、二常开和二常闭联锁触头组成。静主触头为铜质 T 形结构，与弧角一起装在支架上；动主触头为铜质指形结构，直接装于衔铁上。动联锁触头为指形结构，也装在衔铁上；静联锁触头为半球形，装在螺杆上，为提高触头寿命，在联锁触头的紫铜块上镶有耐弧材料——银氧化镉片。另外，动主、辅触头上都有触头弹簧，以防触头闭合时产生有害振动。

② 灭弧装置。灭弧是由带有灭弧罩的磁吹灭弧装置完成的，灭弧装置只设在主触头上。磁吹线圈与主触头串联，当主触头在打开过程中产生电弧时，电弧受到磁吹线圈产生的电场力而被拉向灭弧罩，使电弧变长、变冷而熄灭。

③ 传动装置。由直流拍合式电磁铁组成，为了改善吸力特性，静铁芯端面装有极靴，改变反力弹簧和工作气隙，可改变其动作值。为了防止剩磁将衔铁粘住，在衔铁的磁极端面处装有 0.1～0.2 mm 厚的紫铜片，亦称非磁性垫片。在铁芯的磁极端面处一般还加装了极靴，以使直流接触器的吸力特性平坦，减少吸合时的冲击。

（4）工作原理

CZ5-22-10/22型直流接触器的工作原理类同电磁铁的工作原理：当吸引线圈未通电时，衔铁在反力弹簧作用下打开，使常开触头打开、常闭触头闭合；当吸引线圈得电时，铁芯与衔铁间产生的吸力将衔铁吸合，使常开触头闭合、常闭触头打开。

2）CZT-20 型直流接触器

（1）型号及含义

C——接触器；

Z——直流；

T——铁路用；

20——负载级别（A）；

B——主接点构成：二常开一常闭；无 B：二常开。

（2）作用

该型接触器主要用在 SS_4 型和 SS_8 型电力机车的控制电路中，也可用于辅助电路中。

（3）组成

该型接触器主要由触头装置、传动装置和灭弧装置等组成。触头装置由二常开一常闭的主触头和二常开二常闭的联锁触头组成，联锁触头的通断电流为 5 A，主触头可通断额定电压为 DC 440 V 的直流电路，主触头端子有"+""−"极性，要按标志接线。传动装置为直动式直流电磁铁。灭弧装置由灭弧罩和磁吹装置组成。灭弧室不能装反，不要拆除灭弧室内的磁铁。

（4）工作原理

该型接触器的工作原理类同电磁铁工作原理：当吸引线圈得电时，衔铁吸合，带动常开触头闭合、常闭触头打开；当吸引线圈失电时，衔铁在反力弹簧作用下打开并带动常闭触头闭合、常开触头打开，常开主触头上的电弧被灭弧装置熄灭。

6. 交流接触器

1）CJ20 系列三相交流接触器

（1）型号及含义

C——接触器；

J——交流；

20——设计序号。

（2）作用

在 SS_4 型（1～158 号）和 SS_6 型机车辅助电路中，该型接触器主要用来接通或断开三相异步电动机或起动电阻（起动电容）等电路。

（3）结构

CJ20 系列三相交流接触器的结构形式为直动式、立体布置、双断点、开启式，由铸铝底座、增强耐弧塑料底板和高强度陶瓷灭弧罩组成三段式结构，结构紧凑，便于检修和更换线圈。该型接触器主要由触头装置、传动装置和灭弧装置等组成，如图 3-4-6 所示。

① 触头装置。主触头中的动触桥为船形结构，因而具有较高的强度和较大的热容量，160 A 以下选用黄铜拉伸触桥。静触头选用型材并配以铁质引弧角，使之既具有形状的稳定性又便于电弧的外运动。辅助触头安置在主触头两侧，采用无色透明聚碳酯做成封闭式结构，既确保防尘，又使接触可靠，160 A 及以下等级为二常开二常闭。

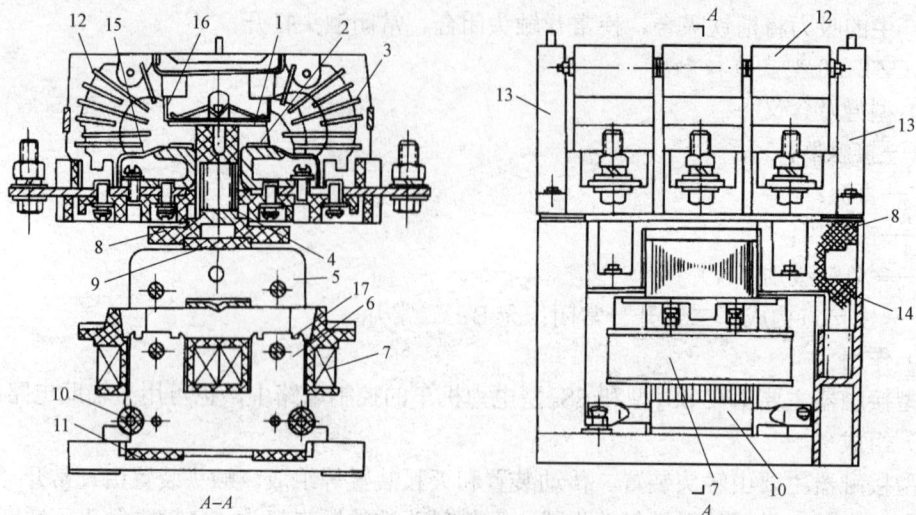

1—主动触头；2—主静触头；3—灭弧栅片；4—压缩弹簧；5—衔铁；6—静铁芯；7—线圈；8—绝缘支架；
9、11—缓冲件；10—缓冲硅橡胶管；12—灭弧室；13—联锁触头；14—反力弹簧；15、16—弧角；17—分磁环。

图 3-4-6　CJ20 系列三相交流接触器的结构

② 传动装置。采用具有双线的 U 形铁芯磁系统，衔铁为直动式，没有转轴，气隙置于静铁芯底部中间位置，因而释放可靠。磁系统的缓冲装置采用新型的耐高温吸振材料——硅橡胶，还选用了耐磨性能较好的聚胺酯橡胶做停挡。

③ 灭弧装置。采用高强度陶瓷纵缝灭弧罩。

（4）动作原理

类似于电磁铁的工作原理，不再详述。

（5）参数

CJ20 系列三相交流接触器的主要技术参数见表 3-4-7。

表 3-4-7　CJ20 系列三相交流接触器的主要技术参数

型　号			CJ20-100	CJ20-160
额定工作电压/V			380	380
额定工作电流/A			100	160
主触头	开距/mm		6	6.6
	超程/mm		2.5±0.5	3±0.6
	初压力/N		15.7±1.6	24.5±2.5
	终压力/N		19.6±2	29.4±3
辅助触头	额定发热电流/A		10	10
	额定工作电流/A		0.55	0.55
	开距/mm		4.5	4.5
	超程/mm	常开	3±1	3±1
		常闭	3±0.5	3±0.5

续表

型 号		CJ20–100	CJ20–160
辅助触头	初压力/N	1.13±0.12	1.13±0.12
	终压力/N	2.06±0.21	2.06±0.21
控制线圈	线径/mm	0.41	0.55
	匝数	1 500	1 000
	20 ℃电阻值/Ω	29.0	15.3

（6）特点

其参数、特性出厂时已调好，一般可直接使用，不必调整。

2）3TB 系列三相交流接触器

（1）型号及含义

3TB 系列三相交流接触器如 3TB5217–OBF4 型、3TB4817–OBF4 型等，它们的符号含义如下。

3TB——3TB 系列；

52、48——级别代号；

17——辅助触头规格与数量（17 代表二常开二常闭）；

OB——直流操作（OA 表示交流操作）；

F4——线圈电压与频率代号（F4 为直流 110 V）。

（2）作用

该型接触器曾用在 SS$_{4G}$ 型机车的辅助电路中，主要用来接通和断开三相异步电动机等电气设备。

（3）结构

如图 3-4-7 所示，3TB 系列接触器采用体积小、质量轻的双断点直动式结构，3TB48、3TB52 接触器均采用单 U 形双绕组磁系统。

① 触头装置。采用接触电阻稳定、抗熔焊、耐磨的银氧化镉、银氧化锡及镍等材料，触头支持件与底板均用耐热耐弧的塑料制成。辅助触头安装在基座两侧，为二常开二常闭。

② 传动装置。采用单 U 形双绕组直流磁系统，线圈按长期工作制设计，寿命长、无噪声、无冲击电流。在 U 形磁系统磁轭中部有一个不变气隙，可保证衔铁可靠释放。

③ 灭弧装置。灭弧室中装有桥形灭弧导板，两旁各有带齿形的缺口栅片，使电弧能快速拉出熄灭。

该型接触器采用机械强度高、导热性能好的铝合金基座。

（4）工作原理

3TB 系列三相交流接触器的工作原理与电磁铁的工作原理类似。

（5）参数

3TB 系列三相交流接触器的主要技术参数见表 3-4-8。

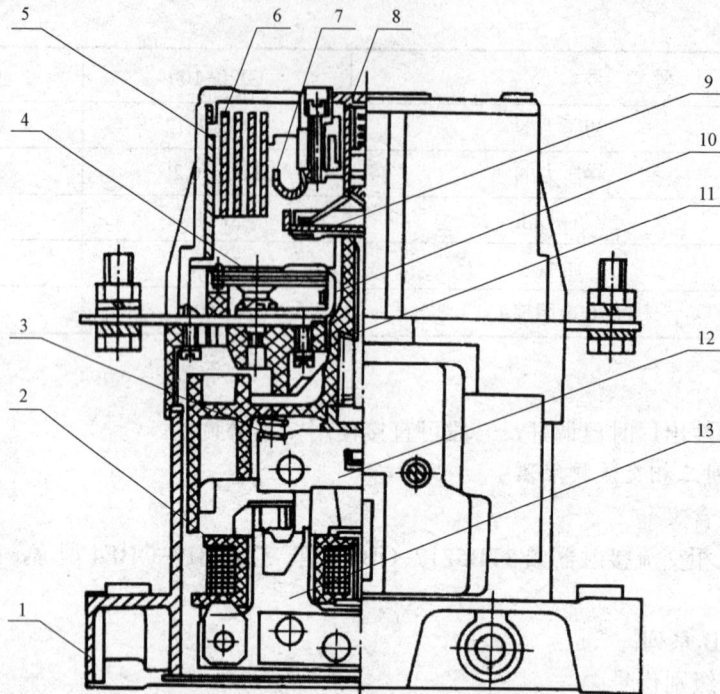

1—底座；2—线圈；3、11—弹簧；4—静触头；5—灭弧室；6—灭弧片；7—导板；
8—指示件；9—触桥；10—触头支持件；12—衔铁；13—磁轭。

图 3-4-7　3TB52 型交流接触器的结构

表 3-4-8　3TB 系列三相交流接触器的主要技术参数

型　号			3TB4817	3TB5217
额定工作电压/V			380	380
额定工作电流/A			75	170
主触头	开距/mm		7.1±1.3	9.3±1.35
	超程/mm		2.6±0.4	3.2±0.35
辅助触头	额定发热电流/A		10	10
	额定工作电压/V		110	110
	额定工作电流/A	DC1	3.2	8
		DCⅡ	1.8	2.4
	开距/mm 超程/mm	常开	5.4±2.4	9.4±2.1
			4.9±1.5	3.1±1
		常闭	6.2±1.9	7.2±3.2
			4.1±1	5.3±2.2
控制线圈	线径/mm		0.25	0.38
	匝数		2×7 839	2×5 560
	20 ℃电阻值/Ω		618-683	300

3）6C 系列交流接触器

（1）型号及含义

6C180 型、6C110 型

6——序号；

C——接触器；

180（110）——主触头额定电流（A）。

（2）作用

该型接触器主要用在 SS$_4$、SS$_7$、SS$_8$ 型电力机车的辅助电路中，用于控制辅助电机等设备。

（3）结构

两种型号的结构基本相同，其外形及结构如图 3-4-8 所示。

① 触头装置。主触头采用常开直动式桥式双断点。

② 传动装置。磁系统为单 E 形直动式，具有较好的吸力特性，控制线圈由起动线圈和保持线圈并联组成，并串加一个桥式整流器，使控制电源为交、直流两用，整流器输入、输出端都加有压敏电阻进行过电压保护。控制线圈通电后，起动线圈和保持线圈同时工作，在接触器快吸合时，起动线圈断开，只有保持线圈工作。起动线圈的分断由接触器自身一常闭联锁触头完成。

③ 灭弧装置。灭弧罩采用高强度耐弧塑料制成，罩内设有割弧栅片。

6C180 型接触器的灭弧室与触头支持件之间设有机械联锁装置，当灭弧罩取下后，其联锁装置会将触头支持件销住，此时即使有人操作，触头系统也不会动作，能可靠地保证维修人员的安全。在控制线圈引线边有一个红色指示器，指示接触器的闭合或断开。

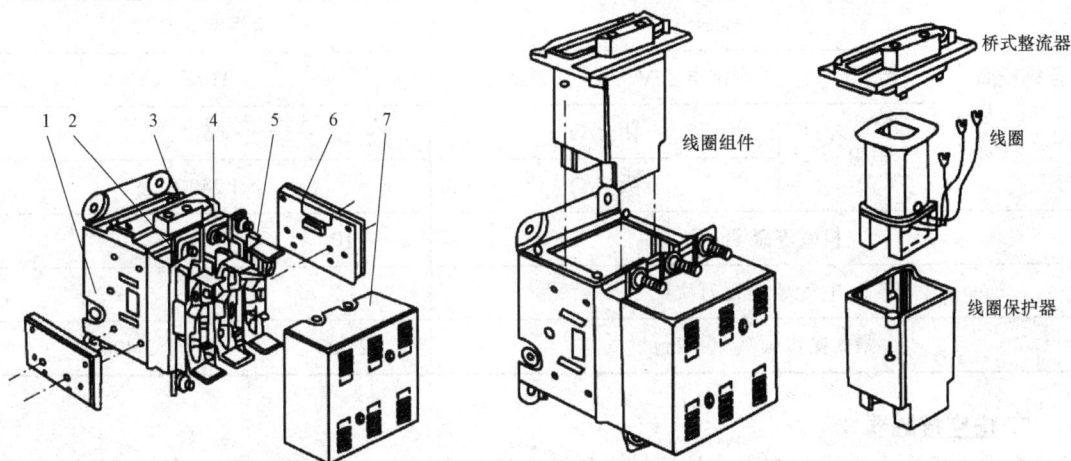

1—底座；2—静触头；3—桥式整流器；4—接线柱；5—动触头；6—辅助触头；7—灭弧罩。

图 3-4-8　6C 系列交流接触器外形及结构

（4）工作原理

6C 系列交流接触器的工作原理与电磁铁的工作原理类似。

（5）特点

6C180 型交流接触器具有操作频率高、主触头压力大、抗熔焊性好、耐电弧等优点，应用较多。在许多电力机车上，原用的 3TB 系列、6C110 型都改用为 6C180 型。

6C 系列交流接触器为模块化设计，配件通用性大，便于维护及更换。

（6）参数

6C 系列交流接触器的主要技术参数见表 3-4-9。

表 3-4-9　6C 系列交流接触器的主要技术参数

			型　　号	6C110	6C180
主触头			额定绝缘电压/V	1 000	1 000
			运行电流频限/Hz	25～400	25～400
	运行电流		Jd/A	160	260
			AC3（415F）/A	110	180
			接通能力（均方根值）	1 100	1 800
			分断能力（≤440 V）	1 300	1 800
辅助触头			型　　号	6CA21R	
			约定发热电流/A	15	
			额定绝缘电压/V	660	
			运行电流/A	16.5（DV24 V），15（DC110 V）	
控制线圈			型　　号	6Cl80/415	
			控制电源	交流或直流	
			额定电压/V	110	
	电阻		闭合/Ω	46	
			吸持/Ω	1 240	
			机械寿命/百万次	10	10
			电气寿命/百万次	1.2	1.2
			最大操作频率/（次/h）	2 400	2 400

7. 电空接触器

在电力机车上，因为有现成的压缩空气源，同时由于电空传动的电器具有体积小、质量轻、传动力大等优点，所以在电力机车的主电路内广泛采用电空接触器。

图 3-4-9 为电空接触器的结构简图。

电空接触器一般由触头装置、灭弧装置、传动装置组成。当电空阀线圈得电时，其控制的压缩空气进入传动气缸，推动活塞，压缩开断弹簧向上运动，使动静触头闭合。当电空阀线圈失电时，其控制的压缩空气排向大气，在开断弹簧的作用下，推动活塞带动活塞杆和动触头下移，动静触头打开，同时灭弧。在主触头动作的同时，联锁触头也相应动作。

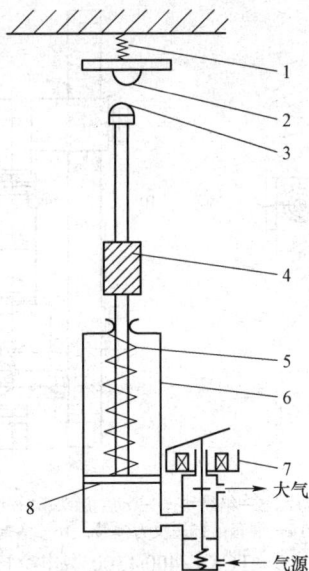

1—缓冲弹簧；2—静主触头；3—动主触头；4—绝缘块及活塞杆；
5—开断弹簧；6—缸体；7—电空阀；8—活塞。

图 3-4-9　电空接触器的结构简图

1）TCKl-400/1500 型电空接触器

（1）型号及含义

T——铁路用；

C——接触器；

K——压缩空气控制；

1——设计序号；

400——主触头额定电流（A）；

1500——开断电压（V）。

（2）作用

TCKl-400/1500 型电空接触器主要用在 SS_4 型和 SS_1 型电力机车上，是为电力机车进行磁场削弱设计的，用于接通或分断与牵引电动机励磁绕组并联的磁场削弱电阻电路。

（3）结构

如图 3-4-10 所示，由于 TCKl-400/1500 型电空接触器磁场削弱电阻上的电压降很小，且又是电阻性负载，主触头在分合过程中不产生电弧，故不带灭弧装置，主要由触头装置和传动装置组成。

① 触头装置。主触头为直动桥式双断点，触头表面成 120° 夹角，其材质为紫铜，其上焊有银片，且动静触头之间为面接触，有较好的导电性能。触头的分合为上下直动式，结构比较简单，维修也比较方便。

联锁触头采用通用件，为一行程开关。

② 传动装置。采用的是薄膜传动装置，它主要由气缸、活塞、皮碗和复原弹簧等组成，本身不带电空阀，由 4 个外接电空阀控制。

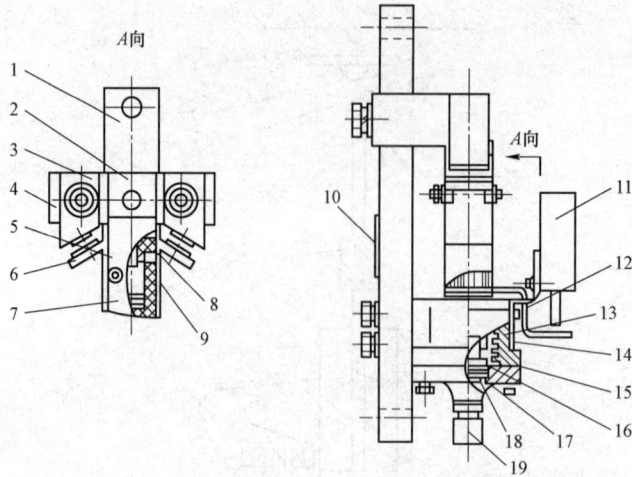

1—支柱；2—静触头座；3—静主触头；4—连接片；5—绝缘块；6—动主触头；7—绝缘杆；8—动主触头桥；9—弹簧；10—铭牌；11—联锁触头；12—联锁板；13—气缸座；14—铜套；15—反力弹簧；16—活塞；17—皮碗；18—气缸盖；19—管接头。

图 3-4-10　TCK1-400/1500 型电空接触器

（4）工作原理

当外接电空阀线圈得电时，压缩空气通过管接头进入传动气缸，鼓动皮碗推动活塞克服复原弹簧的反作用力，使活塞杆、绝缘杆上移，动静触头闭合，联锁触头相应动作。当电空阀线圈失电时，气缸内的压缩空气通过管接头及电空阀排向大气，在复原弹簧的作用下，使活塞杆、绝缘杆下移，带动主触头打开。

2）TCK7-600/1500 型电空接触器

韶山型电力机车上采用了 TCK7、TCK7B、TCK7C 及 TCK7D 型电空接触器，为系列产品，其结构大同小异，仅个别零件略有增减而已。下面以 TCK7-600/1500 型电空接触器为例进行介绍。

（1）型号及含义

TCK7-600/1500 的型号含义同 TCK1 型电空接触器。

（2）作用

该型接触器主要控制机车主电路的有关励磁电流回路和牵引电机回路。

（3）结构

该型接触器的结构如图 3-4-11 所示，主要由触头装置、灭弧装置和传动装置等组成。

① 触头装置。主要由主触头和联锁触头组成，主触头为 L 形，采用线接触形式。它以紫铜触头为基座，表面镶有银碳化钨粉末冶金触片，保证触头具有较好的抗熔焊、耐电弧、耐机械磨损和电磨损和很好的导电、导热性能及较高的负载能力。

该型接触器采用 TK1 型盒式桥式双断点触头，材质为纯银，二常开二常闭。

② 灭弧装置。主要由灭弧罩（短弧灭弧和长弧灭弧原理）、灭弧角（由 2 mm 厚黄铜板压制而成）、磁吹线圈及磁吹铁芯等组成。

灭弧罩由 13 块 Ⅱ 形石棉水泥制成的灭弧板和两块同样材料制成的盖板叠装而成，通过下固定板和挂钩将灭弧罩与接触器本体连接在一起。在每块 Ⅱ 形灭弧板上，间隔装有 H 形和 U 形的分弧角。

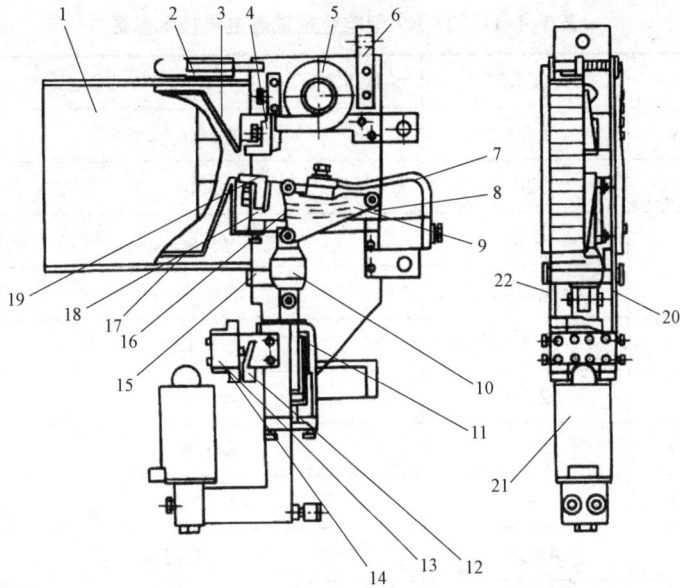

1—灭弧罩；2—挂钩；3—静触头弧角；4—静触头；5—磁吹线圈；6—安装杆；7—软连接；8—杠杆出线座；
9—杠杆支架；10—绝缘杆；11—传动气缸；12—联锁板；13—联锁触头；14—联锁支架；15—灭弧室支板；
16—动触头弹簧；17—动触头弧角；18—动触头座；19—动触头；20—右侧板；21—电空阀；22—左侧板。

图 3-4-11　TCK7-600/1500 型电空接触器的结构

③ 传动装置。由电空阀、传动气缸、绝缘杆等组成。电空阀采用电力机车上通用的
TFKlB-110 型闭式电空阀。传动气缸竖放，缸内有活塞及连杆等，绝缘杆保证动触头与传动
气缸间的绝缘。

（4）工作原理

当电空阀线圈得电时，压缩空气经电空阀进入传动风缸，推动活塞克服反力弹簧的作用
力带动绝缘杆上移，并通过杠杆支架带动动触头与静触头闭合；当电空阀线圈失电时，传动
风缸内的压缩空气经电空阀排向大气，使活塞在反力弹簧作用下复位，带动绝缘杆、杠杆支
架及动触头下移，与静触头分离，切断电路；触头带电分断时产生的电弧，在磁吹线圈的作
用下，沿分弧角进入灭弧罩，被分割、拉长、冷却进而熄灭；主触头动作的同时，活塞杆通
过联锁支架带动联锁触头做相应的分合转换。

（5）参数

TCK7 型电空接触器系列产品使用情况见表 3-4-10，主要技术参数见表 3-4-11。

表 3-4-10　TCK7 型电空接触器使用情况

型号	使用情况示例	灭弧方式	联锁触头数
TCK7	SS_3、SS_{3B} 型机车，用于牵引电动机 6 条支路中接通或分断牵引电机电路，称为线路接触器	有灭弧罩	二常开二常闭
TCK7B	SS_{3B} 型机车，用于磁场削弱电路中，称为磁场削弱电空接触器	无灭弧罩	二常开二常闭
TCK7C	SS_{3B} 型机车，用于制动工况牵引电机作为发电机运行时的励磁电路中，称为励磁接触器	有灭弧罩	二常开四常闭

表 3-4-11 TCK7 型电空接触器主要技术参数

型号	TCK7	TCK7/TCK7D		TCK7C	TCK7B
主触头对地电压/V	1 500	1 500			1 500
主触头间额定电压/V	20	1 500			35
主触头额定电流/A	400	600			600
主触头 型式	桥式双断点	单断点			单断点
主触头 开距/mm	单边 5±0.5	大于 18			大于 18
主触头 超程/mm	2±1	4~6			4~6
主触头 滚动距离/mm	—	大于 8			大于 8
主触头 滑动距离/mm	—	0.5~1.5			0.5~1.5
主触头 初压力/N	47.088	58.84~83.36			58.84~83.36
主触头 终压力/N	61.803	156.91~196.13			156.91~196.13
联锁触头 数量	一常开一常闭	二常开二常闭	二常开四常闭		二常开二常闭
联锁触头 额定电压/V	110	110			110
联锁触头 额定电流/A	15	10			10
额定工作气压/kPa	490	490			490
气缸直径/mm	45	45			45
活塞行程/mm	29~30	22~24			22~24
额定控制电压/V	直流 110	直流 110			直流 110

8. 真空接触器

真空接触器由于其灭弧特点,比较适用于交流电路(若熄灭直流电弧,需采取适当的措施)。它比交流接触器有更多的优点,如体积小、质量轻、寿命长、分断能力高、操作时噪声小、真空部件不需要维修等,可在重任务条件下的重要场合使用。

(1)型号及含义

真空接触器主要有 EVS630/1-110DC、EVS700/1-110DC 等类型,其型号含义如下。

EVC——真空接触器;

630、700——额定工作电流(A);

1——极数;

110DC——控制电源的电压值及控制电源类型。

(2)作用

EVS630/1-110DC 型用在 SS$_4$ 改型电力机车主电路中,主要用来接通或断开功率因数补偿装置。EVS700/1-110DC 型用在 SS$_8$ 型电力机车的列车供电电路中,主要用来实现机车向列车供电控制。

（3）结构

EVS630/1-110DC 型真空接触器的结构如图 3-4-12 所示。在真空接触器的基座上，磁驱动机构和装在其旁的辅助开关组件位于真空开关管的上方，真空开关管的动触头经联轴节组件与驱动机构连接，并经软连接与上连接板连接。真空开关管的静触头支杆经连接卡圈和下连接板连接。

在断开状态下，真空开关管的两触头拉开 1.5 mm。由于在真空中断开，所以这么小的距离能完全开断电路。触头被拉开的状态是由驱动系统中的压力弹簧实现的。

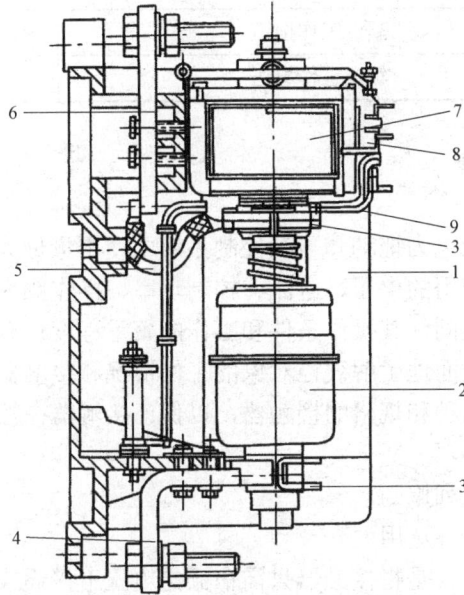

1—机座；2—真空开关管；3—连接卡圈；4—下连接板；5—软连接；
6—上连接板；7—磁驱动机构；8—辅助开关组件；9—联轴节组件。

图 3-4-12　EVS630/1-110DC 型真空接触器的结构

（4）工作原理

真空接触器的电磁铁为带节能电阻的直流电磁铁，在接通控制电源时，电磁铁对压力弹簧做功，释放动触头支杆，动触头支杆借助外部作用力使动静触头闭合。

（5）特点

真空接触器具有接通、分断能力大，电气寿命和机械寿命长等特点，可在重任务条件下的重要场合使用。

（6）参数

EVS630/1-110DC 型真空接触器的技术参数如表 3-4-12 所示

表 3-4-12　EVS630/1-110DC 型真空接触器的技术参数

主回路技术参数	额定工作电流	630 A
	额定工作电压	1 140 V
	额定工作频率	50 Hz
	额定接通能力	6 300 A

续表

主回路技术参数	额定分断能力	5 040 A
	额定短时耐受电流	8 000 A
	额定峰值耐受电流	13 600 A
	机械寿命/次	$\geqslant 5 \times 10^6$
	电寿命	0.6×10^5
	最大机械操作频率/（次/h）	3 000
辅助电路技术参数	额定工作电流	DC 0.4 A
	额定工作电压	DC 220 V

9. 接触器的选用和维修

1）接触器的选用

接触器是现代工矿企业电力拖动和自动控制系统中使用量最大的一种电器。由于接触器的可靠性及其使用寿命与使用的电压、电流、控制功率、操作频率的大小密切相关，所以随着使用场合及控制对象的不同，其操作条件和工作的繁重程度也有很大差异。因此，选用时不能只按铭牌数据，而应全面地了解被控对象的工作情况和接触器的使用类别及产品性能，这样才能正确地选择相应品种和规格的接触器，以保证接触器在控制系统中长期可靠运行，充分发挥其经济技术效益。

接触器选用一般遵循下列原则。

（1）按一般任务使用条件选用

所谓一般任务使用条件，是指接触器只需在额定电压下接通或分断较小倍额定电流，其操作频率不高，只伴有少量点动，而且所控制的电动机是直接起动，满速运行下开断电源。这种任务所占的比例很大。

接触器在该使用条件下操作时，其触头磨损较轻，寿命较长。所以，选配接触器时，只要选择额定电压和额定电流等于或大于电动机的额定电压和额定电流的接触器即可。

（2）按重任务使用条件选用

所谓重任务使用条件，是指接触器需要接通或分断较额定电流大很多倍的起动电流，并频繁运行于点动、反接制动、反向和在低速时断开的使用条件中。

接触器在该使用条件下操作，其触头会发生严重的电磨损，所以必须选用适应重任务工作的接触器才能满足要求。例如电力机车辅助电路所选用的 CJ8Z-105Z、CJ20、3TB、6C180 等型交流接触器就属于重任务使用条件选用的接触器。

（3）按降容量选用

降容量选用一般有两种情况，第一种是操作频率高、工作任务相当繁重、可靠性要求很高的场合，可以适当地选用大"马"来拉小"车"，以延长使用寿命，提高可靠性；第二种是按轻任务使用类别设计的接触器用于繁重任务使用类别时，也应降容量使用。

在接触器的选用中，原则上要以可靠性为前提，因为运行中的安全可靠包含经济因素。而经济性要根据使用条件、设备的设计要求，以及用户的重要程度等因素来综合考虑，只有兼顾才能做到合理，主要应根据实际情况而定。

2）接触器的简单维护

应经常或定期地检查接触器的运行情况，并进行必要的合理维护，以延长其使用寿命，保证其安全可靠地运行。维护、检修时应首先断开电源，然后按照以下步骤进行操作。

（1）外观检查

用压缩空气清除接触器各部件的灰尘，铁芯极面上的灰尘也可以用毛刷清除。若有油污，可先用棉布蘸少量酒精擦拭，然后再用干布擦净，并仔细观察接触器外观是否完整无损，注意拧紧所有紧固件。

（2）灭弧室维护

取下灭弧罩，用毛刷清除罩内落物及金属颗粒，如发现有破裂或严重烧损及零部件（如灭弧栅片）变形、松脱或位置变化等现象而不易修复，应及时更换灭弧室。重新安装时，应装回原位，不能随意更换到另一极上，以免影响其灭弧效力。

（3）触头的维护

定期检查触头的温升是否超过标准（主触头温升 75 ℃），银或银基粉末冶金制成的触头表面有发黑的现象是正常的，不会影响其实际工作能力，一般可不必清理。如果触头接触处有金属颗粒或毛刺，可以用细锉轻轻锉平，但不能用砂纸或砂布擦拭。对于具有铜触头的转动式接触器，若长时间没用或连续工作 8 h 以上，在使用前应先开闭 1～2 次，以便除去触头的氧化膜。当触头有开焊、裂缝或磨损到原厚度 1/3 的情况时，则应更换新触头。

（4）吸引线圈的维护

观察线圈外表层有无过热变色，定期检查线圈温升是否超过规定的值（一般规定，当环境温度为 40 ℃时，A 级绝缘的线圈用温度计测得的表面温升不得超过 60 ℃），引线与导线是否有松动、开焊或将断的情况，线圈骨架有无碎裂、磨损或固定不正常等现象。此外，还应注意缓冲件是否完整。

（5）铁芯的维护

观察铁芯极端面有无变形、松开现象，可用棉纱蘸少量汽油擦拭极面上的污垢；注意交流电磁铁的分磁环有无断裂，中柱气隙是否保持在 0.1～0.3 mm（如发现过小可锉去一些）；观察直流电磁铁铁芯的非磁性垫片是否磨损或脱落，缓冲件是否完整，位置是否正确。

（6）接触器转轴的维护

观察接触器的转轴转动是否灵活，在转轴与轴承处可注入少量润滑油，以保持转动灵活。

3）接触器的常见故障及处理

接触器在使用过程中的常见故障主要发生在电磁接触器上，下面将其故障现象、产生原因及处理方法列于表 3-4-13 中，以供参考。

表 3-4-13　故障现象、产生原因及处理方法

序号	故障现象	产生原因	处理方法
1	接触器开合不灵	① 机械可动部分被卡住	排除相应障碍即可
		② 摩擦力过大	
		③ 气隙中有阻塞	
		④ 磁极表面积尘太厚	
		⑤ 电空接触器漏风或风压不足	

序号	故障现象	产生原因	处理方法
2	通电后不能完全闭合	① 电源电压低于线圈额定电压	① 调整电源电压或更换线圈
		② 触头弹簧与反力弹簧压力过大	② 调整或更换弹簧
		③ 触头超程过大	③ 调整触头超程
3	接触器关合过猛或线圈过热冒烟	电源电压过高	调整电源电压或更换线圈
4	断电后不释放	① 反作用力太小	① 调节或更换反力弹簧
		② 剩磁过大	② 对直流接触器应加厚或更换新非磁性垫片,对交流接触器应将去磁气隙处的极面锉去一部分或更换磁系统
		③ 触头熔焊	③ 撬开已熔焊的触头或更换新触头
		④ 铁芯极面有油污或尘土	④ 清理磁极表面
5	铁芯噪声过大或发生振动	① 电源电压过低	① 调节电源电压
		② 铁芯极面有脏物或锈层,或因过度磨损而不平	② 清理极面,必要时可刮削修整或更换铁芯
		③ 分磁环断裂	③ 焊接或更换分磁环
		④ 磁系统歪斜或机械上卡住而使铁芯吸不平	④ 排除机械卡住故障,更正工作位置
		⑤ 反作用力过大	⑤ 调节或更换弹簧
6	线圈过热或烧损	① 电源电压过高或过低	① 调整电源电压或更换线圈
		② 线圈的通电持续率与实际情况不符	② 更换为与通电持续率相符的线圈
		③ 交流线圈操作频率过高	③ 降低操作频率或更换线圈
		④ 交流电磁铁可动部分卡住,铁芯极面不平或去磁气隙过大	④ 排除卡住现象,清除极面或调整铁芯
		⑤ 线圈匝之间短路	⑤ 更换线圈
		⑥ 空气潮湿,含有腐蚀性气体或环境温度过高	⑥ 用特殊设计的线圈
		⑦ 交流电磁铁采用直流双线圈控制时,因常闭联锁触头熔焊而使起动线圈长期通电	⑦ 更换联锁触头,排除致使该触头熔焊的故障
7	接触器不闭合或正常情况下突然断开	① 线圈引出线断裂	① 焊好后可靠绝缘
		② 线圈内部断线	② 更换线圈
8	触头严重发热或熔焊	① 操作频率过高或负载电流过大	① 更换接触器
		② 触头表面高低不平、生锈、积有尘埃或铜触头严重氧化	② 清理接触面

续表

序号	故障现象	产生原因	处理方法
8	触头严重发热或熔焊	③ 超程过小或行程过大	③ 调整参数或更换触头
		④ 接触压力不足	④ 调整或更换弹簧
		⑤ 闭合过程中振动过于剧烈	⑤ 调整触头参数或更换接触器
		⑥ 触头分断能力不足	⑥ 更换合适的接触器
		⑦ 触头表面有金属颗粒凸起或异物	⑦ 清理触头表面
		⑧ 电源电压过低或机械上卡住而使触头停滞不前或反复跳动	⑧ 调高电源电压，排除机械卡住故障，保证接触器可靠吸合

4）接触器的检修

接触器在闭合过程、闭合状态或断开过程中，都不可避免地会产生机械磨损或疲劳裂损，触头系统产生电磨损，线圈及绝缘件出现过热、老化现象。如不及时检查修理，就会影响其工作的可靠性。因此，对接触器进行预防性的检查、修理，及时更换超过限度的零部件，是十分必要的。

接触器是根据电力机车走行公里的长短来确定修程的。电力机车小修时，接触器只做一般的清扫和检查，工作量不大；电力机车中修时，安装接触器的屏柜均吊离车体，在地面做较大范围的解体检修。虽然对不同的接触器，不同的修程有着不同的检修工艺、检修范围和技术要求，但它们在检修过程中还是有很多共同点。比如说，中修时对接触器提出的检修技术要求就基本上适用于小修时的检查标准。因此，下面只介绍电力机车中修时接触器的一般检修情况。

（1）触头检修

触头的工作状态决定了接触器的性能和可靠性，因此接触器触头检修是有触点电器在检修时的一个关键问题。触头有开距、超程、研距、初压力、终压力等参数，触头的检修就是要注意这几个参数的测定及调试。

① 触头开距。规定开距尺寸是为了在断开电流时，保证触头间的电弧能迅速熄灭，并在开断状态下有一定的绝缘距离，不致因过电压而击穿。触头开距的大小与开断电流容量、电压等级及灭弧方法有关。检修时，可在触头处于完全打开状态时，用卡尺测量触头的开距。触头的开距由接触器的结构决定，有的可进行微量的调整。

② 触头超程。超程可以产生比初压力大的终压力，保证在触头磨耗后仍能可靠地接触。在触头压缩弹簧良好的情况下，检查触头的超程就是检查触头由开始闭合到闭合终了时触头弹簧的压缩量，或者说是衔铁在此期间所走的距离。检修时，若触头片厚度小于规定值，则应更换。

③ 触头初压力。接触器保持适当的初压力，可以减少闭合时由于触头撞击而产生的弹跳，从而防止因触头弹跳而引起拉弧、熔焊的危险。触头的初压力可以认为是动触头弹簧的预压缩力，因此在动触头弹簧自由长度不变，又无疲劳、断裂的情况下，只要保证组装时的压缩量，触头的初压力也就能够得到保证。

④ 触头终压力。只有具备一定的终压力，才能减少触头的接触电阻，从而减少触头的发

热。终压力的测定方法是当动、静触头处于完全闭合状态时，在动、静触头之间并联一个带电源的指示灯，并在动触头接触线处挂一测力计，保持测力计的拉力方向与触头弹簧轴线方向一致，外施拉力，指示灯熄灭瞬间的拉力值就是触头的终压力。

⑤ 触头研距。是指转动式触头的动、静触头从刚刚开始接触到完全闭合所滚动和滑动的距离之和。研距的作用是保护触头正常工作点不受机械碰撞和电弧危害，擦去表面氧化膜，保证良好的电接触。较大型的接触器的动、静触头从初始闭合到终了闭合之间应有明显的研磨滚动的过程。触头的研磨滚动过程，可以通过在触头间衬垫复写纸的办法来检查研磨滚动的踪迹。

⑥ 触头的接触状态。接触器动、静触头的接触面一般为线接触或点接触，检修时应检查其接触面是否清洁，有无金属熔镏，触头表面被电弧烧伤应予整修，必要时还应使用细锉锉修表面。锉修时注意保持触头表面的曲率，锉光后用细布擦净。触头的接触状态还包括动、静触头与触头座间的静接触状态。动、静触头的接触面一般不少于触头面积的80%。灯光法是检查触头接触状态的常用方法，比较简便、直观。除此以外，还可根据触头接触电阻反映触头接触面的状态这一点，采用专用的测试仪，通过测试接触电阻的大小来判断触头的接触状态。

触头检修时，CZ5系列直流电磁接触器主触头的开距、超程，可通过调节胶木底板上的垫片来达到。CJ8Z-150Z型交流电磁接触器的开距、超程，可通过调节开距调节棒的偏心位置、增减接触组与底座间垫片的厚度来达到；压力调节可配合超程协调进行；无法兼得时，可更换合适的触头弹簧。TCK7系列电空接触器触头片厚度小于1 mm时，应当更换。

接触器触头检修后，应使用兆欧表检查各带电部分之间及对地的绝缘状态。安装于主电路中的接触器，必要时还需进行对地介电强度的试验。

（2）传动机构检修

接触器的传动机构可分为电磁传动机构和气缸传动机构两种，检修时的要求略有不同，分述如下。

电磁传动机构的检修要求如下。

① 按工艺要求顺序解体接触器。

② 用毛刷、汽油清扫各部污垢，并用白布擦拭干净。

③ 检查吸引线圈，无过热、变色，骨架无裂纹，用万用表或电桥测量其电阻值，应符合技术要求；线圈包扎绝缘有局部损伤时，可适当包扎，并涂绝缘漆。

④ 检查磁路系统，状态应良好，铁芯极面应平整、光洁，E形铁芯可用塞尺检查中间极面低于两侧极面的间隙，其值应为0.12～0.3 mm，衔铁运动应灵活，无卡滞现象。

⑤ 检查线圈、铁芯及衔铁弹性减振组件，应完整，减振作用良好。

⑥ 检查动触头盒安装桥及盒内弹簧，应无过热、变形，转动轴安装牢固。

⑦ 检查灭弧装置，触头与灭弧罩不得相碰，灭弧罩有裂损和电弧灼伤时应更换。

⑧ 检查联锁触头装置，触头有严重烧损时应更换。

接触器组装后，应测量触头开距、超程及压力。当电压为88 V时，接触器动作应灵活可靠，传动机构及触头系统的工作正常。

气缸传动机构以TCK7系列电空接触器为例进行介绍。

① 解体前检查。先取下灭弧罩进行外观检查，然后进行动作性能试验。

② 解体。按工艺要求顺序解体电空阀、联锁支架、拉杆与活塞穿销，风缸下盖取出皮碗、活塞、弹簧，拆下导弧角、动触头、静触头、灭弧室支板，最后拆下左、右侧板。

③ 检修。先用汽油清洗，再用清洁棉布（禁用棉纱、砂布）擦拭风缸、活塞、弹簧，更换老化、损坏、疲劳及发生放电痕迹部件；清洗、打磨、调整联锁触头，保证其接触良好，无卡滞、裂纹或打不开等现象；主触头检修按触头检修方法进行；清扫、整修灭弧室，灭弧罩有轻微灼伤时，可将碳化的部分或金属层用砂纸清理干净，有局部破损时可考虑用环氧树脂粘补，灭弧室内灭弧栅片被电弧烧损时需打磨，有严重烧伤时应予更换；灭弧线圈包扎绝缘状态良好，匝间距离不小于 0.5 mm，表面绝缘脱落时应予涂漆，严重时应当更换；清洗各绝缘零件表面，有被电弧烧损时应将碳化层清理干净，并涂绝缘漆，编织线缺损大于 10% 时应更换。

④ 组装。组装过程是解体过程的反过程，组装时气缸内注入适量的蓖麻油，各联锁片与联锁触头接触组件滚子之间相对偏移应不大于 1 mm，动、静触头与座的齿纹啮合应良好，各螺栓紧固。

⑤ 试验。接通电源、风源，做性能动作试验，手控动作 10～20 次，检查风缸及其传动部件的运动状态，并测量活塞行程在 22～24 mm 之间，触头接触偏差不大于 2 mm，接触线长度不小于 80%，触头滚动距离不小于 8 mm，触头开距、超程、初压力及终压力必须符合规定的技术要求；用肥皂液在最大风压下做泄漏试验，以肥皂泡沫 5 s 不破为合格；相互绝缘的带电部分之间及对地做 5 750 V 工频耐压 1 min 试验，应无击穿、闪络现象。

任务 3.5　继电器的装调

课程思政

安全意识——7·23 甬温线线路信号故障致动车追尾事故

任务导入

继电器是机车车辆中应用非常广泛的低压电器。继电器有什么作用？由什么结构组成？工作特点是什么？接下来，就让我们带着这些疑问开始学习吧！

任务目标

知识目标	（1）掌握继电器的结构
	（2）掌握继电器的工作过程
	（3）掌握继电器的组装规范与调试流程
能力目标	（1）能识别继电器的结构
	（2）能描述继电器的工作过程
	（3）能完成继电器的组装与调试操作
素质目标	（1）具备积极主动的学习态度
	（2）具备乐于奉献、协作创新的团队意识
	（3）具备精益求精、严谨认真的职业素养

微课视频

继电器的认知

微课视频

继电器的动画

任务实施

子任务 3.5.1 【识结构】JL14–20J/5 型继电器结构认知

（1）根据图 3-5-1，在表 3-5-1 中写出 JL14-20J/5 型继电器部件的名称。

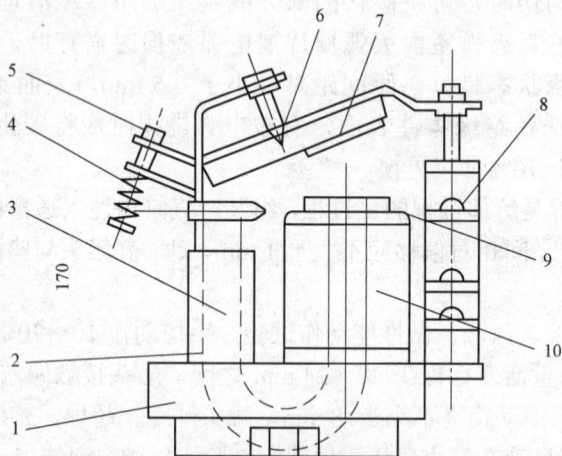

图 3-5-1　JL14–20J/5 型继电器部件

表 3-5-1　JL14–20J/5 型继电器部件名称

序号	部件名称	序号	部件名称
1		6	
2		7	
3		8	
4		9	
5		10	

（2）在表 3-5-2 中写出继电器各部件的功能。

表 3-5-2　继电器部件功能

部件名称	功　能
输入量	
测量机构	
比较机构	
执行机构	
输出量	

（3）写出 JT12–18/21 型接地继电器的工作原理。

_____

_____

_____

_____

_____

_____

_____

_____

_____

_____

_____

_____

_____

_____

子任务 3.5.2 【学知识】继电器知识学习

（1）继电器是一种根据某一输入量来控制执行机构的电器，用于控制电路。继电器也可认为是传递信号的电器。在电力机车控制电路中，继电器具有_____、保护或_____的作用。

（2）继电器一般由_____、_____和_____等部分组成。

（3）_____是反映继电器输入量的装置，用于接收输入量，并将其转换成继电器工作所必需的物理量。

（4）同接触器相比较，继电器具有以下特点。

① 继电器触头容量小，采用点接触形式，没有_____，体积和质量也比较小。

② 继电器的_____要求极高，输入量、输出量易于调节。

③ 继电器能反映多种_____，用途很广，外形多样。

④ 继电器不能用来开断_____及_____的控制电路。

（5）_____是指从接收信号至触头动作（或使输出电路的电参数产生跳跃或改变）具有一定的延时，该延时又符合其准确度要求的继电器。

（6）_____是指继电器输入量的返回值与动作值之比，用 K_{fh} 表示，是继电器的重要参数之一，对继电器来说一般_____。K_{fh} 越接近于 1，继电器动作越灵敏，但抗干扰能力较差。

（7）_____型交流继电器主要作为韶山型电力机车主电路原边过流保护和辅助电路过流保护之用。

（8）TJS 型电子式时间继电器具有延时范围广、精度高、体积小、耐冲击、耐振动、调节方便、寿命长等优点。只要改变_____的阻值，即可方便地调整延时时间。

子任务 3.5.3 【践维调】继电器维检与调试

根据表 3-5-3，制作继电器维检与调试作业工艺卡。

表 3-5-3　继电器维检与调试作业工艺卡

完成人员		完成日期		继电器维检与调试作业工艺卡
工具名称	工具数量	工具规格	工具要求	
安全要求			操作注意事项	

工序名称	作业过程	工种

★ 任务评价

继电器装调评价表

主要内容		考核要求及评分标准	配分	自评	互评	师评
任务准备	任务书编写	继电器的维检与调试作业工艺卡编制	10			
	作业前准备	个人防护用品穿戴齐备，错漏一处扣2分 防护措施到位，错漏一处扣2分 工具准备到位，错漏一处扣2分	5			

续表

主要内容		考核要求及评分标准	配分	自评	互评	师评
操作过程	继电器部件认知	继电器部件认知、功能分析正确，错漏一处扣 2 分	10			
	继电器维检与调试	作业顺序出现差错扣 5 分 弹簧飞出扣 5 分 工具选择不合理扣 5 分	25			
	继电器工作过程分析	继电器工作过程原理分析是否正确，错漏一处扣 2 分	10			
	继电器故障处理	作业顺序出现差错扣 5 分 弹簧飞出扣 5 分 工具选择不合理扣 5 分	25			
职业素养	作业质量	零部件齐全，每遗漏一个零部件扣 2 分 分解各零部件未分类放至各配件盒扣 2 分 按规定程序进行作业，程序混乱扣 2 分	5			
	基本要求及安全防护	操作过程中及作业完成后，工具、仪表、设备等摆放不整齐扣 1 分 作业完成后未整理工具、清洁现场扣 2 分 没有穿戴个人防护用品，作业防护项目不齐全，每缺一处扣 2 分	10			
总分			100			

相关知识

继电器在电力机车中的应用非常广泛，其种类也很多。电力机车常用的电磁式继电器与通用的电磁式继电器的工作原理一样，只是其功能要满足电力机车运行控制及保护的要求。

1. 继电器概述

1）继电器的定义

继电器是一种根据某一输入量来控制执行机构的电器，用于控制电路。继电器也可认为是传递信号的电器。在电力机车控制电路中，继电器具有控制、保护和转换信号的作用。

2）继电器的组成

任何一种继电器，不论它的工作原理、结构形式、使用场合如何，都是根据外界输入的一定信号来控制电路中电流的"通"与"断"的，这是继电器的共性。这种共性说明，任何一种继电器为了完成它的特定使命，一般都应由测量机构、比较机构和执行机构等部分组成，其工作原理如图 3-5-2 所示。

对于大部分继电器来说，输入量可以是电量，如电压、电流、阻抗、功率等，也可以是非电量，如压力、速度、温度等。输入量可以是一个量，也可以是两个量或多个量。

图 3-5-2　继电器工作原理

测量机构是反映继电器输入量的装置，用于接收输入量，并将其转换成继电器工作所必需的物理量。比如电磁型继电器，测量机构是线圈与铁芯组成的磁系统，用来测量输入电量的大小，并在衔铁上将电量的大小转换成相应的电磁吸力。

比较机构是将输入量（或转换量）与其预设的整定值进行比较，根据比较结果决定执行机构是否动作。例如，对于电磁继电器的反力弹簧，当电磁力大于反力时，衔铁吸合，接点动作；当电磁力小于反力时，衔铁不吸合，接点不动作，没有输出。一般可以在比较环节上调整（整定）继电器的动作值。

执行机构是反映继电器输出的装置，它作用于被继电器控制的相关电路中，以得到必需的输出量。执行机构根据比较结果决定是否动作：有触点电器中触点的分、合动作，无触点电器中晶体管的饱和、截止两种状态，都能实现对电路的"通""断"控制。

输出量是根据比较结果来决定有无的。不管输入是何种物理量，输出量往往是电量。需要说明的是，对于有触点的继电器，也可按前面电器基本理论所述，由触头装置和传动装置（一般没有灭弧装置）组成。

3）继电器的分类

继电器的用途很广，种类繁多，对不同类型的继电器要求不同，有时对同一类型的继电器，也需要从不同的方面去说明它的特性，因此继电器有多种分类方法。下面仅根据目前电力机车上使用的情况来进行分类。

（1）按用途分类

按照在电力机车上的用途不同，继电器可分为控制继电器和保护继电器。控制继电器用来对电力机车上的一个或多个电路进行控制；保护继电器通过接通或断开相应电路来实现对电力机车的保护。

（2）按输入物理量的性质分类

按照输入物理量的性质不同，继电器可分为电磁式继电器（反映电量的继电器）、机械式继电器（反映非电量的继电器）。电磁式继电器的输入量是电流、电压等电量；机械式继电器的输入量是压力、风速、温度等物理量。

（3）按执行机构的种类分类

按照执行机构的种类不同，继电器可分为有触点继电器和无触点继电器。有触点继电器的执行机构是触头，通过触头的闭合或断开来执行动作；无触点继电器则是通过晶体管的饱和或截止来实现有触点继电器的触头动作的功能。

（4）按输入电流性质分类

按照输入电流性质的不同，继电器可分为直流继电器和交流继电器。直流继电器是指继电器线圈通入直流电的继电器；交流继电器是指继电器线圈通入交流电的继电器。

（5）按作用分类

按照在电力机车上的作用不同，继电器可分为电压继电器、电流继电器、中间继电器、时间继电器、压力继电器等。

①　电压继电器是指当继电器线圈两端电压达到规定值时动作的继电器,其吸引线圈与电路并联,故线圈直径较细,匝数较多,主要用于控制。

②　电流继电器是指当继电器线圈流过的电流达到规定值时动作的继电器,其吸引线圈与电路串联,故线圈直径较粗,匝数较少,多作过载或短路保护之用。

③　中间继电器是指用来增加控制电路数目或将信号放大的继电器,它实际上也属于电压继电器。

④　时间继电器是指从接收信号至触头动作(或使输出电路的电参数产生跳跃或改变)具有一定的延时,该延时又符合其准确度要求的继电器。

⑤　压力继电器是指当气压达到动作值时,空气压力大于反力弹簧的反力,推动橡胶薄膜及活塞移动,通过传动件使接点动作的继电器。

4)继电器的特点

在电力机车上,继电器一般不直接控制主电路或辅助电路,而是通过接触器或主、辅助电路中的其他电器对主电路及辅助电路进行控制。与接触器相比,继电器具有以下特点。

①　继电器触头容量小,采用点接触形式,没有灭弧装置,体积和质量也比较小。

②　继电器的灵敏度要求极高,输入量、输出量易于调节。

③　继电器能反映多种信号(如各种电量、速度、压力等),用途很广,外形多样。

④　继电器不能用来开断主电路及大容量的控制电路。

5)继电器的工作原理和继电特性

下面以电磁式继电器为例分析其工作原理。电磁式继电器的测量机构是电磁机构,执行机构是触头通过接收输入量(电压或电流信号),并将其转变为继电器工作所必需的物理量(电磁吸力),通过比较机构进行比较,当达到其动作参数或释放参数(电磁吸力大于或小于反力)时,使触头动作(触头的闭合或开断)。

继电特性可以通过分析继电器的工作过程来得到。继电器的输入量与输出量之间有一定的关系,这就是继电器最基本的输入–输出特性,亦称继电特性。图 3-5-3 为具有常开接点继电器的继电特性,输入量用 X 来表示,输出量用 Y 表示。

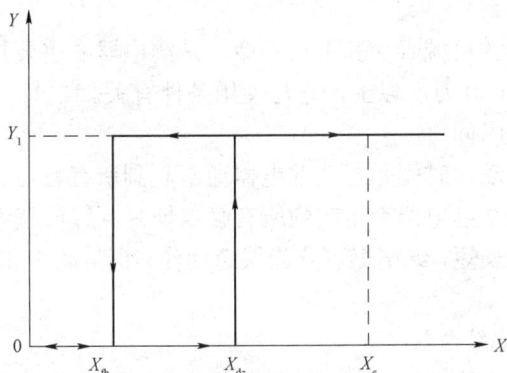

图 3-5-3　继电器继电特性图

当输入量 X 从零增加时,在 $X < X_{dz}$ 的过程中,衔铁不吸合,常开接点保持打开,继电器动作,输出量 $Y=0$;当输入量达到 $X=X_{dz}$ 时,继电器立即动作,衔铁吸合,常开接点闭合,

输出量由 0 跃变，即达到 $Y=Y_1$，继续增加 X 到 X_e（额定输入量），继电器保持该状态不变，输出仍为 Y_1（常开接点继续闭合）。当输入量 X 从 X_e 减少时，在 $X > X_{fh}$ 过程中，继电器仍然保持该状态不变，常开接点继续闭合，输出量还是 Y_1。只有当输入量减少到 $X=X_{fh}$ 时，输入量产生的吸力不足以吸合衔铁，衔铁释放，常开触头打开，继电器返回，输出量 Y 由 Y_1 跃变到 0，继续减少输入量 X 到零，输出量均保持在 Y 为零状态。

6）继电器的基本参数

（1）额定参数

额定参数是指输入量的额定值及触点的额定电压、额定电流等。

（2）动作值

动作值是指使继电器吸合动作所需要的最小物理量的数值，如电流继电器的动作电流、电压继电器的动作电压、风压继电器的动作风压等，有时也称为整定值。

（3）返回值

返回值是指使接点打开所需要的最大物理量的数值。需要注意的是，衔铁的释放值不一定是继电器的返回值。

（4）返回系数

返回系数是指继电器输入量的返回值 X_{fh} 与动作值 X_{dz} 之比，用 K_{fh} 表示。返回系数是继电器的重要参数之一，一般来说，$K_{fh} < 1$。K_{fh} 越接近于 1，继电器动作越灵敏，但抗干扰能力较差，所以返回系数也不完全是越高越好。对控制继电器来说，返回系数要求不高，而保护继电器则要求有较高的返回系数。

（5）动作值的调整

继电器的动作值（或返回值）的调整，也称继电器参数的整定。对电磁继电器的整定，可通过改变反力弹簧和工作气隙来实现；对于电子继电器，可改变比较环节的电位器的阻值等来实现。

（6）额定工作制

对于继电器一般有 3 种额定工作制，即长期工作制、短时工作制、间断工作制。

（7）使用寿命

使用寿命包括继电器的机械寿命和电气寿命，是继电器的重要技术指标。目前，控制继电器的机械寿命可高达 1 000 万次以上，它与使用条件有关。

（8）动作时间与释放时间

对于电磁式继电器，动作时间是指从继电器通电起到所有触点达到工作状态止所经过的时间间隔。释放时间是指从继电器断电起到所有触点恢复到释放状态止所经过的时间间隔。按动作时间或释放时间的长短，继电器可分为快速动作、正常动作和延时动作 3 种动作类型。

2. 继电器的应用

1）JT12–18/21 型接地继电器

该继电器主要用于主电路接地保护。机车上共装有两个 JT12–18/21 型继电器，分别装在 1、2 号高压柜内，对 1、2 架主电路进行接地保护。TJ12–18/21 型接地继电器的型号含义是：T——铁路；J——接地继电器；2——设计序号；18——动作整定电压值（18V）；2——主触头数；1——联锁触头数。

JT12–18/21 型接地继电器的结构如图 3–5–4 所示，主要由传动装置、触头装置、指示装置和机械联锁装置等组成，组装在由酚醛玻璃纤维压制的底板上，外面装有防尘的有机玻璃透明外罩。

① 传动装置。由拍合式电磁铁构成，带有吸引线圈。

② 触头装置。有两对主触头和 1 对联锁触头，均为桥式双断点，主触头由衔铁控制，联锁触头由指示杆带动。

③ 指示装置。带有恢复线圈、螺管式电磁铁和指示杆。

④ 机械联锁装置。由钩子和扭簧组成。

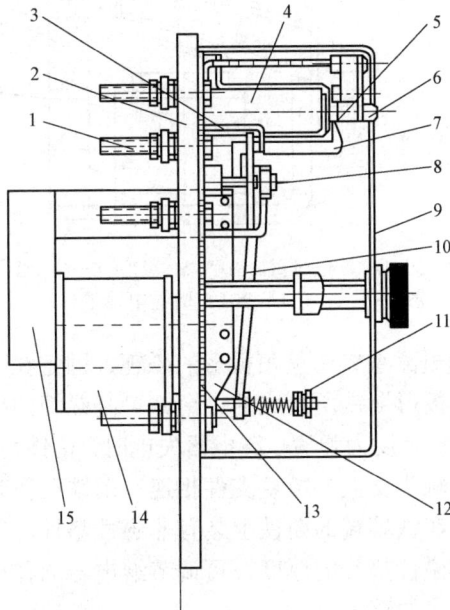

1—接线端子；2—底板；3—主触头；4—恢复线圈；5—联锁触头；6—指示器；7—钩子；8—扭簧；
9—外罩；10—衔铁；11—反力弹簧；12—支座；13—非磁性垫片；14—吸引线圈；15—铁芯。

图 3-5-4　JT12-18/21 型接地继电器的结构

在正常工作状态下，红色指示杆埋在罩内，继电器处于无电释放状态，指示杆被钩子勾住，接地继电器的联锁触头处于常开位置。当机车主电路发生接地故障时，在电磁力的作用下，衔铁被吸合，主触头进行分合转换，开闭有关控制电路，使主断路器切断机车总电源，从而达到保护的目的。与此同时，衔铁压下钩子的尾部，迫使钩子克服扭簧的作用力转开，不再勾住指示杆，使红色指示杆脱扣并在弹簧作用下跳出外罩，显示机械式动作信号，同时联锁触头相应闭合，在司机台显示故障信号。

当故障消除后，衔铁在反力弹簧作用下返回原位。但此时红色指示杆不能恢复原位（即不能恢复至罩内），机械信号仍保持，司机台上信号也不能立即消除。只有通过按主断路器"合"按钮，使恢复线圈短时得电，才能使指示杆吸合进入罩内，指示杆重新被钩子勾住，联锁触头也随之断开，于是接地继电器发出的机械信号和电信号一起消失，恢复至正常状态。

JT12-18/21 型接地继电器在使用过程中必须注意两点：一是该型继电器的指示杆正常时应能被钩子可靠勾住，以防信号错乱；二是该继电器的恢复线圈只能短时通电，其持续时间不得超过 1 min，以免过热而烧损。

2）JL14-20J/5 型继电器

该型继电器主要作为韶山型电力机车主电路原边过流保护和辅助电路过流保护之用。主电路原边过流保护采用 JL14-20J/5 型交流继电器，辅助电路过流保护采用 JL14-20J/1200 型交流继电器。其中：J——继电器；L——电流；14——设计序号；2——常开触头数；0——常闭触头数；J——交流控制。JL14-20J/5 型继电器的结构如图 3-5-5 所示。

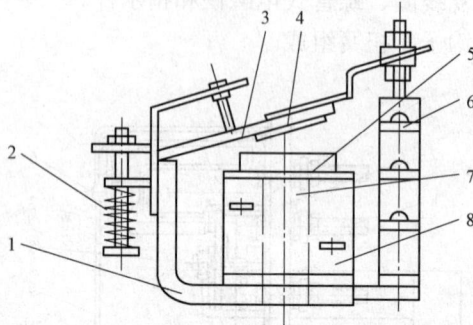

1—磁轭；2—反力弹簧；3—衔铁；4—非磁性垫片；5—极靴；6—触头组；7—铁芯；8—线圈。

图 3-5-5　JL14-20J/5 型继电器的结构

JL14-20J/5 型继电器的电磁系统由呈角板形的磁轭、固定在磁轭上的圆形铁芯、套装在铁芯上的吸引线圈，以及平板形衔铁所组成的。衔铁可绕磁轭的棱角中支点转动，形成拍合式动作。磁轭棱角的左下方装有反力弹簧，继电器失电时，衔铁可借助反力弹簧的反力打开。电磁系统右侧装有触头组，触头支架与衔铁支件相连，衔铁动作时，可带动触头支架做相应的动作，使联锁触头开闭。在铁芯端的衔铁上装有非磁性垫片，用于防止剩磁继续吸引衔铁而出现不释放现象。改变非磁性垫片的厚度，可调节继电器的释放电流值；改变反力弹簧的压力，可调节继电器动作电流的整定值。

JL14-20J/1200 型继电器用作辅助电路过电流保护，其动作电流的整定值为 2800（1±10%）A。该型继电器的结构如图 3-5-6 所示。

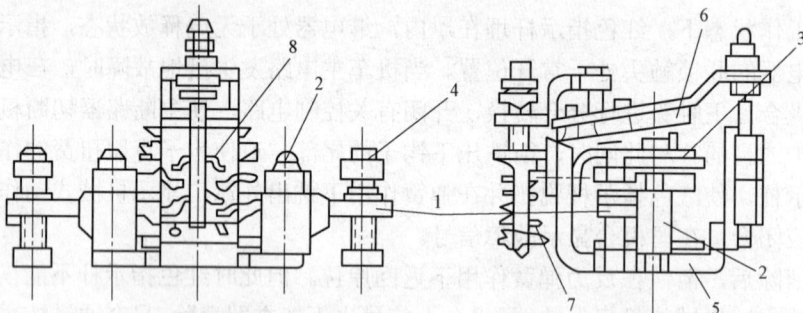

1—母线；2—支架；3—分磁板；4—螺栓；5—磁轭；6—衔铁；7—反力弹簧；8—触头组。

图 3-5-6　JL14-20J/1200 型继电器的结构

根据励磁的需要，它的电磁系统由磁轭和分磁板组成矩形框架，吸引线圈就是穿过矩形方框的方形铜排，即母线，由它取代了铁芯骨架。分磁板的作用是将短路或过载电流产生的磁通分为相位不同的两部分，以保证铁芯对衔铁的合成吸力消除，并保持在一定的范围内，从而减小了交流电磁铁处于闭合状态的振动和噪声。当辅助电路工作正常时，母线中通过的电流小于动作值，衔铁在反力弹簧的作用下处于打开状态。若辅助电路出现过载或短路故障，衔铁即在电磁吸力的作用下吸合，带动触头组中的联锁触头做相应的分合转换。

3）JT3-21/5 型时间继电器

该型继电器是控制电路中的时间控制元件，有 3 个时间等级：1 s（0.3～0.9 s）、3 s（0.8～3 s）、5 s（2.5～5 s）。JT3-21/5 型时间继电器的型号含义是：J——继电器；T——通用；3——设计序号；2、1——2 开 1 闭接点目；5——表示动作值（s）（延时时间）。

JT3 系列时间继电器的结构和外形如图 3-5-7 和图 3-5-8 所示，该型继电器的铁芯和磁轭采用圆柱整体电工钢，使铁芯与磁轭成为一体，再用铝基座浇铸而成，从而减小了装配气隙，降低了磁阻，有利于提高继电器的灵敏度。衔铁制成板状，装在磁轭端部，可绕棱形支点转动，形成拍合式动作。铁芯端部套有圆环状的极靴。在衔铁内侧与铁芯接触处，装有一个磷铜皮制成的非磁性垫片，此垫片使衔铁闭合时与铁芯保持一定的距离，即衔铁与铁芯间有一定数值的磁阻，以防衔铁在闭合状态下，当吸引线圈断电时，剩磁将衔铁"黏住"，引起继电器不能正常释放而造成事故。时间继电器的延时作用是依靠套装在磁轭上的阻尼套筒来保证的。继电器断电时，可借助反力弹簧的作用使衔铁打开。继电器的联锁触头采用标准组件，更换方便，且常开和常闭联锁触头的数量可按需要组合。它装在继电器的前侧，其杆状胶木的动触头支架由与衔铁机械固定在一起的拨叉控制，衔铁动作即做相应的开闭。

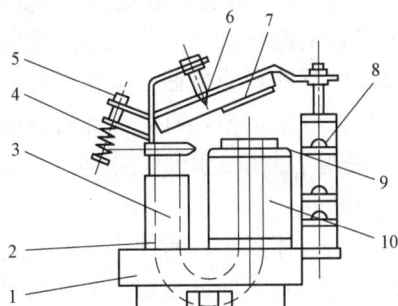

1—底座；2—阻尼套筒；3—铁芯；4—反力弹簧；5—反力调节螺母；
6—衔铁；7—非磁性垫片；8—触头组；9—极靴；10—线圈。

图 3-5-7　JT3 型时间继电器的结构　　　　图 3-5-8　JT3 型时间继电器外形

当继电器的线圈通电时，在磁路中产生磁通。当磁通增加到能使衔铁吸合的数值时，衔铁开始动作，随着衔铁与铁芯之间气隙的减小，磁通也增加。衔铁与铁芯吸合以后，磁通最大（此时的磁通大于将衔铁吸住时所需的磁通）。当线圈通电时，因为磁通的增长和衔铁的动作时间很短，所以联锁触头的动作几乎是瞬时的。当线圈断电时，电流将瞬时下降为零，相应地电流的主磁通亦迅速减小，但因其变化率很大，根据楞次定律，在阻尼铜套（或阻尼铝套）内部将产生感应电势，并流过感应电流，此电流产生与原主磁通相同方向的磁通以阻止主磁通下降，这样就使磁路中的主磁通缓慢衰减，直到磁通衰减到不能吸住衔铁时，衔铁才释放，接点才相应地打开（或闭合），这样就得到了所需的延时。

为了保证继电器延时的准确性，在使用时间继电器时必须保证有足够的充电时间（即线圈通电时间），使衔铁和铁芯中的磁通完全达到稳定值。若充电不足，没有建立起稳定的磁通，延时作用将大大削弱。JT3 系列时间继电器的充电时间不能小于 0.8 s，故继电器通电时间必须大于 1 s。

时间继电器的延时整定必须符合所选继电器相对应的时间等级范围，否则将不能保证延时精度。时间继电器不同延时时间等级之间的调节（又称大范围调节）可以用更换阻尼套的办法来实现。时间继电器的延时等级取决于阻尼套的材质及参数。因为阻尼套中电流的衰减过程取决于阻尼套的时间常数（T），电阻越小，T 就越大，电流衰减也就越慢，延时时间也就越长。因此，5 s 级的时间继电器一般采用大截面铜套以降低电阻值，3 s 级的时间继电器则用铝套或小截面铜套以增加电阻值。时间继电器相对应的阻尼套都是专用的，由制造厂配给，不能随意拆换。若确需改变继电器的使用等级，则可调换相应等级的阻尼套，以确保整定延时的足够精度。在允许的时间范围内，延时时间的调节方法有以下两种。

① 调节反力弹簧。这种调节可以是连续而细微的，称为细调。在保持非磁性垫片的厚度不变的前提下，反力弹簧拧得越紧，反作用力就越大，延时时间就越短；反之，则反作用力越小，延时时间越长。但反力弹簧不能调得太松，否则有被剩磁黏住不释放的危险。

② 调节非磁性垫片。这种调节是阶梯性的，既不连续，也不能做微量调整，称为粗调。在保持反力弹簧不变的前提下，非磁性垫片越厚，磁路的气隙和磁阻就越大，相同磁势下产生的电磁吸力就越小，衔铁就越容易释放，故延时时间相应缩短；反之，延时时间则相应延长。但非磁性垫片不能太薄或取消，太薄容易损坏而成无垫片，无垫片将会出现继电器衔铁不能释放的现象。

4）电子式时间继电器

近年来，在电力机车上还采用了新型的电子继电器（晶体管保护装置），其组成亦可分为测量机构、比较机构和执行机构 3 大部分。通过触发器的翻转状态变化（晶体管的导通和截止）来控制电路的通或断，由于电路的通或断是靠晶体管的导通或截止来实现的，无明显的开断点，所以也称为无触点继电器（实际上，为了扩大输出功率，有时晶体管继电器最终输出用的是小型时间继电器）。一般电子式继电器中还采用了大量的电阻、电容和二极管等，用来组成各功能电路。

TJS 型电子式时间继电器具有延时范围广、精度高、体积小、耐冲击、耐振动、调节方便、寿命长等优点。电力机车上一般安装 2 个 TJS 型电子式时间继电器，分别用于自动停车信号装置的延时（整定值为 7 s）和空气制动柜的延时（整定值为 25 s）。TJS 型电子式时间继电器的型号含义是：T——铁路机车用；J——继电器；S——时间。由于该型电子式时间继电器的延时时间由电阻决定，因此只要改变电阻的阻值，即可方便地调整延时时间。

5）空气阻尼时间继电器

空气阻尼时间继电器又称气囊式时间继电器，其结构如图 3-5-9 所示。空气阻尼时间继电器是利用气囊中的空气通过小孔节流的原理来获得延时动作的。根据触点延时的特点，空气阻尼时间继电器可分为通电延时动作型和断电延时复位型两种。

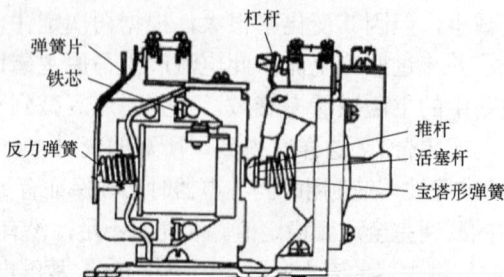

图 3-5-9　空气阻尼时间继电器的结构

断电延时型时间继电器和通电延时型时间继电器的组成元件是通用的，如果将通电延时型时间继电器的电磁机构翻转 180°安装即成为断电延时型时间继电器，如图 3-5-10 所示。

图 3-5-10　空气阻尼时间继电器的类型

3. 继电器的选用、维护与检修

1）继电器的选用

继电器是现代工业生产中不可缺少的自动化组件，它广泛应用于工业、农业、国防和交通运输等领域，品种多、用量大。因此，了解各继电器的性能、参数和使用条件，正确地选择和使用继电器，是确保继电器及其被控制或保护对象可靠工作、正常运行的重要环节。选用继电器的一般方法如下。

① 根据被控制或保护对象（可根据电量或非电量）的具体要求，确定采用的继电器的种类，并设计其继电-接点电路。

② 确定控制和被控制电路的基本参数，如控制电路（继电器线圈电路）的线圈数量，电流种类，继电器动作、释放和工作状态的电流、电压或功率值以及它们的变化范围；被控制电路（继电-接点电路）的常开和常闭接点的数量、电路中的电流种类（直流或交流）及其大小、负载的电阻和电感量等。

③ 根据控制和被控制电路对继电器的要求，在考虑使用寿命、工作制、使用条件、继电器主要技术参数及重量和尺寸的基础上，从产品目录中选择合适的继电器。

2）继电器的维护与检修

继电器是电力机车控制电路和监测保护系统的主要配件。电力机车运行时，当主电路和辅助电路中的电机、电器或连接线路出现故障时，可通过相应监测保护系统的继电器，将故障转化为电信号，一方面反馈到主断路器的分闸线圈，使主断路器跳闸，切断电力机车总电源，对电力机车进行保护；另一方面反馈到信号装置（包括机械信号和电信号），使其显示不同的故障状态，指示电力机车乘务员及时而正确地处理故障。可见，继电器虽然不直接控制主电路和辅助电路，但在电力机车上的作用却是极其重要的。由于电力机车电器的工作条件恶劣，各继电器及部件的性能与参数也将随着工作任务与使用时间的改变而改变，而且还经常受到各种偶然因素的影响，因此必须对这些情况经常地进行监视并及时地进行了解，对可能出现的各种异常现象及早提防，对某一继电器或继电器的某一部件产生的故障及时修理或更换，以确保电力机车正常而可靠地工作。所以，坚持预防为主的方针，建立必要的维修制度，对继电器进行经常和定期的维修是十分必要的。尽管继电器型号不同，检修方法也有区别，但是在检修时都应按以下要求进行。

① 继电器活动部分的动作应灵活、可靠，外罩及壳体应无损坏或缺少零件等情况。

② 继电器线圈引出端子及外部连接线必须牢固、可靠，电磁继电器吸引线圈的阻值须符合有关的技术规定。

③ 有指示件的继电器应检查指示件的自锁和释放作用，保证其正确、可靠。

④ 绝缘状态良好，磨耗件及易损件（包括胶木件、外罩、分磁环、非磁性垫片等）有缺损时应更换，各连接部分的紧固状态应良好。

⑤ 测量继电器触头厚度、开距、超程及终压力等技术参数，且必须符合有关规程和工作文件的要求。

⑥ 调整继电器动作参数的整定值，并加漆封固定。有特殊要求时，还应测量继电容的返回系数。

继电器的检修工作除一般的清扫、检查外，主要是测量继电器的技术参数并调整其动作的整定值。

电力机车上装有电磁式继电器、机械式继电器和电子式继电器。从继电器的输入、输出特性可以知道，继电器只有当输入量达到其规定的动作参数时才会动作，即电磁式继电器在达到规定的电压、电流值或机械式继电器达到规定的压力、速度时，继电器才动作，并带动相应的联锁触头接触或分断相应的控制电路，将故障或正常工况准确地显示出来。由此可见，继电器的动作参数是决定继电器准确动作的决定性因素，而调节继电器动作参数的过程，即对继电器的整定过程就显得尤为重要了。所以，在电力机车中修时，最主要的任务之一就是对全部继电器重新整定、校检。继电器整定值的调试应由专职人员在专用的试验台上进行。电磁式继电器可借助调整反力弹簧、初始气隙及非磁性垫片等措施来调整动作值。一般地，调整初始气隙可改变其动作值，调整非磁性垫片可改变其释放值，而调整反力弹簧则动作值和释放值都可改变。应当注意的是，各继电器整定完毕后应铅封或漆封，以防错动而影响整定值。必要时，某些继电器在检修后还应做振动试验、触头压力及接触电阻测试。

3）继电器的常见故障及处理

继电器在使用过程中，由于各种原因，如产品质量不高、使用不当、维修不好等，常常发生各种各样的故障。下面主要介绍有触点继电器的故障及处理。

（1）触头故障

① 由于触头的机械咬合（触头上形成的针状凸起与凹坑相互咬住）、熔焊或冷焊而产生无法断开的现象。

② 由于接触电阻变大或不稳定，使电路无法正常接通的现象。

③ 由于负载过大或触头容量过小或负载性质变化等引起触头无法分、合电路的故障。

④ 由于电压过高或触头开距变小而出现触头间隙重新击穿的故障。

⑤ 由于电源频率过高或触头间隙电容过大而产生无法准确开断电路的故障。

⑥ 由于各种环境条件不满足要求而造成触头工作失误。

⑦ 由于没有采用熄弧装置或措施，或参数选用不当而造成触头磨损或产生不必要的干扰。

（2）线圈故障

① 由于环境温度的变化（超过技术条件规定值）导致线圈温升超过允许值而引起线圈绝缘损坏；由于潮湿而引起绝缘水平的严重降低；由于腐蚀而引起内部断线或匝向短路。

② 由于线回电压超过 110%额定电压而导致线圈损坏。

③ 在使用、维修时，由于工具碰撞而使线圈绝缘损坏或引起线圈折断。

④ 由于线圈电压接错，如额定电压为 110 V 的线圈接到 220 V 的电源电压上，或将交流电压线圈接到同样等级的直流电压上而使线圈立即烧坏。

⑤ 交流电压线圈可能由于线圈电压超过 110%额定电压，或操作频率过高，或当电压低于 85%额定电压时因衔铁吸合不上而烧坏。

⑥ 当交流电压线圈接上电压时，可能由于传动机构不灵或卡死等原因，使衔铁不能闭合而使线圈烧坏。

（3）磁路故障

① 棱角和转轴的磨损，导致衔铁转动不灵或卡死的故障。

② 在有些直流继电器中，由于机械磨损或非磁性垫片损坏，使衔铁闭合后的最小气隙变小，剩磁过大，导致衔铁不能释放的故障。

③ 交流继电器铁芯上分磁环断裂，或衔铁和铁芯极面生锈或侵入杂质，引起衔铁振动，产生噪声。

④ 交流继电器 E 形铁芯中，由于两侧铁芯磨损而使中柱的气隙消失，产生衔铁黏住不放的故障。

（4）其他

如各种零件产生变形或松动、机械损坏、镀层裂开或剥落、各带电部件与外壳间的绝缘不够、反力弹簧因疲劳而失去弹性、各种整定值调整不当、产品已达额定寿命等。继电器产生故障的原因很多，除了要求生产厂家确保产品质量以外，正确使用和认真维修也是减少故障、保证可靠工作的重要措施。

知识拓展

自动开关的认知

知识拓展

自动开关的认知（微课视频）

模块 4 机车其他电器的装调

⚙ 案例引入

2010 年 12 月 14 日，HXD$_{1C}$ 0069 机车 0311 号牵引电机发生轴承固死的现象，立即返回制造厂进行拆解检查。齿端外盖拆下后，齿端轴承保持架碎片散落出来，保持架完全毁损，齿端轴承滚柱完全毁损 4 个，其余滚柱存在不同程度的磨损。

⚙ 原因分析

HXD$_{1C}$ 机车牵引电机齿端轴承，采用齿轮箱润滑油与牵引电机齿端润滑油共用的方式进行润滑，机车在运行过程中，通过轮对大齿飞溅齿轮箱油至电机集油槽内，集油槽收集的齿轮箱润滑油通过润滑油孔流入轴承室内对齿端轴承进行润滑，之后润滑油通过回油槽再流回齿轮箱内。因此，HXD$_{1C}$ 机车齿轮箱润滑油的质量状态将直接影响牵引电机齿端轴承的运行环境。

为全面掌握 HXD$_{1C}$ 机车的齿轮箱润滑油状态，机务段将配属的 HXD$_{1C}$ 机车齿轮箱润滑油进行了全面的送样化验，化验项目主要包括铁、铜、硅、铝、铬及铁铜比等内容。通过化验结果发现，个别机车齿轮箱润滑油的铜、铁、硅含量异常超标。

⚙ 总结经验

对 HXD$_{1C}$ 机车的两位齿轮箱润滑油进行了过滤试验，齿轮箱润滑油经过过滤后，其各项金属指标明显降低，主要体现在铜、铁和硅 3 种元素明显较少。因此，将滤油机方案在 HXD$_{1C}$ 机车各级修程中进行应用，可作为预防电机轴承故障、提升齿轮箱润滑油品质的辅助措施，同时也能在一定程度上延缓牵引电机齿端轴承故障的发展速度。

和谐型大功率交流传动电力机车上还安装有一些其他电器设备，主要包括：牵引变流器、牵引变压器、牵引电机等。本模块介绍电力机车其他电器设备的结构、原理、组装、调试等内容。

模块任务

任务 4.1　牵引变流器的装调	（1）牵引变流器的结构认知
	（2）牵引变流器的知识学习
	（3）牵引变流器的装调操作
任务 4.2　牵引变压器的装调	（1）牵引变压器的结构认知
	（2）牵引变压器的知识学习
	（3）牵引变压器的装调操作
任务 4.3　牵引电机的装调	（1）牵引电机的结构认知
	（2）牵引电机的知识学习
	（3）牵引电机的装调操作

任务 4.1　牵引变流器的装调

课程思政

强国精神——超级
工程之中国车

任务导入

TGA9 型牵引变流器适用于牵引电机轴功率为 1.2 MW 的 HXD_{1C} 型 7 200 kW 6 轴货运电力机车。每台机车配置两台牵引变流器，每台变流器作为一台完整的组装设备，所有内部元器件安装于一个柜体内，柜体外观见图 4-1-1。每台牵引变流器为 1 个转向架的 3 台牵引电机供电。为了获得所期望的电动机转矩和转速，牵引变流器根据要求来调节电动机接线端的电流和电压波形，完成电源（主回路）和牵引电动机之间的能量传输，实现对机车牵引、再生制动等持续控制。

任务目标

知识目标	（1）掌握牵引变流器的工作过程
	（2）掌握牵引变流器的组装规范与调试流程
能力目标	（1）能识别牵引变流器的结构
	（2）能描述牵引变流器的工作过程
	（3）能完成牵引变流器的组装与调试操作
素质目标	（1）具备积极主动的学习态度
	（2）具备乐于奉献、协作创新的团队意识
	（3）具备精益求精、严谨认真的职业素养

任务实施

牵引变流器柜

子任务 4.1.1 【识结构】TGA9 型牵引变流器结构认知

如图 4-1-1 所示，牵引变流器输入端与主变压器的次边牵引绕组相连，并通过接触器分开或闭合。通过四象限整流器将单相交流电压转变为稳定的中间直流电压。中间直流回路设有_____、_____、_____、_____和_____等。中间直流电压经过逆变器转换成 VVVF（变压变频）三相电源供给异步牵引电机。

子任务 4.1.2 【学知识】TGA9 型牵引变流器知识学习

（1）TGA9 型牵引变流器的额定输入电压为_____。

（2）TGA9 型牵引变流器的额定输入电流为_____。

（3）TGA9 型牵引变流器的额定输出电压为_____。

（4）TGA9 型牵引变流器的额定输出电流为_____。

（5）TGA9 型牵引变流器的控制电压功率为_____。

（6）在 TGA9 型牵引变流器的吹扫过程中，将整柜吊至吹扫间，盖好所有柜门，然后用_____的压缩空气吹扫柜子外部。

（7）用接地棒接线接在 CTJ 端子正负、中间直流母排正负线之间进行放电___min，用防静电干布和吸尘器对主逆柜内部进行清洁。

（8）检查斩波电阻、充电电阻组件、固定放电电阻组件，不许有短路、断路和过热，电阻外观良好；测量斩波电阻、充电电阻及固定放电电阻组件阻值，斩波电阻阻值（单个）为_____，充电电阻阻值（单个）为_____，固定放电电阻（单个）为_____。

（9）检查接触器灭弧腔，不许有机械损伤和金属堆积物，主触头接触电阻不大于_____，辅助触头接触电阻不大于_____，开路电阻不小于_____。

（10）检查直流回路支撑电容、二次谐振电容，不许有严重变形、漏液及线路过热，连接端子不许有松动、开裂。断开隔离闸刀 K1～K3，使用万用表分别测量各轴中间直流电路总量，单轴总容量应为_____；剥离 CTJ 端子排上的油灰，使用万用表测量整组电容二次谐振电容容量，测量值应为_____。

子任务 4.1.3 【践调试】TGA9 型牵引变流器检修

根据表 4-1-1，制作 TGA9 型牵引变流器检修工艺卡。

表 4-1-1 TGA9 型牵引变流器检修工艺卡

完成人员		完成日期		
工具名称	工具数量	工具规格	工具要求	
				TGA9 型牵引变流器检修工艺卡

安全要求	操作注意事项

工序名称	作业过程	工种

任务评价

牵引变流器的装调评价表

主要内容		考核要求及评分标准	配分	自评	互评	师评
任务准备	作业前准备	个人防护用品穿戴齐备，错漏一处扣 2 分 防护措施到位，错漏一处扣 2 分 工具准备到位，错漏一处扣 2 分	10			
操作过程	牵引变流器结构认知	牵引变流器部件认知、功能分析正确，错漏一处扣 2 分	15			
	牵引变流器知识学习	牵引变流器相关知识掌握到位，错漏一处扣 2 分	15			

193

主要内容		考核要求及评分标准	配分	自评	互评	师评
操作过程	牵引变流器组装与调试	作业顺序出现差错扣 5 分 弹簧或卡簧飞出扣 5 分 拆卸时伤及铜件扣 5 分 分解时损伤密封件扣 5 分 工具选择不合理扣 5 分	40			
职业素养	作业质量	零部件齐全，每遗漏一个零部件扣 2 分 分解各零部件未分类放至各配件盒扣 2 分 按规定程序进行作业，程序混乱扣 2 分	10			
	基本要求及安全防护	操作过程中及作业完成后，工具、仪表、设备等摆放不整齐扣 1 分 作业完成后未整理工具、清洁现场扣 2 分 没有穿戴个人防护用品，作业防护项目不齐全，每缺一处扣 2 分	10			
总分			100			

相关知识

1. 牵引变流器概述

牵引变流器输入端与主变压器的次边牵引绕组相连，并通过接触器分开或闭合。通过四象限整流器将单相交流电压转变为稳定的中间直流电压。中间直流回路设有支撑电容、谐振电容、接地检测模块、固定放电电阻和斩波电阻等。中间直流电压经过逆变器转换成 VVVF（变压变频）三相电源供给异步牵引电机。图 4-1-1 为 TGA9 型牵引变流器柜外观（正面）。

图 4-1-1　TGA9 型牵引变流器柜外观（正面）

2. 牵引变流器技术参数

TGA9 型牵引变流器的技术参数如表 4–1–2 所示。

表 4–1–2 TGA9 型牵引变流器的技术参数

名 称	参 数
额定输入电压	AC 970 V
额定输入电流	3×1 390 A
额定输入频率	50 Hz
中间电压	DC 1 800 V
额定输出电压	3×1 375 V
额定输出电流	3×598 A
最大输出电压	AC 3×1 404 V
最大输出电流	3×814 A
控制电源	DC 77~137.5 V
主逆变器风机辅助电源电压	3×AC 440 V/60 Hz
主逆变器风机辅助电源功率	0.6 kVA
每个变流器尺寸	3 100 mm×1 060 mm×2 000 mm

3. 牵引变流器基本技术要求

① 柜内各部布线符合屏柜布线规划。

② 各部代号标记正确、清晰。

③ 各电器部件动作可靠。

④ 各水管无龟裂，接头插接可靠。

4. 牵引变流器装调的主要设备、工具及材料

万用表、电容计、2 500 V 兆欧表、专用吊具、干燥干净的气源、吸尘器、电器钳工常用工具、接地棒。

5. 牵引变流器装调的工艺过程

（1）查阅机车车载信息

根据机车车载信息对牵引变流器进行必要的修复工作。

（2）清洁

将整柜吊至吹扫间，盖好所有柜门，用 0.2 ~0.3 MPa 的压缩空气吹扫柜体外部。用中性清洗剂对柜上部、前面、后面、侧面各部件进行清洁，再用压缩空气吹干，然后将整柜吊至工作场地。

（3）检修

① 将各柜门取下，放置在安全位置，对定位环、固定螺栓进行检查，变形转动不灵活的，应进行修复。检查密封条状态，破损、短缺的，应修补、配齐。用接地棒接线接在 CTJ 端子正负、中间直流母排正负线之间，进行放电 10 min。用防静电干布和吸尘器对主逆柜内部进

行清洁。清洁变流器各模块,检查安装是否牢靠、外观是否损伤。清洁 TCU 插件箱及电子插件,检查插件中各元器件外观是否良好,是否无过热、开焊及损坏,插件、紧固件是否无松动,SMC 插件故障数据下载端口是否良好。

② 更新冷却风扇、热交换风机、斩波风机。交流开关各接线应紧固,触头无过热、烧损;各继电器安装螺丝紧固、齐全,各继电器接线紧固,防尘罩无破损,指示件齐全;各继电器线圈无短路、断路,绝缘完整,无过热老化现象;各继电器应清洁无尘,安装正确牢固,接线紧固,动作灵活可靠;继电器无卡滞现象。

③ 变流器、门极驱动板安装正确,接线紧固。检查各接触器:外观、主触头状态无烧损;接触器接线、安装牢固,基体无裂纹,无放电灼烧痕迹;灭弧罩清洁、无裂纹,手动试验动作良好。各水压传感器、温度传感器接线、安装牢靠;电压传感器、电流传感器无破损、开裂,测试符合技术要求;各线路连接状态良好。

④ 打开逆变器后面板,谐振电容、直流支撑电容无漏液,且接线紧固,安装正确牢固;各电阻、接线端子无过热、变形,接线牢靠;橡胶软管、喉卡、快速接头及冷却液应更新,冷却回路无渗漏;斩波电阻、充电电阻组件、固定放电电阻组件无短路、断路和过热,电阻外观检查良好。

⑤ 接触器灭弧腔无机械损伤和金属堆积物。直流回路支撑电容、二次谐振电容无严重变形、漏液及线路过热,连接端子无松动、开裂;电流检测板器件无烧损、脱落等异常现象,电阻值为 2.5(1±10%)Ω;门极驱动板、光纤、连接器无松动;同步变压器、谐波抑制电抗器、风机隔离变压器无变色、变形、烧损等异常现象。

⑥ 各插座应无变形,插针无弯曲、过热、烧损、退针;低感母排、输入输出铜母排连接部位无烧损,脉冲分配板外观良好;整流/逆变模块接线牢固;直流母排、连接母排、短接排固定螺栓状态良好;中间直流电压、冷却水温度、压力值显示正常;高压指示灯显示正常。

⑦ 盖好门盖板,定位环、固定螺栓应紧固。检查柜体,脱漆部位应及时进行修补。

任务 4.2 牵引变压器的装调

任务导入

电气化铁路运输是当今世界技术最先进的、应用最广泛的铁路运输方式。电力机车是电气化铁路的牵引动力设备。电力机车牵引变压器是机车上最重要的设备之一。

我国电气化铁路采用单相工频供电系统,额定工作电压为 25 kV,正常的工作电压为 20~29 kV,允许偏差为+16%和−20%。接触网提供的单相工频 25 kV 电源,通过受电弓接触进入电力机车,电力机车牵引变压器将此电压降压,多路输出到牵引变流器主变流器、辅助变流器、励磁电源、控制电源、旅客列车供电系统等其他用电设备。电力机车电动车组的牵引变压器是电力牵引系统中电压等级变换和电源分配的重要设备,也是电力机车电动车组中重量和体积最大、价格最贵的单台电器设备。可以说电力机车牵引变压器就

课程思政

强国之路——磁悬浮列车速度传感器的奇迹工程

是整个列车的心脏，是列车动力的来源，其运行状况直接影响电气化铁路系统的安全、高效运营。

任务目标

知识目标	（1）掌握牵引变压器的工作过程
	（2）掌握牵引变压器的组装规范与调试流程
能力目标	（1）能识别牵引变压器的结构
	（2）能描述牵引变压器的工作过程
	（3）能完成牵引变压器的组装与调试操作
素质目标	（1）具备积极主动的学习态度
	（2）具备乐于奉献、协作创新的团队意识
	（3）具备精益求精、严谨认真的职业素养

任务实施

牵引变压器柜

子任务 4.2.1 　【识结构】TBQ35-8900/25 型牵引变压器结构认知

HXD_{1C} 型机车上装有_____型牵引变压器。牵引变压器是电力机车的关键部件，用于将 25 kV 的接触网电压变换为电力机车所需的各种低电压，以满足电力机车各种电机电器工作的需要。

TBQ35-8900/25 型牵引变压器采用了具有_____、_____的绝缘结构。_____采用导向冷却结构，因而具有温升低、寿命长的特点。由于在设计时考虑了机车的使用环境，提高了变压器的抗振性能，所以该变压器具有抗振、耐久的特点。

子任务 4.2.2 　【学知识】TBQ35-8900/25 型牵引变压器知识学习

（1）TBQ35-8900/25 型牵引变压器的额定输入电压为_____。

（2）TBQ35-8900/25 型牵引变压器的额定频率为_____。

（3）TBQ35-8900/25 型牵引变压器的冷却方式为_____。

（4）TBQ35-8900/25 型牵引变压器的网压范围为_____。

（5）TBQ35-8900/25 型牵引变压器的恒功范围为_____。

（6）TBQ35-8900/25 型牵引变压器的负载损耗为_____。

（7）TBQ35-8900/25 型牵引变压器的谐振滤波电抗器的额定电流为 _____。

（8）TBQ35-8900/25 型牵引变压器的谐振滤波电抗器的额定频率为 _____。

（9）用 500 V 兆欧表分别测量油泵三相绕组对地绝缘电阻，其值应不低于_____。

（10）变压器油位表应无破损，油温刻度标记应完好。变压器油标应符合变压器油温刻度标记要求，如果油温与油位刻度相差大于_____，则需补油或放油调整。补油时，为了防止大量空气注入变压器内部，应在车上副油箱快装接头处用补油油泵注油。注油完成后必须对布赫继电器排气。

子任务 4.2.3 【践调试】TBQ35-8900/25 型牵引变压器检修

根据表 4-2-1，制作 TBQ35-8900/25 型牵引变压器检修工艺卡。

表 4-2-1　TBQ35-8900/25 型牵引变压器检修工艺卡

完成人员		完成日期		
工具名称	工具数量	工具规格	工具要求	**TBQ35-8900/25 型牵引变压器检修工艺卡**
安全要求			操作注意事项	

工序名称	作业过程	工种

![任务评价]

牵引变压器的装调评价表

主要内容		考核要求及评分标准	配分	自评	互评	师评
任务准备	作业前准备	个人防护用品穿戴齐备，错漏一处扣 2 分 防护措施到位，错漏一处扣 2 分 工具准备到位，错漏一处扣 2 分	10			
操作过程	牵引变压器结构认知	牵引变压器部件认知、功能分析正确，错漏一处扣 2 分	15			
	牵引变压器知识学习	牵引变压器相关知识掌握到位，错漏一处扣 2 分	15			
	牵引变压器组装与调试	作业顺序出现差错扣 5 分 弹簧或卡簧飞出扣 5 分 拆卸时伤及铜件扣 5 分 分解时损伤密封件扣 5 分 工具选择不合理扣 5 分	40			
职业素养	作业质量	零部件齐全，每遗漏一个零部件扣 2 分 分解各零部件未分类放至各配件盒扣 2 分 按规定程序进行作业，程序混乱扣 2 分	10			
	基本要求及安全防护	操作过程中及作业完成后，工具、仪表、设备等摆放不整齐扣 1 分 作业完成后未整理工具、清洁现场扣 2 分 没有穿戴个人防护用品，作业防护项目不齐全，每缺一处扣 2 分	10			
总分			100			

![相关知识]

1. 牵引变压器概述

HXD$_{1C}$ 型机车上装有 TBQ35–8900/25 型牵引变压器。牵引变压器是电力机车的关键部件，用于将 25 kV 的接触网电压变换为电力机车所需的各种低电压，以满足电力机车各种电机电器工作的需要。TBQ35–8900/25 型变压器采用了具有高度耐雷电冲击、耐受短路电流冲击的绝缘结构。线圈采用导向冷却结构，因而具有温升低、寿命长的特点。由于在设计时考虑了机车的使用环境，提高了变压器的抗振性能，所以该变压器具有抗振、耐久的特点。

2. 牵引变压器主要参数

TBQ35–8900/25 型牵引变压器的技术参数如表 4–2–2 所示。

表 4–2–2　TBQ35–8900/25 型牵引变压器的技术参数

名　称	参　数
型号	TBQ35–8900/25
额定功率	高压 8 900 kVA、牵引 6×1 383 kVA、辅助 2×300 kVA
额定电压	高压 25 000 kVA、牵引 6×970 kVA、辅助 2×470 kVA
额定频率	50 Hz
外形尺寸	3 040 mm×1 950 mm×1 320 mm
变压器总质量	11 400 kg
网压范围	17.5～31 kV
恒功范围	22.5～29 kV

3. 牵引变压器基本技术要求

① 主变压器外部、高压套管及低压陶瓷套管须清洁；所有密封件、箱体、放油阀及管路无变形、泄漏，冷却系统管路的密封件无损坏、磨损。

② 主变压器箱体、出线套管、管路、蝶阀等紧固件应紧固，所有连接件应紧固。

③ 油泵运转正常，无渗、漏油现象；用 500 V 兆欧表测量绕组对地绝缘电阻，其值不低于 10 MΩ。

④ 油流继电器外观清洁，状态良好，安装牢固，无泄漏。压力释放阀无泄漏，接线良好。

⑤ 电阻温度计功能正常。

⑥ 主变压器的安装螺栓安装牢靠，无松动。

⑦ 对主变压器油样进行耐压试验及理化分析，闪点（闭口）、酸值、介质损耗因数（90 ℃）、击穿电压（间距 2.5 mm）、水溶性酸或碱（pH）及水分须满足 GB/T 7595—2008 的质量标准。对主变压器油样进行气相色谱分析，须满足 GB/T 7252—2001 的质量标准。

4. 主变压器的检修

（1）检查密封件

① 变压器箱体密封件无变形、老化、泄漏，所有部件外观无异常。

② 变压器各连接油管路密封件状态良好。如果密封件漏油，则应更新密封件。

（2）外部清洁

① 清洁变压器外部污垢。清洁时用温水、中性清洗剂和硬毛刷清洗变压器外部。

② 清洁变压器低压瓷瓶。清洁时用白棉布蘸酒精擦拭干净，且无灰尘油污。

③ 用白棉布蘸酒精擦拭高压 A 端子非连接外表面，表面应无划痕、变色。

④ 变压器表面油漆应无破损，否则应修补。

⑤ 变压器箱体、管路、蝶阀状态及各紧固螺栓连接无松动，接地紧固；所有连接件紧固可靠。

（3）油泵检修

① 油泵连接良好，外部无破损或漏油迹象，安装固定及连接可靠。

② 用 500 V 兆欧表分别测量油泵三相绕组对地绝缘值，应不低于 10 MΩ。

（4）检查温度传感器 PT100

① 温度传感器应无破损。

② 连接件紧固，安装处无漏油。

③ 在整车调试或入段试验时，通过整车控制系统，确认温度显示正常。

（5）检查油位计

变压器油位表无破损，油温刻度标记应完好。变压器油标应符合变压器油温度标记，如果油温与油位刻度相差大于 5°，则需补油或放油调整。补油时，为了防止大量空气注入变压器内部，应在车上副油箱快装接头处用补油油泵注油。注油完成后必须对布赫继电器排气。

（6）检查吸湿器

① 外观检查，吸湿器应完整，无破损、松动，安装牢靠。

② 吸湿器内部干燥剂应更新。

此外，还要检查油流继电器，看其是否完整、无破损，安装处是否漏油。

变压器油耐压试验、理化分析与色谱分析应符合技术标准。

任务 4.3　牵引电机的装调

课程思政

创新意识——永磁
牵引电机

任务导入

牵引电机是机车进行机械能和电能相互转换的重要部件。它安装在机车转向架上，通过传动装置与轮对相连。当机车在牵引状态时，牵引电机将电能转化为机械能，驱动机车运行。当机车在电气制动状态时，牵引电机将列车的机械能转化为电能，产生列车的制动力。

牵引电机它有什么作用？在机车的哪个位置？它由什么结构组成？其工作特点是什么？接下来，就让我们带着这些疑问开始学习吧！

任务目标

知识目标	（1）掌握牵引电机的工作过程
	（2）掌握牵引电机的组装规范与调试流程
能力目标	（1）能识别牵引电机的结构
	（2）能描述牵引电机的工作过程
	（3）能完成牵引电机的组装与调试操作
素质目标	（1）具备积极主动的学习态度
	（2）具备乐于奉献、协作创新的团队意识
	（3）具备精益求精、严谨认真的职业素养

微课视频

牵引电机的认知

任务实施

子任务 4.3.1 【识结构】JD160A 型牵引电机结构认知

（1）根据图 4-3-1 与图 4-3-2，在表 4-3-1 中写出 JD160A 型牵引电机部件的名称。

表 4-3-1　JD160A 型牵引电机部件名称

序号	定子部件名称	序号	转子部件名称
1		1	
2		2	
3		3	
4		4	
5		5	
6		6	
7		7	

定子的结构如图 4-3-1 所示，转子的结构如图 4-3-2 所示。

图 4-3-1　定子结构

（2）在表 4-3-2 中写出 JD160A 型牵引电机部件的功能。

表 4-3-2　牵引电机部件功能

部件名称	功　能
接线盒	
定子铁芯	
定子绕组	
转子铁芯	
转轴	

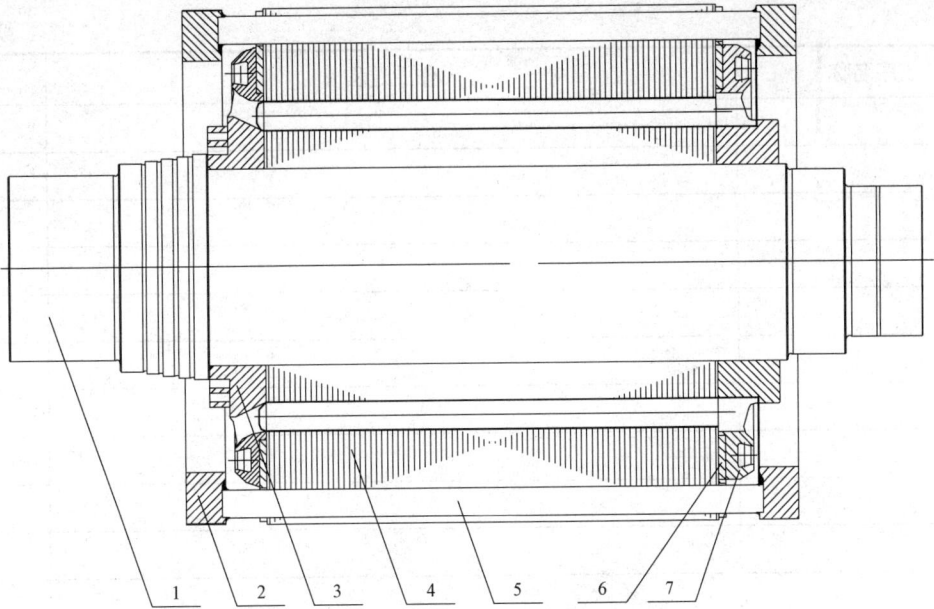

图 4-3-2　转子结构

（3）根据图 4-3-1 和图 4-3-2 写出 JD160A 型牵引电机的工作原理。

_____

_____

_____

_____

_____

_____

（4）根据表 4-3-3，制作 JD160A 型牵引电机拆卸作业工艺卡（注：组装过程参照拆卸过程反顺序进行）。

表 4-3-3　JD160A 型牵引电机拆卸作业工艺卡

完成人员		完成日期		
工具名称	工具数量	工具规格	工具要求	**JD160A 型牵引电机**拆卸作业工艺卡
	安全要求		操作注意事项	

续表

工序名称	作业过程	工种

子任务 4.3.2 【学知识】JD160A 型牵引电机知识学习

（1）JD160A 型牵引电机的使用环境要求：海拔不超过_____m，最低环境温度为_____，最高环境温度为_____。牵引电机承受振动和冲击能力应满足相关标准要求。

（2）JD160A 型牵引电机的持续功率为_____。

（3）JD160A 型牵引电机的额定转速为_____。

（4）JD160A 型牵引电机的额定频率为_____。

（5）JD160A 型牵引电机的额定转矩为_____。

（6）JD160A 型牵引电机的恒功范围为_____。

（7）JD160A 型牵引电机的轴承是从国外进口的绝缘轴承，传动端使用的是_____，非传动端使用的是_____。

（8）用钢丝刷除去电机表面油污，然后用_____的干燥压缩空气将电机表面各部、通风道及接线盒内部吹扫干净。

（9）JD160A 型牵引电机的振动试验：在_____范围内（每增加 500 r/min，测量一次）测量振动速度。允许振动值：小于或等于 3.5 mm/s。

子任务 4.3.3　【践调试】JD160A 型牵引电机调试操作

根据表 4-3-4，制作 JD160A 型牵引电机调试作业工艺卡。

表 4-3-4　JD160A 型牵引电机调试作业工艺卡

完成人员		完成日期		
工具名称	工具数量	工具规格	工具要求	JD160A 型牵引电机调试作业工艺卡
安全要求			操作注意事项	

工序名称	作业过程	工种

任务评价

牵引电机的装调评价表

	主要内容	考核要求及评分标准	配分	自评	互评	师评
任务准备	作业前准备	个人防护用品穿戴齐备，错漏一处扣 2 分 防护措施到位，错漏一处扣 2 分 工具准备到位，错漏一处扣 2 分	10			
操作过程	牵引电机结构认知	牵引电机部件认知、功能分析正确，错漏一处扣 2 分	15			
	牵引电机知识学习	牵引电机相关知识掌握到位，错漏一处扣 2 分	15			
	牵引电机组装与调试	作业顺序出现差错扣 5 分 弹簧或卡簧飞出扣 5 分 拆卸时伤及铜件扣 5 分 分解时损伤密封件扣 5 分 工具选择不合理扣 5 分	40			
职业素养	作业质量	零部件齐全，每遗漏一个零部件扣 2 分 分解各零部件未分类放至各配件盒扣 2 分 按规定程序进行作业，程序混乱扣 2 分	10			
	基本要求及安全防护	操作过程中及作业完成后，工具、仪表、设备等摆放不整齐扣 1 分 作业完成后未整理工具、清洁现场扣 2 分 没有穿戴个人防护用品，作业防护项目不齐全，每缺一处扣 2 分	10			
	总分		**100**			

相关知识

21 世纪前，我国机车牵引电机采用直流电机。进入 21 世纪后，我国引进异步传动技术，开始大力推广异步牵引电机的运用。异步电机在控制系统的支撑下具有了与直流电机相媲美的调速特性，而且还具有体积小、功率大、效率高、恒功范围宽、维护量小等优点。

牵引电机是机车进行机械能和电能相互转换的重要部件。它安装在机车转向架上，通过传动装置与轮对相连。当机车在牵引状态时，牵引电机将电能转化为机械能，驱动机车运行。当机车在电气制动状态时，牵引电机将列车的机械能转化为电能，产生列车的制动力。

和谐号牵引电机运行环境要求如下。

① 海拔：在海拔 1 400～2 500 m、环境温度接近+40 ℃且连续在最大功率状态下运行时可能出现功率限制。

② 环境温度：最高环境温度为 40 ℃（遮阴处），最低环境温度为–40 ℃。

③ 最大相对湿度：最湿月月平均最大相对湿度为 95%（该月月平均最低温度为 25 ℃）。

④ 机车受雨、雪、风沙和偶有沙尘暴侵袭后，进入电机内的冷却空气必须过滤。

1. JD160A 型牵引电机的结构

JD160A 型牵引电机的技术参数如表 4–3–5 所示。

表 4–3–5　JD160A 型牵引电机的技术参数

名　称	参　数
持续功率	1 225 kW
额定电压（基波）	1 375 V
额定电流（基波）	598 A
额定转速	1 720 r/min
最大转速	3 452 r/min
额定频率	58.1 Hz
额定转矩	6 802 N·m
起动转矩	9 717 N·m
最大电流	814 A
恒功范围	1 720～3 452 r/min
绝缘等级	200 级
冷却方式	强迫通风
传动方式	单侧斜齿轮
悬挂方式	滚动抱轴
齿轮传动比	106/17
电机质量	2 580 kg
轴承牌号：非传动端轴承（深沟球轴承）	BB1–7009(SKF)
传动端轴承（圆柱滚珠轴承）	BC1–7088(SKF)

1）定子

定子结构如图 4–3–3 所示。

1—接线盒；2—定子铁芯；3—支撑架；4—端箍；5—定子绕组；6—槽楔。

图 4–3–3　定子结构

定子主要由定子铁芯、定子绕组和机座 3 部分组成。定子铁芯是电动机磁路的一部分，一般由 0.5 mm 厚的导磁性能较好的硅钢片叠成，安放在机座内，如图 4-3-4 所示。

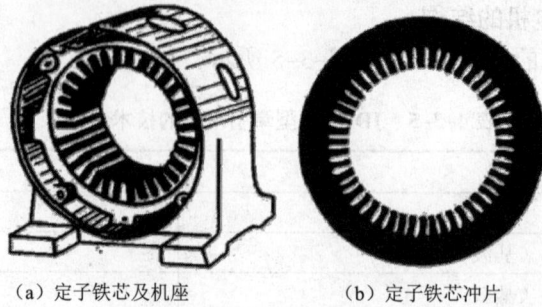

（a）定子铁芯及机座   （b）定子铁芯冲片

图 4-3-4　定子铁芯及机座和定子铁芯冲片

定子绕组是电动机的电路部分，它嵌放在定子铁芯冲片的内圆槽内。定子绕组分单层和双层两种，一般小型异步电机采用单层绕组，大中型异步电机采用双层绕组。

机座的作用是固定和支撑定子铁芯及端盖，因此机座应具有较好的机械强度和刚度。中小型电机一般用铸铁机座，大型电机的机座则用钢板焊接而成。

2）转子

转子结构如图 4-3-5 所示。

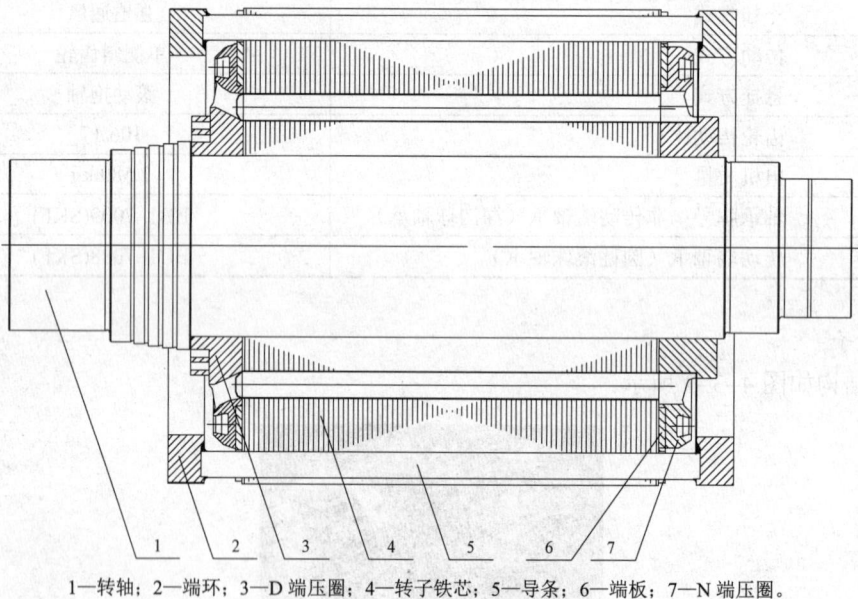

1—转轴；2—端环；3—D 端压圈；4—转子铁芯；5—导条；6—端板；7—N 端压圈。

图 4-3-5　转子结构

转子主要由转子铁芯、转子绕组和转轴 3 部分组成，整个转子靠端盖和轴承支撑着。转子的主要作用是产生感应电流，形成电磁转矩，以实现电能到机械能的转换。

转子铁芯是电机磁路的一部分，一般也用 0.5 mm 厚的硅钢片叠成，转子铁芯冲片有嵌放绕组的槽，如图 4-3-6 所示。转子铁芯固定在转轴或转子支架上。

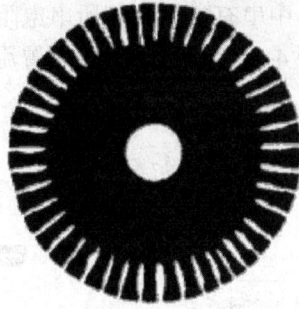

图 4-3-6　转子铁芯冲片

根据转子绕组的结构形式，异步电机分为笼形转子和绕线转子两种。

（1）笼形转子

在转子铁芯的每个槽中，插入一根裸导条，在铁芯两端分别用两个短路环把导条连接成一个整体，形成一个自身闭合的多相短路绕组。如果去掉转子铁芯，整个绕组就像一个"松鼠笼子"，由此得名笼形转子，如图 4-3-7 所示。中小型电机的笼形转子一般都是铸铝的，如图 4-3-7（a）所示；大型电机则采用铜导条，如图 4-3-7（b）所示。

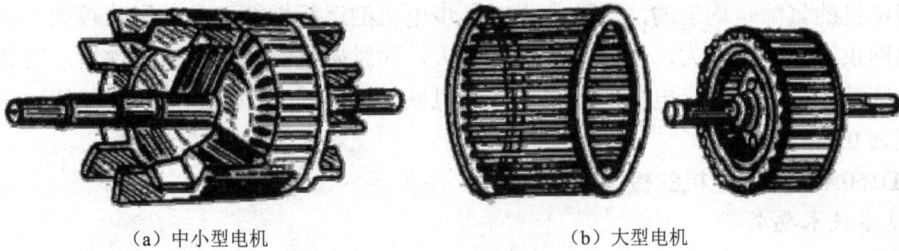

（a）中小型电机　　　　　　　　（b）大型电机

图 4-3-7　笼形转子

（2）绕线转子

绕线转子的绕组与定子绕组相似，它是在绕线转子铁芯的槽内嵌有由绝缘导线组成的三相绕组（一般作星形连接），3 个端头分别接在与转轴绝缘的 3 个滑环上，再经一套电刷引出来与外电路相连，如图 4-3-8 所示。

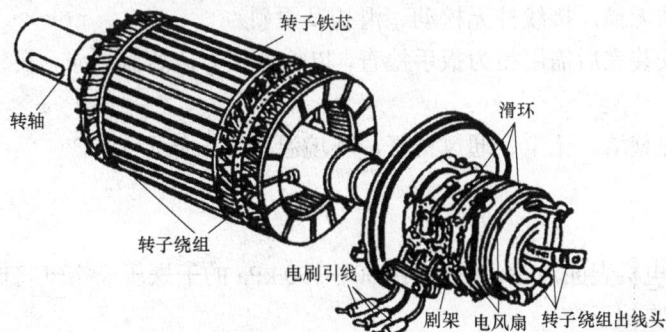

图 4-3-8　绕线转子

一般绕线转子电机在转子回路中串有电阻，若所串电阻仅用于启动，则为了减少电刷的摩擦损耗，还装有提刷装置，如图4-3-9所示。提刷装置用于在启动过程结束后提起电刷。

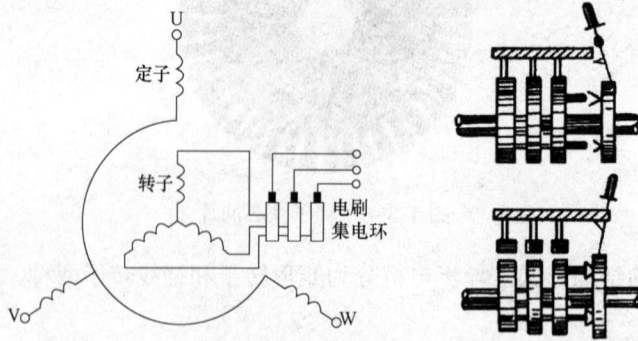

图4-3-9 绕线转子集电环及提刷装置

转轴用强度和刚度较高的低碳钢制成。整个转子靠轴承和端盖支撑，端盖一般用铸铁或钢板制成，它是电机外壳机座的一部分，中小型电机一般采用带轴承的端盖。

3）气隙

异步电机的气隙是均匀的，气隙大小对异步电机的运行性能和参数影响较大。由于励磁电流由电网供给，气隙越大，励磁电流也就越大，而励磁电流又属于无功性质，它会影响电网的功率因数。因此，异步电机的气隙往往为机械条件所能允许达到的最小数值，中、小型电机一般为0.1～1 mm。

2. JD160A型牵引电机的检修

1）基本技术要求

① 解体、组装应使用专用工具，严禁猛打猛敲。

② 解体后的部件应分类装入专用盒。

③ 主要部件必须轻拿轻放，避免因撞击而变形。

④ 定子绕组对地用1 000 V兆欧表测量，应不小于20 MΩ，接线柱之间及对地绝缘电阻值应不小于50 MΩ。

⑤ 在额定工况下运转30 min后，轴承稳定温升不超过40 K。

⑥ 接线盒清洁无损，接线柱无松动、滑扣及歪斜。

⑦ 紧固件在安装完后需用扭力扳手检查，以保证扭力值达到要求，安装螺栓需做好防松标记。

⑧ 作业场地应整洁、无尘、通风良好，环境温度应不低于18 ℃。

2）检修过程

（1）解前吹扫

用钢丝刷除去电机表面油污，然后用200～300 kPa的干燥压缩空气将电机表面各部、通风道及接线盒内部吹扫干净。

（2）解前试验

检查电机出线、引线夹板、线端标志及铭牌是否齐全，是否紧固良好；检查机座、端盖无裂纹，油漆良好，悬挂部分无裂纹，螺纹没有损坏；检查紧固螺栓无松动、无失效紧固件；通过观察盖孔，检查电机内部无大量灰尘和积水；检查轴承密封结构无明显渗油、漏油状况；测量绕组对地绝缘电阻；检查轴承装配游隙，传动端范围为 0.255～0.480 mm，非传动端范围为 0.075～0.180 mm。

空载试验：50 Hz、1 210 V 运行 30 min，检查轴承运行状态，空载电流为 120 A（1±10%）。

振动试验：在 1 000 ～3 452 r/min 范围内（每增加 500 r/min，测量一次）测量振动速度。允许振动值：小于或等于 3.5 mm/s。

（3）解体

拆卸小齿轮、速度传感器、N 端外轴承盖、测速齿盘、N 端内轴承盖、传动端（D 端）、D 端端盖、D 端轴承外环、D 端挡圈和 D 端轴承内圈、N 端内轴承盖(带轴承)、N 端内油封、N 端端盖。

（4）检修

① 定子检修。

用工业吸尘器吸净定子线圈表面污物和灰尘，用酒精擦净定子表面油污。如果污染严重，必须用刷子清洁，然后用工业吸尘器吸出。用防尘罩对定子两端防尘，用铲刀清除定子两端面装配胶和抱轴箱安装面装配胶，再用纱布抛光表面（见金属本色）。用丝攻和工业吸尘器清除各螺纹孔内装配胶，再用相应的螺纹塞规检查各螺纹孔。

检查机座各部，无变形、无裂纹。对机座悬挂和抱轴部位用磁粉进行探伤，无裂纹。检查机座止口处和抱轴承止口处，无径向裂纹、飞边、毛刺；绕组绝缘无破损、变形，绕组槽楔牢固，端部与端环绑扎牢固；各连线无松动，连接引线无损坏，引出线无断股，绝缘无破损、老化；定子绕组及定子电路连接部件无机械或电气损伤；接线盒盖板密封无损坏，内部接线无放电、灼伤现象，接线柱无损坏。重新安装接线盒盖板前，彻底清除表面密封胶；用高压风清洁接线盒内部，检查出水口状态。

绕组冷态直流电阻检测：用 1 000 V 直流兆欧表测量定子绕组冷态绝缘电阻，绝缘电阻检查合格后方可进行耐压试验。

绕组对地耐压试验：定子绕组对机座应能承受 4 650 V、50 Hz 正弦交流，历时 1 min 的对地耐压试验，且无闪烙、击穿现象。

绕组匝间绝缘检测：施加电压峰值 8 800 V，波前时间为 0.5 s，耐压时间为 1.3 s（以脉冲电压衰减波形稳定为准）。判定标准：衰减波形一致。衰减波形幅值及衰减频率允许误差为±5%。

② 转子检修。

用工业吸尘器吸净转子表面及铁芯通风孔内的灰尘，用浸过煤油的抹布将润滑脂等油污擦净。用丝攻清除转子转轴 N 端端面螺纹孔中的螺纹装配胶，用工业吸尘器吸净转子表面污物、螺纹孔内装配胶和灰尘，用酒精擦净转子铁芯和导条表面油污，用清洗剂清洗转子转轴表面和内锥孔。检查转子外观，特别是所有焊接接头，应无过热变色、变形。检查转子铁芯，应无损坏、凸片。检查转子导条、端环，应无裂纹、过热等现象，否则应进行更换。检查转轴，特别是轴伸、轴承挡、转轴内锥孔位置，应无机械损伤。对转轴轴伸内锥孔进行渗透探伤，无裂纹。油槽对应位置压痕无裂纹，并对压痕进行轻微打磨，打磨后用塞规检查转轴内锥孔，接触率不低于 85%。检查动平衡块有无松动，如有松动，则应重新进行动平衡，不平衡量不小于 12 g。

③ 速度、温度传感器检修。

检查速度、温度传感器插座状况，插座紧固牢靠，无缩针断针现象；连接器应有橡胶密封圈，连接芯与锁紧件之间具有良好弹性，橡胶密封圈如果丢失或损坏则应更换；电缆护套无裂纹，与探头和连接器连接可靠；固定夹齐全，固定可靠。用 500 V 直流兆欧表检测速度传感器引脚 A、B、C、D 对外壳的绝缘电阻，其值应不低于 10 MΩ。检测时用连接器引出 A、B、C、D 电缆，并将 A、B、C、D 电缆连接在一起测量对外壳的绝缘电阻。拆下速度传感器探头，检查探头无磕碰，橡胶密封圈如损坏则应更换，用干净的棉布清理探头表面铁粉等异物；重新安装探头后，用万用表测量传感器探头外壳与电机外壳电阻，若接地不良，则先用聚砜毡堵住安装孔（注意不能掉入电机内部），再用铲刀和砂纸打磨安装面油漆后重新安装探头。用 500 V 直流兆欧表检测温度传感器引脚对外壳和屏蔽层绝缘电阻，其值应不低于 10 MΩ。测量温度传感器直流电阻，其值应符合 PT100 要求。

④ 轴承检查（更新轴承）。

按轴承专项检查要求或标准对新轴承进行检查：轴承配合尺寸选择的过盈量应符合技术要求及限度要求；组装和补充的润滑脂必须牌号、厂家一致；更换轴承要成套更换，并分别在内、外圈上标明安装日期；按要求填写相关记录。

⑤ 端盖、油封、轴承盖挡环、检查孔盖检修。

各部件清洗除垢，清洁度应符合要求；各部件无裂纹、变形、损伤，螺纹应完好；检查端盖止口、通气孔、轴承盖、封环，状态应良好，端盖如有裂纹，允许焊修加固处理；端盖轴承安装室无磨损、拉伤，轴承室有裂纹时禁止焊修；检查孔盖无变形、裂损，锁闭装置作用良好；更换检查孔，盖密封毡条。

⑥ 主动齿轮检修。

用汽油、绸布擦拭干净，齿部无裂纹、断齿、缺陷；内孔无贯通拉伤，否则应更新，如有轻微拉伤，允许用油光锉及砂纸修光；齿面剥离、点蚀、啮合状况应符合限度要求；齿轮需经电磁探伤，不许有裂纹并做记录。

（5）组装

组装过程与拆解过程相反。

（6）试验

① 振动试验。

牵引单元安装在试验台上，在 1 000～3 452 r/min 范围内（每增加 500 r/min，测量一次）测量振动速度。允许振动值：小于或等于 3.5 mm/s。

② 空载试验。

测量前，电机应空载运行 30 min，然后测量 50 Hz、1 210 V 时的空载输入功率和空载电流，空载电流典型值为 4 台电机的平均值，偏差为±10%。空载电流典型值为 116 A。

③ 速度传感器试验。

速度传感器电源为可调电压直流电源，试验时输入电压为 DC15 V，速度信号测试仪为 FLUKE 数字示波器。试验时电机采用变频电源供电，转速可调节。试验转速为 1 000 r/min，在正转和反转时测试并记录信号 A 和 B 的相位关系、高电平、低电平和占空比。试验后将传动端端盖上的磁性螺塞取出，清洗干净，将润滑油排干，并检查磁性螺塞安装孔的清洁状况。在非传动端安装好运输保护装置。

知识拓展

机车传感器的认知

知识拓展

机车传感器的认知（微课视频）

参 考 文 献

[1] 张洋洋. 电力机车电器[M]. 成都：西南交通大学出版社，2022.

[2] 付娟，崔晶，杨会玲. 机车电机与电器[M]. 成都：西南交通大学出版社，2021.

[3] 李作奇，罗林顺. 机车电机与电器[M]. 成都：西南交通大学出版社，2020.

[4] 崔晶，杨会玲. 电力机车电器[M]. 成都：西南交通大学出版社，2016.

[5] 付娟，林辉. 电力机车电机[M]. 成都：西南交通大学出版社，2016.

[6] 陈燕萍，童巧新，王志亮. 电力机车电器的检修与维护[M]. 成都：西南交通大学出版社，
2016.

[7] 张龙，陈湘. 电力机车电机[M]. 北京：中国铁道出版社，2015.

[8] 张效融，吴国祥. 电力机车电器 [M]. 北京：中国铁道出版社，2013.

[9] 邱成. 动车组辅助电气系统与设备[M]. 北京：北京交通大学出版社，2012.

[10] 莫坚. 电力机车电器[M]. 北京：中国铁道出版社，2012.